교육천국, 쿠바를 가다

세계적 교육모범국 쿠바 현지 리포트

교육천국, 쿠바를 가다

요시다 다로 지음 | 위정훈 옮김

피피에

SEKAI GA CUBA NO KOUGAKURYOKU NI CHUMOKU SURU WAKE
by Taro Yoshida

Copyright © Taro Yoshida 2008
All rights reserved.
First published in Japan by TSUKIJI-SHOKAN, Tokyo.

This Korean edition published by arrangement with TSUKIJI-SHOKAN, Tokyo
in care of Tuttle-Mori Agency, Inc., Tokyo through Bookpost Agency, Seoul

이 책의 한국어판 저작권은 북포스트 에이전시를 통한 저작권사와의
독점 계약으로 도서출판 파피에 있습니다. 신 저작권법에 의하여 한국 내에서
보호를 받는 저작물이므로 무단전재와 복제, 광전자 매체 수록 등을 금합니다.

한국어판 지은이의 말

행복하게 공부하는 나라를 꿈꾸며

2011년 5월에 번역출간된 『의료천국, 쿠바를 가다 — 세계적 의료모범국 쿠바 현지 리포트』에 이어 독자 여러분과 『교육천국, 쿠바를 가다 — 세계적 교육모범국 쿠바 현지 리포트』의 내용을 함께 할 수 있게 되어 참으로 기쁘다.

이 책은 말하자면 『의료천국, 쿠바를 가다』의 자매서다. 일반적으로 학력은 국가의 부와 비례한다. 그렇다면 교과서조차 선배의 낡은 책을 돌려보는 쿠바처럼 가난한 나라 아이들이, 다른 중남미 각국을 훨씬 웃도는 고학력을 갖추고, 다른 어떤 나라에도 없는 백신을 개발하는 연구자나 고난도 심장외과 수술을 할 수 있는 의사 등의 우수한 인재를 어떻게 육성할 수 있었을까? 이 책의 원제를 『세계가 쿠바의 고학력에 주목하는 이유』로 정한 것은 뛰어난 의료복지제도를 지탱하는 교육제도의 수수께끼를 풀어보고 싶다는 생각 때문이었다.

하지만 '고학력'을 갖출 노하우를 얻을 것이라는 기대로 이 책을 집

어떤 독자는 기대를 배반당할지 모르겠다. 이 책은 그런 스킬이나 테크닉이 아니라 교육을 통한 고용과 인간의 존엄, 그리고 평화에 대해 쓴 책이기 때문이다. 2009년 피사(PISA) 성적에서 독해력은 3위인 핀란드를 제치고 2위, 디지털 독해력에서는 1위를 차지한 한국은 이미 세계 최고의 학력국가다. 한국 같은 '교육 선진국'이 쿠바의 교육에서 뭔가 배울 점이 있다고 제시하는 일은 주제넘은 짓일지도 모르겠다.

한국은 공업화에 성공한 일본의 뒤를 쫓아왔다. 하지만 경제발전을 이루었다고 해서 모두 행복해 보이지는 않는다. 여기서 우리는 기묘한 패러독스를 볼 수 있다. 사실 학력과 마찬가지로 행복도 경제력과 비례 관계에 있다. 1인당 GDP와 한 사람 한 사람에게 물어본 '행복감'을 나라별로 나타낸 옆의 지도를 보자. 덴마크 등 북유럽 국가가 풍요롭고 행복하다는 것은 이해할 수 있다. 그런데 라틴 아메리카 사람들은 가난한데도 불구하고 북유럽과 비슷한 수준으로 행복감이 높다.

그런 반면에 한국과 일본, 대만은 모두가 GDP에서 예상되는 정도의 행복감을 얻지 못하고 있다. 뭔가 이상하다는 생각이 든 나는 삶의 질 지수, 풍요 지수, 세계행복지수, 월드 밸류 서베이 등 다양한 통계를 조사해보았다. 하지만 결과는 역시 같았다. 일본의 순위는 낮았고 한국은 그보다 더 낮았다. 예를 들면 쿠바의 수치가 나와 있는 레스터 대학의 행복 랭킹에서는 쿠바가 세계 83위(GDP 9,900달러)인데 비해 일본은 90위(GDP 34,000달러), 한국은 102위(GDP 30,000달러)다. 다음의 103위가 마다가스카르(GDP 900달러)이므로 '돈=행복'이라고 생각한다면 이것은 놀랄 만한 수치다!

그렇다면 한국과 일본은 도대체 왜 '행복 면에서는 개발도상국'이라 불릴 수 있을 만큼 행복감이 없는 것일까? 그 이유 가운데 하나는 사회에 다양성에 대한 '관용성'이 있는지 없는지 여부다. 세계에서 가장 행복하다는 나라인 덴마크의 수도 코펜하겐 일각에는 '크리스차니아'라고 불리는 헌법조차 통용되지 않는 일종의 해방구가 있다. 1970년대에 히피들이 점거하고 유기농 농장을 만드는 등 친환경적인 라이프 스타일을 실천하고 있다. 그 유기농 농장의 지도자인 여성에게 지금 삶이 행복하냐고 물어보았을 때 돌아온 답은 너무나 놀라운 것이었다.

"지금은 행복해요. 하지만 내년에는 재미없어질지도 모르겠어요. 그렇게 되면 저는 학교 선생이었고 자격증도 갖고 있으니까 여기를 떠나

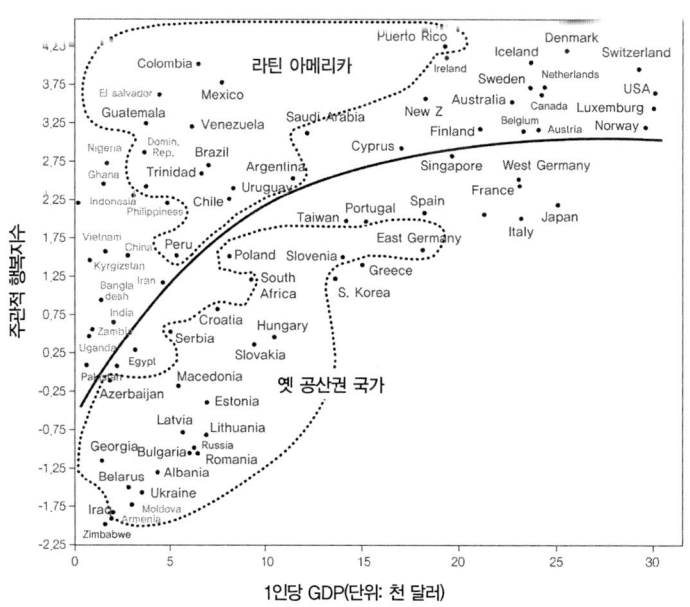

출처: R. Inglehart, Development, Freedom, and Rising Happiness A Global Perspective(1981~2007).

서 원래 하던 교사 일로 돌아갈 거에요."

일본에서는 이런 히피 공동체에 몸담았다간 두 번 다시 사회복귀, 하물며 정규 공립학교의 교사직으로는 돌아갈 수 없다. 하지만 덴마크에서는 이런 경험을 한 사람이 다양한 인생 경험을 아이들에게 전해줄 수 있으므로 오히려 높이 평가된다고 한다. 한국은 어떤가? 한국도 일류대학을 졸업하지 않으면 의사, 변호사, 공무원, 대기업 취직 등이 불가능하며, 한번 경쟁에서 밀려나면 저임금으로 일할 수 밖에 없는 '88만원 세대'가 되어버리며, 그런 두려움 때문에 마음에 여유가 없어서 행복하게 살지 못하는 건 아닌가.

그럼 쿠바에서는 교육이 어떻게 위치 지어져 있을까? 이 책에서 묘사했듯이 쿠바에도 경쟁은 있지만 공부는 사람을 탈락시키기 위한 것이 아니라 인생을 풍요롭게 하기 위한 교양을 익히는 수단이다.

이런 쿠바는 지금도 사회주의 국가지만 '쿠바=마르크스 레닌'으로 해석하면 이해할 수 없는 장면을 종종 맞닥뜨린다. 예를 들면 이 책의 제4장에서 소개한 〈요 시 푸에도〉에 의한 식자력 향상 캠페인은 지금도 진행중이며, 책에 쓴 대로 베네수엘라에 이어서 2008년 12월에는 볼리비아, 2009년 6월에는 니카라과에서도 문맹이 근절되었다. 2011년 9월에 식자박물관을 방문했을 때에 마침 대형 버스를 타고 베네수엘라의 교육운동 그룹인 '미시온 로빈손'이 단체시찰을 하러 왔다. 그야말로 현재진행형인 것이다.

그리고 식자박물관에는 식자력 향상 캠페인의 근본이 되었던 호세 마르티의 "어디서나 가르치는 실천적인 교사를 육성하기 위한 학교를 개설하자"라는 말이 걸려 있다.

2010년 5월에 제8회 유기농·지속가능농업국제회의가 아바나에서 개최되어 브라질의 토지 없는 농민운동의 멤버나 콜롬비아, 베네수엘라, 페루, 칠레, 우루과이 등 라틴 아메리카에서 온 참가자들이 한 자리에 모였는데, 나도 시찰투어에 참가했다. 시찰을 하면서 무엇보다도 부러워했던 것은 쿠바에는 문맹이 단 한 명도 없으며 모든 농민이 유기농업과 지속가능한 농업기술서 등을 이해할 수 있을 만큼의 학력을 갖추고 있다는 점이었다.

"인간은 교양을 갖춰야만 비로소 자유로워진다."

쿠바혁명, 그리고 쿠바교육의 시발점이 된 호세 마르티의 이 말은 글로벌화가 진행되고 경쟁이 격화되며 교육의 근본이 흔들리고 있는 오늘날에 더욱 찬란히 빛난다는 생각을 금할 수 없다. 행복하고 풍성한 인생을 충실케 하기 위한 교육. 인간이 진정으로 해방되기 위한 교육. 독자 여러분이 이 책을 통해 또 하나의 교육방식의 실마리를 찾아낼 수 있다면 지은이로서 더할 나위 없이 행복하겠다.

요시다 다로

먼저 아래 그림을 보자.

2008년 6월에 공표된 중남미 국제통일 테스트에서 각국의 시험성적을 나타내면 아래와 같다.

아이의 학력은 대개 국가의 부나 가정소득에 따라 결정된다.

이것은 각국에서 실제로 증명된 상식이다.

가난한 집 아이는 계속 저학력 상태에 머물러 있게 되는 것이다.

하지만 전 세계에서 유일하게 이 슬픈 법칙을 무시하고 있는 나라가 하나 있다.

물론 경쟁은 한다. 그러나, 그것은 동급생과 서로 돕기 위해서다.

인간은 교양을 갖추어야만 비로소 자유로워질 수 있다.

쿠바가 내건 교육정책은 의미심장하다.

그런데, 가난한 나라인 쿠바의 아이들은 어떻게 최하점수조차도 다른 나라의 평균점을 웃도는 고학력을 갖게 되었을까?

유네스코가 핀란드와 나란히 모델로 추천하는 카리브 해의 교육대국, 쿠바의 비밀을 파헤치는 여행을 떠나보자.

초등학생 공통학력 테스트 국가별 성적

유네스코가 실시한 통일학력시험 성적

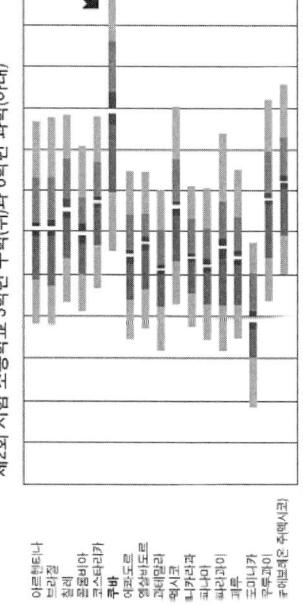

제1회 시험 초등학교 3학년 수학(위)과 국어(아래)

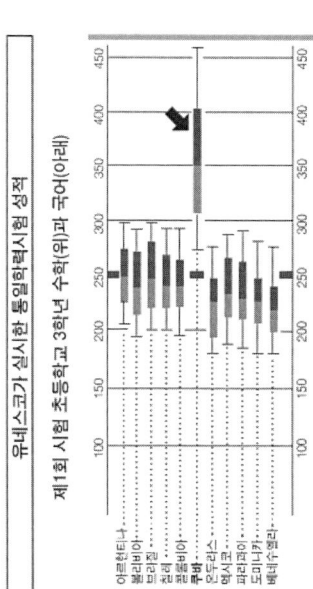

출처 : First International Comparative Study of Language, Mathematics, and Associated Factors in Third and Fourth Grades, Latin American Educational Quality Assessment Laboratory, 1998.

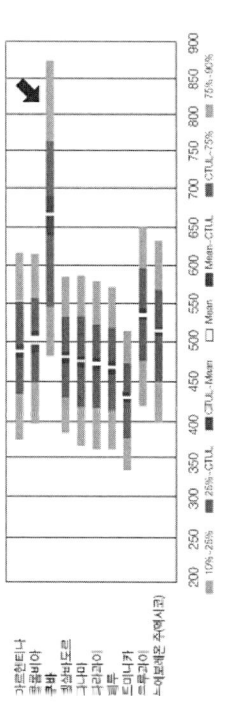

제2회 시험 초등학교 3학년 수학(위)과 6학년 과학(아래)

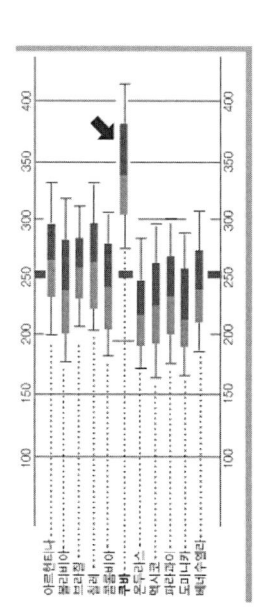

출처 : Student achievement in Latin America and the Caribbean, Results of the Second Regional comparative and Explanatory Study, Latin American Educational Quality Assessment Laboratory, 2008. (http://unesdoc.unesco.org
_mages/0016/001610/161045e.pdf)

표 읽는 법 : 1998년 제1회 통일 테스트는 국어, 수학 두 과목 모두 평균을 250점으로 환산하여 평균으로부터의 1표준편차를 50점으로 정리했다. 2008년 제2회 통일 테스트는 공간이 평균점이며 평균점을 그대로 표시하고 있다. 쿠바가 단연 발군의 성적을 올리고 있음을 알 수 있다.

차례

한국어판 지은이의 말 – 행복하게 공부하는 나라를 꿈꾸며 5

들어가며 - 쿠바의 유혹
동요 「고향」 가사에 숨겨진 추억 19 · 교양이 붕괴되고 학력이 저하되는 일본 22 · 유네스코가 인증한 교육 모델 23 · 라틴 아메리카의 평균을 크게 웃도는 이상한 성적 24 · 잘 사는 나라일수록 높은 아이들의 성적 28 · 교육이 붕괴된 영국이 모델로 연구하는 나라 30 · 핀란드와 같은 학습법으로 성적을 높이는 쿠바의 아이들 32 · 외교관을 꿈꾸는 산골 소녀 34

I. 고학력의 비밀을 파헤친다
1. 모든 학생이 학력을 익힌다 – 낭랑하게 읽는 스페인어
건물은 허름해도 학교가 좋아요 39 · 낭랑하게 읽는 스페인어 43 · 초등학교부터 시작하는 컴퓨터 교육 44 · 지역에 있는 학교에 다니는 아이들 48 · 초등학생도 낙제한다? – 전원이 기초학력을 습득해서 현실 사회로 51

2. 선진국에 버금가는 소수정원 교실이 키우는 학력
학교는 공부도 하고 인생상담도 해주는 곳 54 · 비디오로 배우는 소수정원 수업 55 · 모든 중학교에서 15명의 소수정원 학급을 실현 57 · 클럽활동을 중시하는 전인교육과 사회활동교육 62

3. 고학력의 비결은 경쟁이 아닌 상호학습

미래의 간부 후보생을 키워내는 엘리트 학교 67 · 소수정원 교실에서 수준높은 수업을 69 · 현직 부총리의 자녀도 떨어지는 공정한 시험 70 · 85점 이상의 성적을 받지 못하면 즉시 낙제 74 · 학교생활을 마음껏 즐기는 학생들 76 · 경쟁이 아니라 자율적으로 서로 배우는 학생들 76 · 친구가 근심하면 나는 울고, 내가 기뻐하면 친구는 춤춘다 77 · 쿠바의 15살의 봄 — 성적이 좋은 아이만 진학할 수 있는 고교 79 · 사회인이 재도전하는 대학 — 인정을 베풀면 결국 나에게 돌아온다 81

4. 옛 소련의 교육이념으로 키우는 고학력

무상교육을 지탱하는 세계 제일의 교육투자 86 · 행동주의에서 구성주의로 바뀐 세계의 교육이론 87 · 러시아가 낳은 천재 심리학자의 학습이론 89 · 교사보다 아이들끼리 5배나 더 배운다 93

5. 풍부한 사회공동자본이 고학력을 지탱한다

학력에는 교사와 학교시설보다 가정환경이 더 중요 95 · 가난한 집 아이는 변두리 학교에서 실력 없는 교사에게 배운다 97 · 지역사회가 키우는 아이들 98 · 무상교육은 국민의 권리 102 · 미국 내에서 가장 성적이 좋은 학교 103

II. 탈 빈곤사회를 지향하여 탄생한 교육제도

1. 혁명 이전의 쿠바 교육

교회가 지배한 식민지 시대의 차별교육 107 · 미국식 교육의 강요 109 · 나라는 번영해도 격차는 커졌다 111 · 수업도 않고 급료만 받고 있던 특권교사들 114

2. 혁명 후의 획기적인 교육개혁

병영과 경찰서를 학교로 바꾸어 교육을 보급 116 · 모든 학교를 국유화하고 무상교육을 실시하다 118 · 내부 상황은 엉망이었던 1960년대 학교 현장 119 · 학력향상과 기술지식의 충실을 지향하는 교육개혁 플랜 122 · 진학이 자기목적화한 학습지도와 학력 저하 123 · 소련형 중앙집권주의 교육의 빛과 그림자 126 · 여유교육의 실패와 쿠바식 교육개혁 128

칼럼1 — 성인교육과 평생학습 131

3. 경제위기와 멈춰버린 소련형 고도성장 모델

경제위기 속에서도 문을 닫지 않았던 학교 134 · 진학률의 저하와 중퇴의 증가, 일자리 감소 138 · 이전의 절반까지 삭감된 교육예산 138 · 관광업으로 옮겨간 교사들 139 · 격차확대로 황폐해진 사회 140 · 젊은이들에게 확산되는 폐쇄감 142

III. 경제위기 속에서 더욱 충실해진 교육제도

1. 보육원에서 커뮤니티로 — 쿠바의 영유아 교육

유니세프와 세계은행도 높이 평가한 종합적인 유아교육 147 · 텔레비전을 보면서 춤을 추는 꼬꼬마들 148 · 일하는 엄마들을 위한 보육원 154 · 경제위기 속에서 탄생한 새로운 모델 155 · 지역사회가 아이를 키우는 '아이를 교육하자' 프로그램 157 · 모델이 된 산촌에서의 육아교육 159 · 지역사회가 키우는 아이들 161 · 다른 나라도 모범으로 삼는 쿠바의 영유아 교육 163

2. 쿠바의 교육을 지탱하는 교사들

아이들에 대한 깊은 애정으로 물자부족을 극복 166 · 16살 고교생이 교단에 서는 초등학교 168 · 교사는 모든 사람들로부터 존경받는 고도의 전문직 170 · 실습 위주의 실천적인 수업 173 · 새내기 교사에 대한 탄탄한 지원과 연수제도 174 · 서로 배우는 교사들 176 · 소수정원 교실 실현을 위한 개혁 178 · 대학생 때부터 교단에 서는 종합교사 180

칼럼2 — 칠레의 교육개혁에서 배운다 185

3. 장애우를 배려하는 교육

세계의 흐름과 역행하는 특별한 장애우 관리 188 · 아이들 하나하나를 배려하는 전원 기숙사형 양호학교 190 · 사회로 열려 있는 양호학교 191 · 다양한 치료를 통한 자폐아 관리 192 · 장애우도 대학에 진학할 수 있고 사회적 자립을 촉진 196 · 장애우의 사회참여를 지탱하는 사회조직 196

칼럼3 — 쿠바의 인공내귀 199

4. 워킹푸어를 낳지 않는 쿠바식 정리해고

설탕의 섬에 밀어닥친 정리해고 쓰나미 202 · 공장의 절반을 폐쇄하고 사탕수수 밭은 3분의 1로 206 · 대화를 통해 이해를 구한 뒤에 정리해고 207 · 정리해고로 오히려 급료가 상승, 공부하면 급료를 받는다 212 · 자신들끼리 공장 내에 학교를 만들다 215 · 전 국민 누구든지 원한다면 대학에 간다 218

칼럼4 — 사탕수수 노동자 222

IV. 탈 워킹푸어 사회를 찾아서

1. 사회와 이어지는 종합교육

아이들의 흥미와 관심을 키우는 종합교육 227 · 피오네로 궁전에서의 직업체험 229 · 교칙을 스스로 관리하는 아이들 231 · 초등학교부터 연대감을 키우는 노동교육 232 · 농촌 기숙학교에서 땀흘려 농사를 체험하는 중고생 233 · 아침에는 펜을 쥐고, 오후에는 땅을 갈아라 234 · 도시와 농촌의 교류 실패와 농촌 중학의 재검토 234

칼럼5 — 인기 높은 농업전문학교 239

2. 격차없는 공정한 경쟁사회를 찾아서

사회복지사 학교의 설립과 실업자의 일소 243 · 만인을 위한 대학에서 교양을 높인다 246 · 감옥 안에도 대학을 만들다 247 · 글로벌화를 지향하여 컴퓨터 교육을 250 · 지적재산으로 글로벌화 속에서 살아남는다 253 · 다른 사람을 위해 나라에

최선을 다한다는 공유철학 254

칼럼6 ― 쿠바로부터 배울 수 있는 미디어 리틸러시 261

3. 전국 식자교육 캠페인

"읽고쓸 줄 모르는 사람은 인류의 유산을 강탈당하고 있다" 266 · 비식자자 근절을 위해 10만 명의 중고생을 농산촌에 동원하다 269 · 성공한 카스트로 273 · 정치색과 군사색을 동시에 띠고 있는 캠페인 274 · 연대의식의 확산으로 이어진 운동 276

4. 세계에 퍼진 쿠바의 식자교육법

현재도 전 세계적으로 비식지자 수는 8억이 넘는다 282 · 쿠바의 프로그램으로 비식자자 근절을 시도하는 개발도상국 284 · 텔레비전과 비디오를 활용해서 석 달 만에 읽고쓰기를 완성 286 · 어떤 언어에도 범용성이 있어서 세계 28개국에서 활용중 288 · 최빈국 아이티 민중들로부터 탄생한 프로그램 291 · 평가받지 못한 쿠바의 식자력 향상 운동 292 · 지구는 우리의 마을, 그리고 교육은 세계의 보물 294 · 인간은 교육이 없으면 자유로워질 수 없다 297 · 건전한 사회는 돈으로만 평가할 수 없다 299

5. 무지야말로 전쟁을 낳는다

쿠바에 있는 존 레논 공원 301 · 1980년대 니카라과 교육개혁의 좌절 303 · 평화롭지 않으면 교육개혁도 진전될 수 없다 304 · 히로시마에 각별한 애정을 가진 카스트로 308 · 히로시마를 찾아온 쿠바인 309 · 체 게바라가 히로시마에서 본 것 310 · 고학을 통해 의사에서 게릴라로 312 · 게릴라전이 한창일 때부터 시작된 교육활동 314 · 교육이 가장 중요하므로 어떤 때라도 소홀히 할 수 없다 315 · 평화를 위해서 교육이 필요 318

6. 에필로그

마치며 326
참고문헌 340
용어정리 349

들어가며 — 쿠바의 유혹

동요 「고향」 가사에 숨겨진 추억

'뜻을 이루고 언젠가는 돌아가리. 산 푸른 내 고향. 물 맑은 내 고향.'

「고향」이라는 일본 동요의 한 구절인데, 여기에는 작사가인 다카노 다쓰유키의 개인적인 추억이 배어 있다. 그는 메이지 9년에 나가노 현 나가에 마을(현재의 나카노 시)의 가난한 농가에서 태어났다. 초등학교를 졸업하고 15살에 임시 교원 노릇을 할 때 하숙을 하던 이야마 시(市) 신슈지의 셋째 딸과 사랑에 빠진다. 그러나 유서깊은 절인 신슈지에서 가난한 청년과의 결혼을 순순히 허락할 리가 없었다. "인력거를 타고 산문을 통과할 수 있을 정도의 남자가 되지 않으면 두 번 다시 고향땅을 밟는 것을 용서하지 않겠다."

이 말을 들은 두 사람은 분명 비장한 각오로 상경했을 것이다. 하지만 다카노는 그대로 주저앉을 남자는 아니었다. 고학 끝에 메이지 43년, 34살의 나이로 도쿄음악학교(오늘날 도쿄예술대학) 교수가 되고 다이

쇼14년, 49살에 도쿄제국대학에서 문학박사 학위를 받았다. 빈농 출신 청년이 자신이 쓴 동요 가사 그대로 뜻을 이루어 박사가 된 것이다. 고향을 다시 찾은 '박사'는 이야마 시의 역에서 지역 주민들로부터 대대적인 환영을 받고 중절모를 흔들면서 절까지 인력거를 타고 갔다. 장모와의 약속으로부터 30여 년 세월이 흐른 뒤였다.

'뜻을 이루고 언젠가는 돌아가리.' 다카노는 동요 가사 그대로, 입신양명을 꿈꿀 수 있던 시대를 살았다.

이 에피소드는 오늘날의 교육을 생각할 때 흥미로운 소재를 제공하고 있다. 당시 일본은 신분제 사회여서 빈민계급 청년과 상류계급 아가씨의 결혼이 쉽지 않았다. 그럼에도 불구하고 '학력'에는 '신분'을 일소할 만큼의 파워가 있었고 '공부=입신출세'가 의심없이 받아들여져서 다카노처럼 미래를 꿈꾸며 공부하는 젊은이가 있었다.

다카노와 어깨를 나란히 하는 동요작가에 사토 하치로가 있다. 그의 아버지인 고로쿠는 「아아 아름다운 술잔에 꽃을 담아」라는 소설을 썼는데, 가난한 계급 출신의 청년이 미래에 대한 희망을 버리지 않고 고학 끝에 당시 최고 명문고인 제1고등학교에 합격하기까지를 그린 청춘물이다. 가난 때문에 중학교에 가지 못하고 가업인 두부가게를 꾸려가는 주인공은 지금으로 말하면 워킹 푸어다. 그러나 역경에 굴하지 않고 향학열에 불타서 사설학원에 다니고, 학원에서 제1고교에 합격한 선배는 "가난에 굴하지 말라."고 그를 격려한다. 소설은 주인공이 제1고교에 진학하고 선배는 당시 세계적 강대국이던 영국의 런던 대사관 외교

마쓰모토 시내의 옛 마쓰모토 고등학교 건물을 복원한 기념관.
당시 교실과 기숙사 모습도 재현되어 있다.

관이 된다는 해피엔드다. 당시 고등학교의 평가에 대해서는 시비가 있을 수 있다. 그러나 제2차 세계대전 이전의 일본에는 이런 이야기가 인기를 끌었던 시대적 배경이 있었다.

교양이 붕괴되고 학력이 저하되는 일본

하지만 시대는 변했다. 『고학력 워킹 푸어』라는 책이 베스트셀러가 될 정도로 학위 취득은 가치가 떨어졌다. 제1고등학교로 상징되는 교양문화도 붕괴되었다. 메이지 대학의 사이토 다카시 교수는 『왜 일본인은 배우지 않게 되었는가』라는 책에서 전후 일본이 교양을 홀대하는 미국문화에 휩쓸렸기 때문이라고 한탄한다.

'여유교육'에 따른 학력저하도 우려되고 있다. 특히 사태의 심각성이 드러난 것은 경제협력개발기구(OECD)가 실시한 '피사(PISA)' 시험 결과였다. 국제학력시험에는 국제 교육성취도 평가협회가 실시하는 '국제 수학·과학 성취도 비교연구(TIMSS)'와 피사 등 두 가지가 있는데, 전자가 지식능력을 측정하는 일반적인 학력 테스트인 데에 비해 '피사'는 지식의 활용능력이나 문제해결 능력을 측정하는 내용으로 이루어져 있다. 이 피사에서 특히 차이가 난 것은 독해력 테스트였다. 2000년에는 핀란드가 1위, 캐나다가 2위, 일본은 8위였는데 2003년에는 핀란드 1위, 한국 2위, 캐나다 3위에 비해 일본은 14위로 크게 뒤지고 말았다. 심지어 일본이 자랑으로 삼고 있는 수학에서도 평균 이하, 특히 하위 25% 성적이 2000년에 비해 40포인트 가까이 떨어졌다. 도쿄대학의 가리야 다케히코 교수는 "저학력 아이들의 학력이 더 떨어진 것이 가장 큰 문제"라며 학력차가 벌어지는 것을 우려한다. 과학기술 입국 일본의 미래는 참으로 위태롭다. 현재 일본에서는 여유교육에 따른 학력저하를 만회해야 한다며 국제학력시험에서의 학력향상을 최대의 교육목표로 내건 영국을 본보기로 삼고 있다.

유네스코가 인증한 교육 모델

하지만 2004년에 나온 유네스코의 '만인을 위한 교육 모니터링 리포트 2005'가 교육 모델국으로 선정한 나라는 핀란드, 한국, 캐나다, 그리고 쿠바였다.[6][8]

독해력, 수학, 과학, 리터래시(읽고쓰기 능력) 등 피사의 모든 부문에서 1위를 독차지한 핀란드가 모범이 되는 것은 이해할 수 있다. 한국과 캐나다도 이해하지 못할 건 없다. 하지만 왜 쿠바인가? OECD조차 가입해 있지 않은 가난한 개발도상국인 데다 미국으로부터 테러지원국으로 지목된 카스트로의 독재 국가가 아닌가.

유네스코가 교육 모델국으로 선정한 이유 가운데 하나는 높은 식자율(識字率)이었다. 개발도상국에서는 식자율이 교육 수준의 지표가 된다. 중남미 각국의 1인당 국민 총생산(GDP)과 식자율을 비교해보면 칠레나 아르헨티나처럼 잘 사는 나라일수록 높아지는 경향이 있음을 알 수 있다. 하지만 예외가 있다. 바로 쿠바다. 똑같은 역사를 거쳐온 아이티나 과테말라의 식자율이 각각 61%, 73%밖에 되지 않는 데에 비해 쿠바의 그것은 거의 100%로, 선진국에 버금간다.[6]

라틴 아메리카의 평균을 크게 웃도는 이상한 성적

하지만 그것 이상으로 유네스코를 놀라게 한 것은 '라틴 아메리카 교육수준 평가센터'^(주1)가 1997년 6~11월에 걸쳐서 라틴 아메리카 13개국을 대상으로 실시한 통일학력시험 성적이었다.⁽¹⁾⁽²⁾ 한 마디로 통일학력시험이라고는 해도 각 나라별로 교육제도도 제각각이고 브라질에서는 주(州)나 무니시피오(자치체)에 따라 커리큘럼도 다르다.⁽³⁾ 게다가 선진국과 달리 도시와 농촌, 공립학교와 사립학교의 격차도 크다. 그래서 학력비교는 각국에서 100개 이상의 초등학교를 무작위로 추출하여 도시에서 2,000명, 농촌에서 2,000명의 3, 4학년 학생에게 수학과 국어(브라질은 포르투갈어, 그밖에는 스페인어) 테스트를 실시하는 방식으로 치러졌다. 센터는 문제작성에도 TIMSS 등의 국제 학력시험을 참조하여 2년 반 동안 준비를 거치는 등 신중에 신중을 기했다.^(주2)

결과는 1998년 12월에 정식으로 발표되었는데, 많은 나라의 교육수준이 낮고 격차 또한 크다는 것이 다시금 명백해졌다.⁽⁴⁾ 그러나 센터의 담당자인 후안 카사수스 씨는 예외가 있었다는 것을 지적한다.

"어떤 나라에서도 큰 차이는 보이지 않았지만, 유일하게 한 나라, 그밖의 나라를 훨씬 능가하는 나라가 딱 하나 있었습니다. 또한 어떤 나라든 대개 사립학교가 공립학교보다 나은데 다른 어디보다도 탁월한 공교육이 있는 나라가 딱 하나 있었죠. 그래요, 사교육이 전혀 없는 나라에 말입니다."

책 첫머리의 그림을 다시 보자. 쿠바만이 평균을 훨씬 웃도는 성적을 올리고 있음을 알 수 있을 것이다. 게다가 그 성적은 자본이 풍부한 타국의 사립학교조차도 능가하며 최저점수조차도 지역의 평균점수 이상

표1 라틴 아메리카 각국의 GDP와 식자율

국명	1인당 GDP(달러)	젊은이 식자율(%)	성인 식자율(%)
칠레	13,900	99.0	96.4
아르헨티나	13,300	99.1	97.6
멕시코	12,800	97.9	91.7
베네수엘라	12,200	97.0	91.3
우루과이	11,600	98.7	97.8
코스타리카	10,300	98.0	95.8
파나마	10,300	96.3	93.2
브라질	9,700	97.6	89.6
페루	7,800	97.8	88.7
자메이카	7,700	94.1	85.5
에콰도르	7,200	96.5	92.4
도미니카 공화국	7,000	95.7	88.8
콜롬비아	6,700	97.9	92.3
엘살바도르	5,800	95.0	83.6
과테말라	4,700	84.9	72.5
쿠바	**4,500**	**100.0**	**99.8**
파라과이	4,500	96.2	93.6
온두라스	4,100	90.2	82.6
볼리비아	4,000	98.3	89.8
니카라과	2,600	88.4	80.1
아이티	1,300	80.5	61.0

주) 유네스코 자료 등에 의해 지은이 작성, 식자율 2006년, GDP 2007년값.

이었다.⁽⁴⁾ 게다가 "모든 나라에서 농촌의 학교성적이 가장 낮았다. 다만 쿠바만을 제외하고."라는 지적에서 보이듯이 지역간 격차도 거의 없었다.⁽¹⁾ 조사한 11개국의 당시 1인당 GDP 역시 칠레를 필두로 아르헨티나, 베네수엘라, 멕시코에 이어 쿠바는 11개국 가운데 9번째에 지나지 않는다.⁽²⁾

가난한 나라임에도 불구하고 왜 잘 사는 나라를 능가하는 높은 성적을 올릴 수 있을까? 세계는 이 결과에 주목했다. 국제교육문제 전문가인 스탠포드 대학의 마틴 카노이 교수도 그런 사람 가운데 한 명인데, 2007년에 쿠바 고학력의 비밀을 풀기 위해 현지실태를 조사한 보고서를 발표했다. 이 성적이 갖는 의미에 대해 교수가 해설한 대목을 읽어 보자.

"쿠바 학생들은 표준편차(통계집단의 단위의 계량적 특성값에 관한 산포도를 나타내는 도수특성값. 표준편차가 0일 때는 관측값의 모두가 동일한 크기이고, 표준편차가 클수록 관측값 중에는 평균에서 떨어진 값이 많이 존재한다. — 옮긴이)로 국어에서는 1 이상, 수학에서는 약 1.5나 타국보다 뛰어났다. 이것은 국어에서는 다른 나라 학생이 평균 50점이라면, 쿠바 학생은 평균 80점 이상이고, 수학에서는 평균 거의 90점이었다는 뜻이다."⁽⁹⁾

3학년 수학은 거의 2배나 표준편차에서 벗어났다.⁽¹⁾ 정규분포로 따지면 표준편차의 2배 이내에 95.4%가 포함되는 셈이니 그것이 얼마나 특이한 일이었는지 알 수 있을 것이다. 상식적으로는 있을 수 없는 결과에 깜짝 놀란 유네스코는 다음 해인 1998년에 곧바로 재시험을 실시한다.[4] 독재국가 쿠바라면 국위선양을 위해 성적이 뛰어난 학생들만을 골라서 시험을 치르게 하는 일은 얼마든지 가능할 수 있기 때문이다. 카노이 교수는 이 후일담도 언급하고 있다.

"이상한 성적이, 특정 학교를 고르거나 학교에서 특정한 학생을 고른 결과가 아닐까 의심하고 싶어지는 것도 당연했다. 그래서 연구자들은 조사한 100개 학교에서 무작위로 5개 학교를 골라서 재시험을 실시했다. 하지만 결과에 차이가 없음을 다시금 확인했을 뿐이었다."[9]

2008년 6월에는 유네스코의 제2회 국제학력시험 결과가 발표되었다. 이번 시험에는 지난 회보다 많은 중남미 16개국과 멕시코의 누에보레온 주까지 더해 3,065개 학교 19만 6,040명의 학생이 참여했다. 하지만 역시 단연 최고 성적을 보인 곳은 쿠바다. 책머리에도 제시했듯이 초등학교 3학년 수학과 국어에서는 지역 평균을 표준편차로 1 이상 웃돌았고 6학년도 수학, 국어, 과학에서 뛰어난 성적을 올렸다.

성적은 레벨 I부터 IV까지 4단계로 평가되었는데, 레벨 IV에 이른 학생은 3학년 수학과 국어에서는 11.2%와 8.4%, 6학년 수학, 국어, 과학에서는 11.4%, 17.6%, 2.5%에 지나지 않으며 쿠바만이 유일하게 절반 이상의 학생이 레벨 IV에 이르렀다. 유네스코 지방사무소의 로사 블랑코 소장은 "쿠바를 제외하고 좋은 성적은 올린 나라는 거의 없어요. 몇몇 나라에서는 아이들의 절반이 레벨 I이나 그 이하예요."라고 말하고 있다. 이제 막 공표되었으므로 상세한 분석 보고서는 나와 있지 않지만 역시 쿠바의 고학력은 사실인 것 같다.[10]

잘 사는 나라일수록 높은 아이들의 성적

카노이 교수가 쿠바에 흥미를 느낀 것도 당연하다. 잘 사는 나라의 잘 사는 집 아이일수록 성적이 좋다는 것은 국제적으로도 실증되어 있는 엄연한 사실이기 때문이다. 교수는 그것을 다음과 같이 썼다.

"이전의 연구를 통해서도 성적과 유일하게 상관관계에 있는 것은 학생의 출신계급임이 증명되어 있다. 교육수준이 낮은 가난한 가정 출신의 아이는 초등학교에 들어가기 전부터 충분한 교육을 받지 못한다. 좋은 학교나 유능한 교사가 이 틈새를 메울 수도 있겠지만 일반적으로는 가정이나 커뮤니티의 영향을 극복하지 못한다. 똑같은 이유에서 국가나 지역의 경제상황도 성적과 연관된다. 라틴 아메리카 학생의 성적이 유럽보다 낮은 것도 이 때문이다."

고학력을 갖는 일은 부자 나라일수록 유리하다는 말이다. 하지만 세계 제일의 부자 나라 미국에서는 뜻밖의 사태가 진행되고 있다. 쿠바와 비교한 보고서가 있으므로 읽어보자.

"미국 교육위원회에 따르면 2005년도에 교육부는 7억 8천만~23억 달러나 재원 부족 상태에 빠져 있다. 8만 4천 명 이상의 대학생이 펠 장학금(미 연방정부가 지급하는 무상 보조금으로, 가정의 수입과 자산에 의해 금액이 결정되며 연방정부가 직접 관리한다. - 옮긴이)을 받지 못하고, 120만 명의 장학금이 삭감된다는 것이다. 게다가 영향을 받은 것은 연소득이 4만 달러에 이르지 못하는 저소득 가정 출신 학생이다. 부시 대통령이 내세운 '낙오학생 방지법(이하 낙오자법, No Children Left Behind; NCLB. 일반 교육 과정에서 낙오하는 학생이 없도록 하기 위한 법으로 미국의 각 주에서 정한 성취기준을 성취도 평가를 통해 만족시켜야 하고, 그 기준을 만족시키지 못한 학교와 교사, 학생이 제재를 받는 법 - 옮긴이)'은 저학력 아이들뿐만 아니라 교사까지 버린다. 많은 학교에서 정원이 40명 이상인 교실이 늘어나고, 저소득 가정의 아이는 고소득 가정의 아이와 같은 수준의 교육을 받지 못 한다. 심지어 낙오자법은 저소득 학교의 군국화의 길을 열어젖힌다. 연방정부로부터 보조금을 받기 위해 학교에 군대 리크루터를 초빙할 것인가, 그렇지 않으면 학교를 도산시킬 것인가, 둘 중 하나를 택해야만 하는 상황으로 내몰리고 있다. 전미교원연맹에 따르면 정부는 저학력을 해소하기 위한 예산을 꾸릴 생각이 눈곱만큼도 없다. 표면적인 이유는 이라크 전쟁과 국가안전보장의 우선이지만 진짜 이유는 격차사회의 모순이다. 정부는 저소득가정 아이의 학력을 높이기보다 젊은이들을 군사에 흥미를 갖게 하는 것이 훨씬 중요하다고 생각하고 있다.

하지만 쿠바에서는 이와는 정반대의 일이 일어나고 있다. 교육과 의료가 기본으로 여겨지며 의무교육은 9년이지만 대학을 포함해서 학비는 모두 무료다. 학생과 교사의 비율은 초등학교는 13.5명이며 전체 학교 평균은 15명이다. 교육은 생활이나 일과 이어져서 스포츠, 레크리에이션, 예술을 포함해 한 사람 한 사람의 아이를 전인적으로 키워내고 있다. 심지어 이것은 쿠바인들이 '에물라시온(경쟁, 겨룸이라는 뜻의 스페인어 – 옮긴이)'이라고 부르는 그룹 경쟁을 통해 이루어지고 있다."[7]

교육이 붕괴된 영국이 모델로 연구하는 나라

의료 못지않게 비참한 미국의 교육실태에 대해 이 이상 언급하지 않겠다. 다만 미국과 마찬가지로 대처 총리의 민영화노선 때문에 교육이 붕괴된 영국이 주목한 나라가 쿠바이며 양국의 교류가 이미 시작되었다는 것만은 알아두자. BBC 리포트는 그것을 이런 식으로 전한다.

"그 과격한 혁명의 메아리로부터, 그 교육제도에 타국이 배울 점은 거의 없다고 생각할 것임이 틀림없다. 하지만 사실은 다르다……. 블레어 총리와 카스트로가 같은 방에 앉아 있다면 어떤 회담이 시작될까. 혁명이나 1950년대 문화에 대한 짧은 대화가 오간 다음, 교육에 대해 이야기를 시작할 것이다. 그리고 예상 이상으로 서로의 발상이 일치한다는 것을 깨달을지도 모른다. 블레어는 (정책의 우선과제를) '첫째도 교육, 둘째도 교육, 셋째도 교육'이라고 선언했는데, 그것은 카스트로에게도 감명을 줄 것이다. 카스트로는 식자력 향상이나 교육을 통해 인민을 계발하는 것에 자신의 모든 인생을 걸었다고 생각할 수 있다."

교육사정을 배우기 위해 2002년에 쿠바를 방문한 윌트서 지역의 초등학교 교사 수 백스턴은 다음과 같이 말한다.

"교육부 장관에서 교사, 일반 시민에 이르기까지 모든 사람들이 배움을 중시하며 물자가 부족함에도 불구하고 자신을 업그레이드하려고 의욕적으로 노력하고 있습니다. 커뮤니티의 모든 구성원이 학교와 연관되어 있고, 새로운 교실이 필요해지면 커뮤니티의 모든 주민이 그것을 만드는 일을 돕습니다."

유치원 교사 캐롤린 스풀스도 커뮤니티의 교육 참가에 놀란다.

"쿠바 사람들도 우리와 같은 과제를 끌어안고 있었습니다. 하지만 흥미롭게도 다른 방식으로 해결해나가고 있었어요. 모두들 얼마나 교육에 열성적이고, 얼마나 커뮤니티 참가를 즐기고 있던지요. 우리가 배운 것은 바로 그것입니다."

현실세계에서 카스트로와 블레어는 제노바의 WTO 총회에서 한 번 만난 적이 있을 뿐이다. 그리고 블레어는 2007년 6월에 퇴진했고 카스트로도 다음 해인 2008년 2월 20일 은퇴를 선언함으로써 표면적인 정치 무대에서 모습을 감추었다. 하지만 영국의 교사들은 시찰 후에도 쿠바와의 인연을 더욱 깊고 끈끈하게 유지하여 2006년에는 학교교류 프로젝트도 만들어졌다.[12]

핀란드와 같은 학습법으로 성적을 높이는 쿠바 아이들

25개국 이상에서 교육 프로젝트에 관여해온 식량농업기구(FAO)의 전문가이자 쿠바에 주목하는 사람 가운데 한 명인 라비니어 가스펠리니 여사 역시 "높은 입학률, 높은 식자력, 여성의 높은 대학진학률, 높은 과학수준, 수준높은 교사들, 지역차가 없는 평등한 교육기회. 비록 개발도상국이지만 교육의 성과는 확연하다. OECD 각국의 학교와 다를 바 없는 이것은 일관된 교육전략과 교육에 대한 대대적인 투자 결과라고 말할 수 있다."라고 평가한다.[3]

혁명 이후 쿠바는 연간 국가예산의 23%, GDP의 10~11%를 교육에 쏟아부어 왔다. 이것은 어떤 나라보다도 압도적으로 높은 비율이며, 여기에 가장 가까운 수치는 핀란드의 그것으로, 6%라고 한다. 경제력과 소득은 분명히 학력에 결정적인 요소다. 하지만 동시에, 가난해도 격차가 작으면 성적은 좋아진다. 카노이 교수는 라틴 아메리카에서 가장 잘 사는 칠레가 시장원리주의적인 교육개혁을 행한 결과, 국민 1인당 소득에서 당연히 기대되는 성과가 보이지 않는 한편, 소득 이상의 높은 성적을 올리고 있는 나라로 핀란드를 들면서 "쿠바도 소득에서 예상되는 것보다 훨씬 수준이 높은 나라 가운데 하나"라고 평가한다.[9]

쓰루 문과대학의 후쿠다 세이지 교수는 자신의 저서 『경쟁을 해도 학력은 정체된 영국 교육의 실패와 핀란드의 성공』에서 TIMSS에서의 지식습득이 학력이라고 판단하고 대책에 힘을 쏟은 영국의 성적이 바닥을 헤매는 반면, 피사에서의 성적 향상에 노력한 핀란드가 TIMSS에서의 성적도 좋아졌다는 사실에서, 후자야말로 진정한 길이라며 영국을 모델로 삼은 일본에 경종을 울리고 있다. 앞에서 나온 가리야 다케히코 교수와 홋카이도 대학의 야마구치 지로 교수도 『격차사회와 교육개혁』에서 앵글로색슨 계의 교육제도는 성공하고 있지 않으며, 그것이 바우처 제도나 학교선택제 등의 극약처방이 필요해진 이유라고 말하고 있다. 그리고 전후(戰後) 일본의 의무교육은 교육의 기회평등을 실현하는 데에 커다란 성과를 올려왔는데, 격차를 보다 확대시킬 수도 있는 공교육 민영화 노선을 왜 지향하느냐고 의문을 표한다.

핀란드에서는 학력별로 아이들을 나누는 성취도별 편성수업은 공부를 못하는 아이에게 어떤 도움도 되지 않고, 공부를 잘하는 아이에게도 별 효과가 없다고 판단하여 1985년에 성취도별 편성수업을 중지하고 수업에 그룹학습을 도입하고 있다. 그리고 흥미롭게도, 앞서 소개한 유네스코 보고서는 이것이 쿠바의 그룹경쟁과 비슷하다고 지적한다.

"교사와 학생, 부모가 서로 협력하여 교육에 힘을 쏟는 쿠바혁명의 정신은 독특한데, 쿠바의 서로 배우는 교사 그룹은 타국에도 참고가 된다. 또한 핀란드의 상호학습 그룹이라는 개념은 학생들이 서로 자극을 주고받는 쿠바의 상호학습 개념과 비슷하다."[8]

외교관을 꿈꾸는 산골 소녀

수도 아바나에서 고속도로를 타고 1시간쯤 달리면 피날 델 리오 주의 시에라 델 로사리오 산간지역이 보인다. 2007년 여름에 이 산촌의 학교를 방문한 것은 식농(食農)교육 현황을 견학하기 위해서였다. 지금 쿠바에서는 교육부의 방침으로 수업에 식농교육이 도입되어 있으며 이 학교에서도 아이들이 가꾼 채소밭의 농산물이 학교와 보육원, 복지시설 등에서 사용되고 있다. 채소밭에서 걸어서 몇 분 거리에 있는 학교로 돌아오는 길에 한 여자 아이에게 장래의 꿈을 물어보았다.

"열심히 공부해서 쿠바를 해외에 알리는 외교관이 되고 싶어요."

이런 산골에도 빛나는 장래를 꿈꾸며 열심히 공부하는 소녀가 있다. 물론 실현 가능성은 낮을 것이다. 하지만 우주비행사가 되고 싶다거나

피날 델 리오 주의 산 속에 있는 학교 채소밭에서 채소를 가꾸는 아이들.

우주왕복선을 타고 싶다는 아이들다운 꿈과는 달리 쿠바에서는 상당히 현실성을 띤 꿈이다. 쿠바에서는 출신 가정이나 소득에 상관없이 무료로 대학까지 진학할 수 있으며 도시와 농촌의 학력차가 거의 없기 때문에 출신지도 걸림돌이 되지 않는다. 쿠바 아이들은 모두가 이 소녀 같은 포부를 품고 있을까. 교사와 학교는 아이들이 꿈을 이루게끔 어떤 식으로 도와주고 있을까. 학교를 졸업하면 제대로 취직은 가능할까. 다른 라틴 아메리카 국가보다 성적은 좋다 해도 낙오자는 없을까. 자폐아처럼 학교에 다닐 수 없는 핸디를 가진 아이들은 어떻게 지내고 있을까. 수많은 의문이 솟구친다. 자, 이런 의문점을 풀기 위해 카리브의 섬나라 쿠바로 떠나보자.

주1 ─ 평가센터란, 라틴 아메리카와 카리브 해 지역의 교육제도를 충실케 하기 위해 1994년에 설립된 기관이다. 센터에는 현재 14개국이 가입해 있으며 쿠바도 1995년 8월에 가입했다.

주2 ─ 이 조사는 TIMSS만큼 상세하지는 않지만 조사결과는 ETS(Educational Testing Service)로부터도 인증받았다. 당초 행한 것은 13개국 54,417명이었지만 페루 당국이 정보공개를 허가하지 않아서, 그리고 코스타리카는 연구가 요구하는 요건이 충족되지 않아서 제외되었다. 이것을 제외하면 조사 인수는 48,705명이다. [1]

쿠바의 교육제도

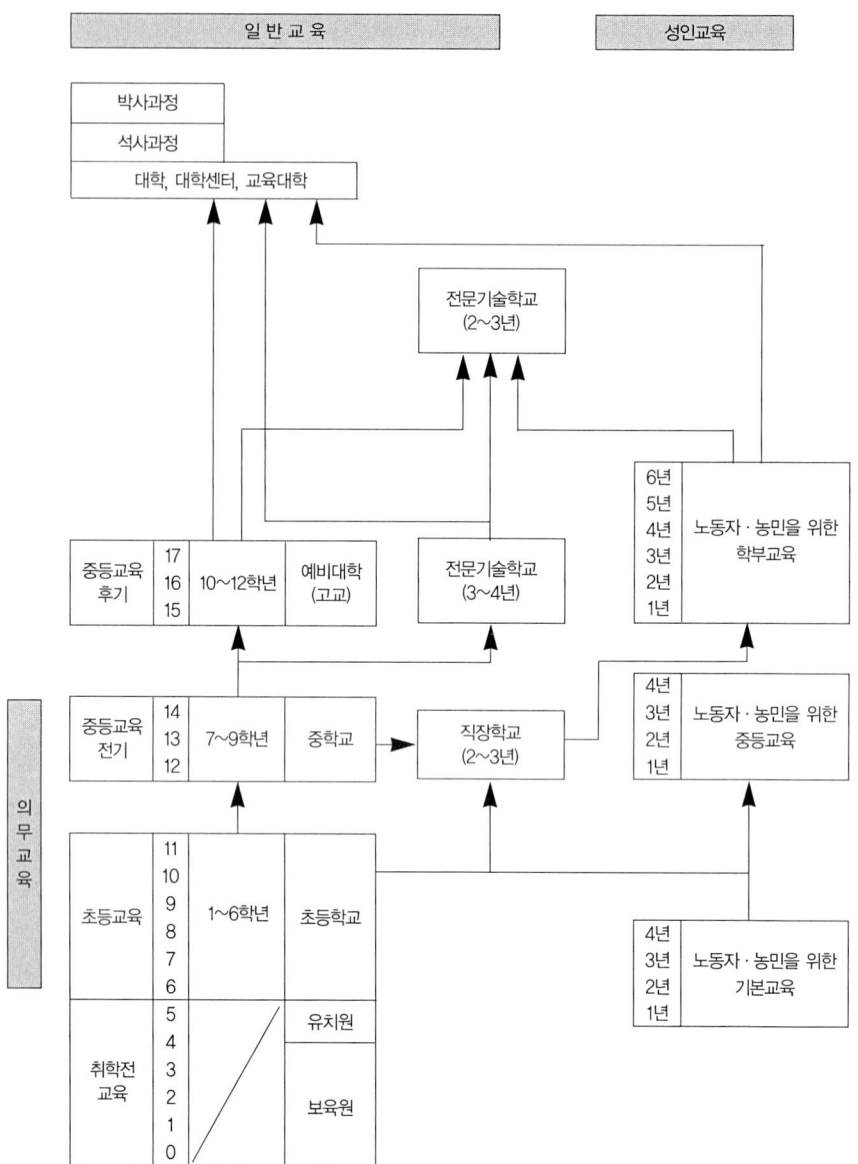

I. 고학력의 비밀을 파헤친다

잘 사는 나라 아이, 그리고 잘 사는 집 아이일수록 학력도 높다.
다양한 연구조사를 통해 명백해진 사실을 뒤엎고, 쿠바 아이들이 선진국
못지 않은 높은 학력을 갖고 있는 이유는 무엇일까…….

페드로 마리아 로드리게스 초등학교 아이들.

1. 모든 학생이 학력을 익힌다 — 낭랑하게 읽는 스페인어

건물은 허름해도 학교가 좋아요

　유네스코도 경탄하는 높은 학력을 쿠바 아이들은 어떻게 익히고 있을까? 아바나의 디에스 데 옥투브레 구에 있는 페드로 마리아 로드리게스 초등학교를 방문해보니, 홀에 쭉 늘어서 있던 아이들이 노래로 환영해준다. 먼저 빨간 스카프를 목에 두른 여자아이가 노래를 부르기 시작하고 노래가 진행됨에 따라 아이들 수가 조금씩 늘어나서 합창이 되고, 춤도 곁들여지고, 마지막에는 그때까지 가만히 있던 파란 스카프를 목에 두른 아이들이 일제히 손을 흔드는 안무까지 보여준다.[18]

　초등학교는 1~4학년의 저학년과 5~6학년의 고학년으로 나뉜다.[4] 하얀 셔츠에 여자 아이는 빨간 치마, 남자 아이는 빨간 바지가 교복이며 저학년은 파란 스카프, 고학년은 빨간 스카프를 목에 두른다. 대학교 이외에 모든 학교는 반드시 교복을 입는데 이것은 출신 가정에 따른 옷차림의 차이를 없애기 위해 혁명 후에 만들어진 방침이다.[6]

　"외부에서 손님이 오셨을 때에는 이렇게 환영하는 것이 쿠바의 방식이에요."라고 설명하는 미리암 로페스 키예스 교장은 40대 초반 여성인데 지금까지 10년이나 이 학교에서 가르치고 있다고 한다.

　쿠바의 학교 건물은 우리가 보통 생각하는 모양이 아니다. 대부분 다른 건물을 무리하게 학교로 개조한 것이기 때문이다. 페드로 마리아 로드리게스 초등학교 역시 그러하며 혁명 이전에는 대부호의 저택이었다.[18] 베다도 구에 있는 올란도 판토하 초등학교도 마찬가지다.[3] 구 시가지인 아바나 비에하에 있는 호세 마르티네스 초등학교는 사무소였고 아메리카 게리예로 초등학교 역시 예전에는 경찰서였다.[6]

쿠바에는 많은 학교를 지을 만한 자금이 없다. 심지어 학교 건물은 허름하기 짝이 없다. 2001년에 쿠바를 방문한 미국 미주리 주 캔사스 시의 한 시찰단은 노후화 정도에 놀라 다음과 같이 쓰고 있다.

"1~2학년생이 400명 있는 초등학교를 방문했는데, 1950년대에 세워진 건물은 벽의 페인트칠이 모두 벗겨지고 타일이 깔린 바닥은 얼룩덜룩했다. 10개의 교실 가운데 3개는 소켓에서 삐져나온

노래와 춤으로 학교방문을 환영해주는 아이들.

전선이 늘어져서 전기가 들어오지 않는다. 불이 켜진 교실도 형광등은 어두컴컴하다. 창고를 교실로 사용하고 있는 학교조차 있다. 교재도 부족한 듯하며 연필, 가위, 그림 도구, 색종이 등 교재가 넉넉지 않았다. 페트병이나 알루미늄 캔으로 공작 작품을 만들고 있는 학교도 있었다."[9]

2000년말에 시찰한 다른 미국 그룹의 보고도 마찬가지다.

"모든 학교 건물이 손상이 심하고 벽은 페인트칠을 할 필요가 있으며, 물자부족도 심각해서 한 권의 교과서를 4명의 학생이 함께 사용하고 연필까지도 공동으로 사용하고 있었다. 방문한 학교 가운데 옛 소련의 원조로 1960년대에 세워진 것은, 시내에서 45킬로미터 교외의 과나보 해안 근처에 있는 도밍고 마르티네스 초등학교뿐이었다. 그러나 여기도 창문 유리가 없고 가늘고 긴 판자가 붙여져 있었으며, 어떤 교실은 전기가 없어서 어두컴컴하며 직사광선이 비치는 교실은 오히려 덥다. 하지만 그럼에도 학생들의 학습 의욕은 줄어들지 않았다. 모든 학교가 청결하고 식당의 위생상태는 좋았으며 물자부족 속에서도 학급 분위기를 밝게 하려고 교직원들은 최선을 다하고 있었다."[6]

내가 쿠바를 처음으로 방문한 것이 1999년이니 이제 10년이 넘었다. 이후, 거리의 변화를 쭉 지켜보아왔는데, 경제위기가 계속되던 당시와 비교하면 해마다 상황은 개선되어 지금은 이렇게까지 심하지는 않다. 하지만 지금도 많은 학교 시설이 여러 선진국과 비교해서 훌륭하지 않은 것은 사실이다. 쿠바에서는 모든 학교가 9월에 시작된다. 그러므로 초등학교도 9월이 신학기이고 7월말이 종업식이다. 쿠바의 교육에 매혹되어 18년이나 취재를 계속하고 있는 저널리스트 구도 리쓰코 씨는 신학기를 앞둔 재미있는 에피소드를 들려준다.

"아이들이 교과서에 표지를 덧씌우는 거예요. 교과서는 해마다 1년 아래 학생이 물려받아서 쓰는데, 몇 년이나 쓰다보면 너덜너덜해지니까 표지를 자기들 스스로 수선하는 거죠."[17]

새 책을 받지 못하고 낡은 교과서를 아껴서 하급생에게 물려주다니, 호랑이 담배 피던 시절 이야기를 듣는 것 같다. 심지어 다른 나라 교과서에 비해 그림 등이 적어서 이해하기 힘들다는 평가도 있다.[12] 하지만 아이들은 참으로 씩씩하다. 공부를 좋아하느냐고 물어보자 "무지무지 좋아해요!"라는 대답이 돌아왔으며[3] 2001년에 나처럼 페드로 마리아 로드리게스 초등학교를 방문했던 다구치 마사토시 씨는 아이들의 모습을 다음과 같이 전하고 있다.

"숙제는 아주 많지만 학교는 재미있고, 모르는 부분은 한 사람 한 사람에게 다른 과제를 내준다고 아이들은 대답했다. 한 사람 한 사람의 학생에게 맞춤식으로 잘 유도하다니, 그야말로 참교육을 실천하고 있는 것 아닌가. '뭐가 싫으니?' 라고 물어보자 '수업이 끝나는 거요!' 라는 대답이 돌아왔다." [14] [15]

낭랑하게 읽는 스페인어

물자가 부족함에도 불구하고 학습의욕이 높고 학교가 즐겁다. 도대체 어떤 수업이 이루어지고 있는 것일까. 발군의 성적을 올린 국어 수업을 견학하고 싶다고 요청하여 1학년 교실로 들어갔다. 아이들이 책상 하나에 두 명씩 사이좋게 앉아서 수업을 받고 있었다. 선생님이 이름을 부르면 지명된 학생이 소리내어 교과서를 읽기 시작한다.

"소리를 내서 교과서를 읽는 것은 그렇게 함으로써 읽고쓰기를 잘 할 수 있게 되기 때문이죠. 먼저 선생님이 아이들 앞에서 큰 소리로 똑똑하게 교과서를 읽어주고, 모르는 부분이 있으면 질문합니다. 그리고나서 한 사람 또는 그룹으로 선생님이 읽은 대로 따라서 읽습니다. 다 읽은 다음에는 공책에 옮겨 쓰거나 묻고싶은 것을 자유롭게 질문을 하죠."

교장과 마찬가지로 이 초등학교에서 20년이나 가르치고 있다는 마르가리타 쿨스 비스카이노 교감이 수업의 의미를 설명해준다.[18] 말하자면 국어 수업은 다음과 같은 단계로 이루어져 있다.

1. 선생님이 읽는 교과서 내용을 아이들이 듣는다.
2. 선생님이 소리내어 읽었던 부분을 따라서 읽는다.

3. 지명된 학생이 틀린 부분이 있으면 급우들끼리 서로 체크한다.
4. 공책에 내용을 옮겨 적는다.
5. 아이들 모두가 읽은 부분의 내용을 서로 토론한다.[9]

"교과서를 이해하는 데에는 3단계가 있습니다. 우선 내용을 이해하는 거예요. 다음은 교과서 내용에 대해서 주체적으로 질문하는 거구요. 마지막으로, 읽은 부분을 그 밖의 표현으로 바꿀 수 있는 것, 말하자면 창조적인 학습을 하는 거죠."[18]

시간 배정도 만만찮다. 1~4학년 수업시간은 6시간 반인데, 가장 중요시되고 있는 것은 스페인어 읽고쓰기와 구두표현, 그리고 수학이다. 과학, 도덕, 경제, 노동, 예술, 체육 등 그밖의 수업도 있지만 국어와 수학 두 과목이 차지하는 비중이 수업의 57%나 차지하고 있다.[13]

초등학교부터 시작하는 컴퓨터 교육

게다가 컴퓨터도 초등학교부터 가르치고 있다.

"모든 교실에는 텔레비전, 비디오가 비치되어 있고 컴퓨터실에는 10대의 컴퓨터가 있습니다." 교장의 안내로 컴퓨터실을 살펴보자 아이들이 개인용 컴퓨터를 조작하고 있다. 물론, 아직 초등학생이므로 하고 있는 것은 그림 그리기 프로그램이지만 정보화 시대에 발맞춰 초등학교부터 컴퓨터 교육이 이루어지고 있는 것이다. 하지만 넓은 교실에 비해 학생 수가 너무나도 적다. 책상과 책상 사이가 휑하다.

선생님이 읽은 대로 소리를 내서 교과서를 읽는 국어시간.

"우리 학교에는 420명의 학생이 있는데, 그중 56명은 유치원생이며 교사가 27명 있습니다. 그러므로 한 학급은 적으면 14명, 가장 많아도 20명이죠."

2000년 이전에는 초등학생의 80% 이상이 30~50명 교실이었지만, 2000년부터 20명 이하의 소수정원 교실 프로젝트가 시작되면서 484개 학교가 수리되고 33개 학교가 신설되어 4,453개의 새 교실이 만들어졌다.[10] 결과적으로 2002~2003년에는 48,433명 있는 초등학생의 84%가 20명 이하 교실에서 배울 수 있게 되고, 다음 해인 2003~2004년에는 거의 모든 학교에서 20명 교실이 실현되었다.[11]

학생수가 적으면 교사의 부담도 가벼워진다. 커뮤니케이션도 더욱 긴밀해지고 학급 통솔도 잘 된다. 심지어 컴퓨터나 체육, 예술 등의 특수한 과목을 제외하고 1학년부터 6학년까지 같은 담임교사가 전 과목을 가르치고 있다. 같은 학생을 계속 데리고 올라가면서 담당하므로 한 명 한 명의 학생에 대해 잘 알고 있다. 이것을 가능하게 하고 있는 것이 앞에서 말한 비디오와 텔레비전이며, 예를 들면 영어수업에서는 교육방송 프로그램이나 비디오 교재가 활용되고 있다.[12][16] 소수정원 교실의 실현과 더불어 2003~2004년에는 모든 교실에 비디오와 텔레비전이 도입되었다.[10]

표2 인원별 초등학교 교실수(2006~2007년)

분류	내용	1~20	21~30	31~35	36~40	41~45	계
도시	학급수	31,670	1,323	525	519	22	34,059
	학생수	564,198	32,268	17,318	19,853	928	634,565
	비율(%)	88.9	5.1	2.8	3.1	0.1	100
농촌	학급수	18,903	251	28	17	–	19,199
	학생수	191,431	5,971	915	644	–	198,961
	비율(%)	96.2	3.0	0.5	0.3	–	100
예술교	학급수	109	14	2	–	–	125
	학생수	1,580	372	67	–	–	2,019
	비율(%)	78.3	18.4	3.3	–	–	100
계	학급수	50,682	1,588	555	536	22	53,383
	학생수	757,209	38,611	18,300	20,497	928	835,545
	비율(%)	90.6	4.6	2.2	2.5	0.1	100

주) Oficina Nacional de Estadísticas에서 지은이 작성.

소수정원으로 컴퓨터를 배우는 아이들. 그림 그리는 프로그램을 익히고 있다.

지역에 있는 학교에 다니는 아이들

> "학교는 아침 6시 30분부터 저녁 7시까지 열려 있어요. 수업 시간은 아침 8시부터 오후 4시나 4시 20분까지구요. 점심은 휴식 시간이며 어머니가 일을 하지 않는 아이는 집에 돌아가서 밥을 먹지만 387명은 급식을 먹죠."

교장이 설명하듯 모든 학교는 아침 일찍 시작되어 저녁 늦게 끝나는데, 이것은 맞벌이를 하며 아이를 데려다주고 데리러 오는 부모를 배려한 조치다. 오전 수업은 8시~12시 45분까지, 오후는 2시 30분~4시 20분까지이며 점심 시간이 2시간쯤 되므로 집이 가까운 아이는 집에서 식사를 하지만, 맞벌이 가정 아이는 급식을 먹는다. 급식비는 한 달에 7페소(약 8,000원) 정도로 거의 공짜에 가까운 가격이므로 경제적으로 여유가 없는 가정에 안성맞춤이다.

45분짜리 수업 사이사이에 5분씩 휴식을 취하는데 오전에는 간식과 레크리에이션을 즐기는 30분 휴식 시간이 있으며, 그 사이에 빵을 먹거나 주스를 마시며 논다.[16] 방과후에도 축구나 배구, 체스 등을 즐기면서 대부분 저녁 7시 정도까지 학교에 남아 있는다고 한다.[14][15]

이런 일이 가능한 이유는 걸어서 통학할 수 있는 범위 안에 학교가 골고루 많이 자리잡고 있기 때문이다. 표3에서 보이듯이 전국에 초등학교는 9,047개 있는데 대부분은 아이들이 사는 커뮤니티 권역 안에 있다.[2] 얼핏 당연한 것 같지만 이것은 뜻밖에 힘든 일이다. 비율로 보면 약 26%가 도시이고 나머지는 농촌에 있다. 하지만 2,000개 학교는 학생수가 10명 이하이다. 인구밀도가 낮은 과소지역에는 학생이 한 명뿐인 초등학교까지 있다.[4]

자본주의 국가의 상식에서 보면 학교를 효율적으로 운영하려면 일정한 규모가 필요하므로[4] 예를 들면 미국에서는 농촌학교의 폐교나 통합을 진행하고 있다. 동시에 시골에 있는 학교는 아무래도 질적으로 떨어진다. 프롤로그에서 제시한 유네스코 시험결과와 마찬가지로 미국에서도 작은 마을이나 농촌의 학생일수록 성적이 낮고, 전미교육향상테스트에서는 전 학년에서 전국평균을 밑돌고 있다. 학생의 성적은 투자예산과 상관관계가 있으므로 예산이 계속 삭감되는 경향이 있어 뛰어난 교사를 확보하기 힘든 농촌은 아무래도 불리해지는 것이다.[8]

하지만 쿠바는 다르다. 전국 169개의 무니시피오(자치체) 가운데 47개는 산촌에 있으며 인구비로는 총인구 1,100만 명의 6.5%에 해당하는 약 72만 5천 명이 거주하고 있는데, 거기에 사는 약 15만 2천 명의 학생들을 위해 보육원 27곳, 초등학교 2400곳, 중학교 89곳, 고등학교 17곳, 농업전문기술교 28곳, 농업기사 양성을 위한 대학산촌학부가 3곳이 설치

표3 초등학교수(한 해가 2년으로 나뉘는 것은 9월이 신학기이기 때문)

구분	2001/02	2002/03	2003/04	2004/05	2005/06	2006/07
도시	2,281	2,330	2,336	2,335	2,332	2,337
농촌	7,077	7,017	6,693	6,670	6,702	6,710
계	9,358	9,347	9,029	9,005	9,034	9,047

주) Oficina Nacional de Estadísticas에서 지은이 작성.

되고, 양호학교도 27곳이나 있다.⁽⁸⁾ 과소화가 진행되지 않도록 농촌인구를 유지하기 위한 특별계획도 있으며, 학생수가 줄어들기는 했지만 소규모 학교를 더욱 충실하게 하는 결정이 최근에도 내려졌다. 전 국민에 대한 교육은 정부의 의무라고 헌법에도 명기되어 있는데, 이것을 우직하게 지켜서 상식적으로는 통폐합될 만한 두메산골 학교도 유지하고 있다.⁽⁸⁾⁽주¹⁾

예를 들면 마탄사스 주 남부에는 쿠바에서 가장 인구 밀도가 낮은 사파타 습지가 있는데, 이 지역에 있는 학생수가 불과 8명뿐인 클라우디오 아르게예스 초등학교를 2003년에 방문한 저널리스트 로버트 존스턴은 감동을 받아 이렇게 기록하고 있다.

피날 델 리오 주의 산 속에 자리 잡은 초등학교. 컴퓨터와 비디오가 설치되어 있고 태양열판으로 전력이 공급되고 있다.

"교실이 두 개뿐인 이 초등학교에는 전기가 들어오지 않지만 컴퓨터가 설치되어 있고 두 개의 태양열판으로 텔레비전이나 비디오에 4시간의 전력이 공급되고 있다."[7]

농촌에 교사를 확보하는 정책도 있어서 2년 또는 그 이상의 기간을 자발적으로 벽촌에서 근무하는 젊은 교사에게는 주택, 라디오, 형광등 등의 물질적 인센티브도 제공되고 있다 소수정원 학교에서는 저학년과 고학년이 한 교실에서 나란히 앉아 공부하게 되는데, 교사들은 그런 수업을 하는 데에 필요한 특별 훈련도 받고 있다.[5]

스탠포드 대학의 카노이 교수는 도시와 농촌 사이에 수업의 질에 차이가 없다는 것도 지적한다. "농촌에 있는 학교는 작고 부모들의 교육 수준도 그리 높지는 않다. 하지만 교사는 아바나의 혜택받은 지역과 같은 수준의 수업을 하고 있다."[12] 도시나 도시 교외와 농촌의 성적에 차이가 없는 배경에는 이런 이유가 있다.

초등학생도 낙제한다? – 전원이 기초학력을 습득하여 현실 사회로

지금 성적에 대해서 언급했는데 초등학교 성적은 '수' '우' '양' '가' '빈(貧)' 등 다섯 단계로 평가된다.[13] 테스트는 1년에 4번 있는데 이 시험문제는 국가가 출제한다.[9] 아이들은 16살에 성인식을 맞이해 한 사람의 어른으로 인정받는데 중학교까지 9년 동안은 의무교육이지만 학력이 부족하면 진급할 수 없다.[15] 초등학생이라도 점수를 얻지 못하면 재시험을 봐야 하며 낙제도 있다.[13] 학력이 부족한 채로 진급시켜

주거나 사회에 내보내지 않는 것이다.

    그렇다고 해서, 모든 아이들이 대학까지 진학하는 것을 전제로 제도가 구축되어 있지는 않으며, 교사나 교육관계자도 모든 아이들에게 그런 능력이 있다고 생각하고 있지도 않다. 하지만 의무교육까지의 기본을 배울 능력은 있다고 생각하고 있다. 예를 들면 마가리 가르시아 오헤다 교장은 "최소한 필요한 것을 아이들이 익히게끔 하는 것이 쿠바 교육의 목표예요. 그중에는 시간이 걸리는 학생도 있지만 모든 아이가 학습능력은 갖추고 있다고 생각해요."라고 주장하고 있다.

    이처럼 자신 있게 말할 수 있는 이유 가운데 하나는 소리내서 읽는 국어 학습법이 유효하다고 믿고 있기 때문이다. 이 방식에는 이론적인 근거도 있다. 옛 소련에 레프 세묘노비치 비고츠키(1896~1934)라는 심리학자가 있었는데, 그는 학생 때부터 독일어, 프랑스어, 라틴어, 영어, 고대 그리스어, 고대 히브리어 등을 구사했을 정도로 어학능력이 뛰어났다. 그래서 중국어처럼 문자와 발음이 관계 없는 언어가 있는 한편, 스페인어나 영어처럼 문자와 음이 깊이 관련된 언어가 있다는 사실에 주목했다. 이 연구를 토대로 소련에서는 듣기 훈련을 통해 문장의 독해력을 높이는 '소닉 분석합성법'이 탄생한다. 쿠바는 1975년에 교육개혁 플랜을 수립하면서 교과과정에 이 음향학습법을 도입했다. 옛 소련의 교육학을 참고했다는 점에서는 역시 사회주의 국가 쿠바답다.[1]

    초등학교 입학률은 100%이며 도중에 좌절해서 중퇴하는 학생은 전체적으로는 1%도 되지 않는다. 아바나 시에서는 100%, 산이 많은 관타나모 주에서도 93%가 중학교에 진학하고 있다. 이것은 개발도상국에서는 경이적인 진학률이다. 그리고 스포츠와 음악강국이기도 한 쿠바는 재능이 뛰어난 학생은 초등학교부터 영재교육을 받을 수 있다. 46쪽 표2에서 예술학교로 구분된 것이 그것이다.

페드로 마리아 로드리게스 초등학교의 로페스 교장은 "우리 학교에서도 특수한 재능이 뛰어나다는 것을 알게 된 발레 3명, 음악 2명, 스포츠 4명이 전문학교로 전학을 갔답니다."라고 말한다. 하지만 공부 잘하는 아이만을 골라서 진학을 위한 학교로 보내지는 않으며, 중학교까지는 누구나 학군 내에서 다닐 수 있는 학교에 다닌다.(주2) 저기 건물이 보이시죠, 라고 말하며 로페스 교장은 교장실 창문에서 보이는 이웃 건물을 손가락으로 가리킨다.

"저기가 중학교예요. 초등학교의 클래스는 6학년까지 계속 같으며, 같은 클래스가 중학교까지도 이어지는 거죠. 우리 학교 6학년생은 모두 저기로 간답니다."(18)

주1 ─ 과소화하는 농촌에도 커뮤니티를 분산해서 유지하는 쿠바의 전략은 탄자니아의 '우자마(ujamaa, 가족애나 동포애를 뜻하는 스와힐리어로, 탄자니아의 독립운동가이자 초대 대통령인 줄리어스 니에레레가 주창한 아프리카식 이상주의적 사회주의. ─ 옮긴이)'나 모잠비크의 '알데이아스 코무나이스(aldeias comunais)' 등 여러 사회주의 국가에서 실시된 전략을 연상시킨다.(4)

주2 ─ 공식적으로는 그렇지만, 현지에 정통한 구도 리쓰코 씨는 그것은 어디까지나 원칙일 뿐이며, 사실 부모들은 아이의 장래를 생각해서 호세 마르티 학교와 같은 명문학교에 입학시키고 싶어 한다고 지적한다. 실제로 그 지역에 살고 있지 않아도 친척의 주소를 빌리는 등 다양한 테크닉이 사용되고 있다고 한다.

2. 선진국에 버금가는 소수정원 교실이 키우는 학력

학교는 공부도 하고 인생상담도 해주는 곳

"여러분, 공부 좋아해요?"

일제히 "예!" 하는 대답이 들려오고 수학, 역사 등등 좋아하는 과목을 잇따라 댄다.

"그럼, 공부를 하는 건 무엇 때문인가요?"

많은 손이 쑥 올라온다. 그래서 순서대로 대답을 들어보기로 했다.

"나라의 미래의 발전을 돕기 위해서요." "저도 나라를 위해서예요. 선생님이 되고 싶거든요." "교양을 익히고 싶어서요. 장래에는 의사가 되고 싶어요." "의사가 되어서 해외협력을 돕고 싶어서요."

역시 의료와 교육에 힘을 쏟아온 국가답게 의사와 교사가 꿈의 직업으로 제시된다.

"자, 그밖에 되고 싶은 직업은 있나요?"

"저는 고등학교에 들어가서 법률가가 되고 싶어요." "저는 레닌고교에 입학해서 기자가 되고 싶어요." "저도 레닌고교에 입학하고, 그 다음에는 정보과학대학에 가고 싶어요."

레닌고교는 아바나에서도 가장 우수한 학생들만 진학하는 최고의 엘리트 고교이며 정보과학대학 역시 갓 설립되었지만 학생들 사이에서 인기가 높다.

"저는 카밀로 시엔푸에고스 사관학교에 가고 싶어요." "저도 거기에 진학하고 싶어요."

이어서 두 명의 남자 아이는 사관학교 진학을 희망했다. 그래서 "전쟁이 좋으니?"라고 물어보자, 카를로스 군은 곧바로 고개를 저으면서 "전쟁은 정말 싫어요. 하지만 혁명을 지키는 최전선에 서고 싶거든요."라고 말했다.

사관학교라고 해도 군사학만 배우는 것은 아니다. 통신기술을 비롯해 다양한 고도의 지식이나 기술을 익힐 수 있으므로 졸업 후에는 군과는 관계 없는 대학에 진학하여 다른 직업을 갖는 학생도 많다. 레닌고교와는 입시문제가 공통이며 역시 무척 어렵다고 한다.

"선생님은 좋아해요?"

"그럼요!!" 하고 모두가 내답안다.

"왜 좋아하는데요?"

"제가 장래에 되고 싶은 직업을 결정하는 데에 도움을 주시니까요. 공부뿐만 아니라 문화부터 사회의 이모저모까지 정말 열심히 가르쳐 주세요."[7]

비디오로 배우는 소수정원 수업

대답해준 것은 아바나 시내의 플라야 구에 있는 비예나스 플로레스 중학교 2학년생이다. 아직 13살이라는 나이에도 참으로 똑부러진다. 지금은 수학 시간이다. 하지만 우리에게 익숙한 수업풍경과는 약간 다른 점이 있다. 30명 학생들은 칠판의 양 옆에 놓인 비디오에 비치는 면적 계산 문제를 잡담도 하지 않고 열심히 바라보고 있는 것이다.

이 비예나스 플로레스 중학교가 문을 연 것은 1980년인데, 회계사를 양성할 목적으로 1963년에 지어진 건물을 개축한 것이라고 한다. 내부는 새로 페인트칠이 되어 있지만 외벽의 노후화는 심하다. 하지만 비디오만은 어울리지 않게 새 것이다.

"모두 공부를 열심히 하는 착한 학생들입니다. 모든 교실에 텔레비전과 비디오가 1대씩 설치되어 그것을 활용해서 수업을 하고 있습니다. 그렇게 하면 학생들을 더 잘 돌볼 수 있거든요."

옆에 서서 설명을 해주는 아블레우 교장에 따르면, 학생이 409명이고 28명의 교사가 있다고 하므로 15명당 1명이라는 계산이 나온다. 내

비디오 화면을 보면서 수학 수업에 열중하고 있는 학생들. 칠판을 사이에 두고 오른쪽에도 15명의 학생이 있다.

가 견학한 클래스에도 28년이나 수학을 가르치고 있는 베테랑 후안 안토니오 피켈레토 선생과 아직 젊은 네이시 곤살레스 마르티네스 선생 등 두 명의 선생님이 있었다.[7]

모든 중학교에서 15명의 소수정원 학급을 실현

여기서 중학교의 개요를 설명해두자. 쿠바에서는 우리의 중고등학교를 합친 것이 '일반 고등교육'으로 여겨져 12~14살(7~9학년)의 기초제2교육과 15~17세(10~12학년)의 예비대학으로 이루어져 있다.[3] 중학교는 표4와 같이 전국에 989개 있으며 비예나스 플로레스 중학교처럼 시내에 있는 중학교와 농촌에 있는 중학교라는 두 가지 타입이 있다. 도시 중학교는 집에서 다니지만, 인구밀도가 낮은 농촌에서는 집에서 통학할 수 없기 때문에 전교생 기숙사제이며 집에는 주말에만 돌아가게 되어 있다.[1]

중학교도 아침은 이르다. 7시 30분에 아침 조회를 시작하고 그 뒤에 5분씩 쉬는 시간을 끼고 45분짜리 수업이 계속된다. 초등학교와 마찬가지로 도중에 한 번 15분의 휴식이 있으며 1시간의 급식 뒤에 오후

표4 중학교수

구분	2001/02	2002/03	2003/04	2004/05	2005/06	2006/07
도시	738	737	756	761	757	775
농촌	272	275	233	230	236	214
합계	1,010	1,012	989	991	993	989

주) Oficina Nacional de Estadísticas에서 지은이 작성.

4~5시까지 수업이 있다.⁽¹⁾

한 주당 수업시간은 26시간이며 국어, 수학, 과학, 역사, 농업, 생산기술 등 9~10과목으로 되어 있는데⁽⁴⁾ 시간수의 42%를 차지하며 가장 큰 비중을 차지하는 과목은 국어와 수학이다. 나머지는 과학이 약 20%, 역사, 지리학, 예술, 체육이 약 18%를 차지하고 있다.⁽²⁾ 역사시간은 1학년 때는 고대·중세 세계사, 2학년 때는 근대 세계사, 3학년 때는 쿠바사를 배우는 등, 학년에 따라 내용은 약간 바뀌지만 과목 자체는 우리와 크게 다르지 않다. 하지만 결정적으로 다른 것은 초등학교와 마찬가지로 텔레비전 프로그램이나 비디오를 활용하는 것이며, 한 사람의 교사가 거의 모든 과목을 가르치고 있다는 것이다. 학생들은 계속 같은 얼굴의 동급생과 같은 선생님한테 배우는 셈이 된다.⁽⁶⁾ 이전에는 큰 교실에서 과목별로 각각 다른 교사가 가르쳤지만 교육개혁으로 바뀌게 되었다. 교육부에서 국제교류를 담당하는 리세테 산체스 알메이다 씨는 개혁의 이유를 이렇게 설명한다.

"학생의 개성을 살리고 가족이나 커뮤니티와의 연관을 깊게 하기 위해서는 소수정원 교실이 꼭 필요하기 때문입니다. 각각 다른 교사가 과목별로 가르치던 기존 방식을 바꿔서 교육 텔레비전이나 비디오, 컴퓨터를 사용함으로써, 공부 방식을 가르칠 수 있는 올라운드 플레이어 교사를 양성하고 있습니다. 교사는 한 명 한 명의 학생이나 그의 흥미와 희망, 가정 형편까지 숙지하고 있으며 교실에서 학생들이 아이디어를 서로 나누고 토론할 수 있게끔 공부 방법과 정보를 찾아내는 법을 가르치고 있습니다. 그렇게 하면 혼자서 공부하는 것보다 훨씬 좋은 결과를 얻을 수 있습니다. 학생들이 문제를 극복할 수 있게끔 가정교사나 스승 이상의 존재가 되어 함께 돕고 있는 거죠."⁽⁶⁾

마찬가지로 교육부에서 중등교육을 통괄하는 로베르토 보스 국장은 도입하게 된 경과를 더욱 자세하게 설명한다.

"2000년에 세네갈의 다카르에서 개최된 유네스코 국제회의에서 2015년까지 '만인을 위한 교육을 실현한다' 는 목표가 제창되었는데 동시에, 이 회의에서는 중학교 교육이 아이들을 등급매기

교육부에서 말하는 것보다 현장을 보는 것이 실제로 하고 있는 것을 알 수 있을 것이라며 비예나스 플로레스 중학교까지 달려와준 로베르토 보스 중등교육국장.

I. 고학력의 비밀을 파헤친다 _ 59

는 차별교육이 되고 있으며 위험에 직면해 있다는 지적을 받았습니다. 그래서 쿠바에서는 2000년부터 '사상투쟁'을 통해 교육개혁에 힘써서 초등학교에서 20명, 중학교에서 15명, 고교에서는 30명의 소수정원 교실을 실현했지요."

'사상투쟁'이란 2000년부터 전개되고 있는 교육을 포함한 사회개혁 운동을 말하는데 그 결과, 모든 학년에서 소수정원의 새로운 학급이 편성되었다.

"하지만 그중에서도 중학교를 가장 소수정원으로 편성한 이유는 그때가 딱 사춘기에 해당하기 때문입니다."[7]

특히 어려운 사춘기를 같은 교사가 한 명 한 명의 학생과 오랜 기간 함께 함으로써 공부와 일상생활의 양면에서 도움을 준다. 이것이 15명이라는 소수정원 교실을 실현시킨 이유라고 한다.[1]

소수정원 교실은 사실 선진국에서는 별로 드물지 않다. OECD 각국의 중등교사 1인당 평균 학생수는 14.3명(2003년)이며, 핀란드에서는 겨우 9.8명이다. 하지만 같은 OECD 국가인 멕시코는 32.4명이다. 쿠바와 같이 가난한 개발도상국은 소수정원 교실 운운할 때가 아니다.

"이미 유엔의 목표는 달성되어 있습니다."라고 국장이 자부하는 것도 선진국에 뒤지지 않기 때문이다. 물론 한 교실에 두 명의 교사라는 제도가 정착하기까지는 우여곡절이 있었다고 한다.

"제도를 구축하기 위해 라틴 아메리카 각국을 비롯해 유럽, 캐나다, 미국, 일본 등 세계 13개국의 제도를 연구했습니다. 먼저 2001년에 유리 가가린 중학교에서 15명 교실을 시험해보았는데 쿠바는 물리적으로 교실수가 부족하므로 도저히 전국적으로 전개할 수 없다는 것을 알았죠. 그래서 다시 다른 학교에서 15명에 1명, 30명에 2명, 45명에 3명으로 실험을 해보았죠."

이런 시행착오의 결과, 영어와 체육은 전문 교사가 가르치고 그밖에는 표5에서 제시한 텔레비전이나 비디오를 교재로 활용하여 한 사람의 교사가 모든 과목을 가르치는 일이 가능해졌다고 한다.[7]

표5 수업에서 활용되고 있는 비디오 교재

교재 프로그램명	과목	1학년	2학년	3학년
수학기초	수학	○	○	○
우화의 전설 세계	국어	○	○	○
자연과 인간	자연과학	○	○	○
무지개	영어	○	○	○
기초정보	정보	○	○	
과거와의 만남	역사	○		
예술을 배운다	예술	○		
지리	역사지리		○	
나의 조국에의 작은 길	역사			○
건설을 배우자	노동교육			○

주) 교육부 자료에서 지은이 작성.

클럽활동을 중시하는 전인교육과 사회활동교육

하지만 중학교에서 공부만 가르치지는 않는다. 스포츠, 레크리에이션, 예술교육도 활발하다. 여름방학이나 겨울방학 숙제도 많지만 그것 역시 많은 실습을 통해 학생들이 흥미가 생겨서 좋아하는 것을 늘리기 위해서다.[5] 아블레우 교장과 보스 국장의 안내를 받아 도서실에 들어가자 음악을 좋아하는 학생들이 클럽활동을 하고 있었다.

"이것도 수업의 일환입니다. 이런 식으로 음악은 수업중에도 하고, 4시 30분에 수업이 끝난 뒤에도 5시 30분까지 과외수업을 하며, 지역 내에서 음악 동아리 활동도 하고 있습니다."

도시의 중학교 가운데 20개교에는 전문교사가 있어서 체조와 연극, 무용 등의 문화활동을 지도하고 있다고 한다.[7]

책머리에 등장한 학생 대부분이 진학을 희망하고 있다는 데에서도 알 수 있듯이 의무교육을 마친 후에도 거의 모든 학생이 진학한다. 진학하는 곳은 일반고교가 거의 절반이고 나머지가 기술전문학교나 실업고다. 하지만 하고 싶은 일을 찾지 못하면 공부할 의욕도 솟아나지 않는다. 그런 흥미를 끌어내는 것이 초등학교부터 있는 취미 동아리 활동이다. 중학교는 진학에 필요한 지식이나 학력을 익히는 곳이지만, 동시에 사회 속에서 노동의 의의를 배우게 하는 역할도 한다.[1] 그래서 수업도 현실사회와의 연관을 중시하여[5] 수업의 약 10%는 뒤에서 언급할 노동교육이나 사회와 관련된 내용으로 되어 있다.[2]

음악클럽에서 지휘를 맡고 있는 2학년 학생 클라우디아는 사관학교에 진학해서 정치가가 되고 싶은 꿈을 갖고 있다. 정치의식이 높은 쿠바다운 일이지만, 지구 온난화를 시작으로 세계화(글로벌라이제이션) 사태에 직면한 속에서 정치를 이끌어나가는 일은 만만치 않다. 중학교 2학년의 문제의식이 어느 정도인지 짓궂은 질문을 해보니 "말씀하시는 대로 분명히 환경문제는 심각합니다. 하지만 사람들의 의식을 계발해서 서로 연대하면 보다 좋은 미래를 만들 수 있다고 생각해요. 그러려면 먼저 문제에 대해 논의를 해야만 하고, 그러기 위한 여러 가지 캠페인도 벌이고 있어요."라는 대답이 돌아왔다.

교육부의 방침으로 환경교육도 중시되어 블루 다이아몬드, 즉 물을 소중히 여기자는 캠페인도 벌이고 있다는 것이다. 그보다도 중학생이 '블루 다이아몬드'라는 단어를 입에 올리는 것이 놀라웠다.

"그리고 뎅기열 방지 캠페인도 중요하죠." 기타를 치고 있던 안경을 쓴 디아나가 덧붙인다.

"그렇지. 쿠바에는 1만 4천여 명의 학생이 해외로부터 유학을 와 있고 그중에는 뎅기열이 있는 나라 출신인 학생도 있으니까, 피오네로들도 교육부의 예방 프로그램을 함께 생각해줬지."라고 보스 국장이 디아나에게 대답한다.

피오네로(Pionero)란 대부분의 초·중학생이 소속되어 사회활동을 배우는 '호세 마르티 피오네로 조직'을 가리키며, 중학생들은 초등학생을 지도하는 입장에 있으므로, 이런 활동을 통해서 자연스럽게 아이들의 사회성도 키워진다.[1] 디아나가 계속한다.

"우리들은 학교가 있는 지역을 지키고 있어요. 15일마다 각 가정에 들어가서 그 집 사람들에게 취지를 설명하고 모기가 발생하는 장소가 있는지 없는지 전부 찾아내서 체크를 합니다. 그밖에도 에너지 절약 캠페인도 하고 있구요."

"아이들은 15일마다 이런 봉사 활동에 참가하고 있습니다."라며 보스 국장은 기쁜 듯이 고개를 끄덕인다.[7] 지역사회와의 연관을 중시하는 것은 농촌 중학교에서도 마찬가지로, 쿠바와 교류하는 영국의 홈페이지를 보면 올긴 주에 있는 세리아 산체스 중학교의 안토니오 사오 실바 교장의 다음과 같은 코멘트가 나와 있다.

"가족, 학교, 그리고 커뮤니티. 이 3요소가 모두 갖추어지지 않으면 학교는 본래의 목적을 달성할 수 없습니다. 지식뿐만 아니라 정서나 행동, 신념과 전인적인 교육을 하는 것이 중요합니다. 쿠바에서는 학교와

자신이 만든 시나 합창을 발표하는 음악 동아리. 모두 음악을 좋아하지만 장래의 꿈은 가수 이외에도 교사, 테니스 선수 등 다양하다.

가정생활을 통해서 아이들에게 서로 돕는 일, 정직함, 책임감이나 연대 등의 가치관을 가르치고 있습니다. 가치관을 키우는 일은 아주 중요합니다. 학생들은 나라의 미래니까요."⁽⁶⁾

초등학교와 마찬가지로 중학교도 시설은 훌륭하다고는 말할 수 없다. 둘러보니 도서관 책꽂이에도 빛바랜 옛날 책이 꽂혀 있을 뿐이다. 그것을 본 것을 알아차렸는지 "보시다시피 교재는 부족하고 시설은 빈약합니다."라고 국장은 즉시 말한다.

"하지만 지금 중학교에는 전부 합쳐 40만 1,265명의 학생이 있는데 유급한 것은 2,983명뿐이며 성적도 잘 사는 나라보다도 좋습니다." 라고 가슴을 폈다. 라틴 아메리카를 비롯한 개발도상국에서는 중학생의 중퇴는 당연한 일이며 일본에도 등교거부 학생이 10만 명이나 있다. 학생들이 얼마나 학교에 만족하며 열심히 공부하고 있는지를 알 수 있다.

"학교를 수리하는 수업도 있어요."라고 디아나가 말하듯이 빈곤을 역이용하여 학교 건물의 보수도 수업의 일환으로 전환해버리고 있다. 학생들이 자신들의 학교를 사랑하고 소중하게 여기고 있는 마음이 전해진다.

"이런 교육제도는 도대체 무엇을 참고로 해서 만들어졌습니까?"

일본도 연구했다는 앞의 발언을 듣고 더욱 자세한 설명을 요청하자 국장은 빙긋 웃었다.

"그런 질문을 하시는 것을 보니 아마도 피아제 같은 교육학자 이름이 나오리라 기대하고 계시나 봅니다. 하지만 쿠바는 우선 무엇보다도 마르크스 레닌주의 국가입니다. 쿠바의 교육제도는 호세 마르티와 그의 은사인 루이스 카바예라, 펠릭스 바렐라, 그리고 피델의 사상에서 유래합니다. 노동교육도 장래를 위한 직업교육이며, 호세 마르티의 사상에서 유래하는 것입니다. 해외의 교육자 가운데 가장 중시되는 사람은 비고츠키죠."

내가 견학한 클래스에서는 학급 대표인 다니엘라가 "14개 클래스가 서로 에뮬라시온을 하고 있으며, 클래스 내에서도 에뮬라시온이 있습니다."라고 말한다. 이것도 비고츠키의 사상과 관련된 학습법으로 학력향상으로 이어지고 있다고 한다. 소수정원 교실에 의한 교사들의 친근한 지도가 학력을 높이고 있다는 것을 알았지만 '에뮬라시온'이란 무엇일까. 중학생들의 꿈의 학교라는 레닌고교를 찾아가서 확인해보기로 했다.[7]

3. 고학력의 비결은 경쟁이 아닌 상호학습

미래의 간부 후보생을 키워내는 엘리트 학교

아바나의 중심 시가지에서 20킬로미터, 30분 정도 남쪽으로 차를 달리면 670헥타르나 되는 레닌 공원이 보인다. 동·식물원, 수족관, 승마클럽, 잘 가꿔진 정원과 채식 레스토랑까지 갖춘 시민의 휴식처다. 그 한 귀퉁이에 블라디미르 일리치 레닌 정밀과학 직업전문학교가 자리 잡고 있는데, 정문에는 레닌의 흉상이 놓여 있고 건물 현관에 들어서면 커다란 액자 속의 레닌 초상화가 사람들을 맞이한다.

"이 그림은 소련의 브레즈네프 서기장의 선물입니다. 서기장이 쿠바를 방문해서 피델이 참석한 가운데 1974년 1월 31일에 본교가 개교했을 때의 기념이죠."라고 로베르토 파스 교감이 그림의 유래를 설명해준다. 우리나라에서는 직업전문학교라면 일반학교보다 한 단계 떨어지는 이미지가 있지만 과학기술을 중시하는 쿠바에서는 인기가 높으며 경쟁도 대단히 치열하다. 과학영재들이 다니는 레닌고교는 직업전문학교 중에서도 선구자 격이었으며, 이후 각 주에서 이런 전문학교가 잇따라 문을 열게 되었다고 한다.

"최대 정원은 4,500명이지만 현재 재학생은 3,663명입니다. 부지면적은 8헥타르, 8블록으로 나뉘어 있으며 72동의 학생 기숙사가 있습니다. 5,000명이 식사를 할 수 있는 학생식당이 두 군데 있고 중앙도서관, 과학실험실 29개, 컴퓨터 연습실 16개 등의 학습시설 이외에 운동장 18곳, 체육관과 수영장이 각각 3곳, 야구장과 야외극장이 2곳, 600명을 수용할 수 있는 영화관도 있습니다."

전교생 기숙사제이므로 보건시설도 있는데 무려 64개의 병상을 갖춘 전문병원과 치과까지 있다. 72헥타르의 부속농장과 기계공장까지 부설되어 있다. 고등학교임에도 불구하고 대학에 버금가는 매머드급 학교임을 알 수 있다.⁽⁷⁾

레닌고교에 들어서면 먼저 레닌 초상화가 맞이한다.

소수정원 교실에서 수준높은 수업을

파스 교감의 안내로 1학년 교실을 들여다보니 물리 시간이었다. 중학교와 달리 비디오는 없고, 젊은 여선생이 초속도와 마찰계수 수식을 칠판에 썼다가 지우면서 열심히 수업을 하고 있다. 미래의 희망을 물어보자 중학교와 마찬가지로 많은 손이 쓱 올라온다.

"의사가 되어서 헨리 리브 국제원조대에 참가하고 싶어요."라며 3명이 의사를 지망했고 그밖에도 기자, 건축가, 기사 등 다양한 직업이 나온다. 왜 공부를 하는지 물어보자 레오나르도 곤살레스는 "우리들의 미래에 필요하니까요. 수업은 아주 어렵지만 열심히 공부함으로써 장래 좋은 역할을 해낼 수 있을 거라고 생각해요."라고 대답했다. 엘리트 학교답게 역시 성취동기가 높다.[9]

이과계 학교이기도 해서 교사 안에는 태양계나 우주, 세포나 DNA 모형, 극피동물이나 곤충류, 포유류 따위나 식물표본 전시실, 식물에서 추출한 약품 등이 있는 이외에 사람 태아의 표본까지 있다고 한다.[7] 이어서 역시 1학년 컴퓨터 연습 수업을 견학해보니 엑셀 표계산이나 입체 그래프 레이아웃 연습을 하고 있었는데[9] 인터넷에 접속하고 있지는 않았다. 불건전한 정보의 범람을 고려한 조치로, 미디어 리털러시(읽고쓰는 능력)를 충분히 익힌 대학생이 되면 자유롭게 인터넷 서핑을 할 수 있는 환경이 되지만 그때까지는 유예된다.[7] 컴퓨터는 3명당 1대. 서로 의논해가면서 조작하고 있는데 젊은 여교사 2명이 돌아다니면서 조언을 하고 있다.

전교생은 3,600명이지만 한 클래스는 30명으로 소수로 치밀한 수업이 이루어지며 교사는 360명이므로 거의 10명에 1명꼴이다.

"그중에서 대졸인 학사 학위를 가진 교사는 282명입니다. 석사는 13명, 현재 석사 과정에 있는 교사가 122명, 박사가 1명, 박사학위 취득을 위해 공부중인 교사가 13명 있습니다."

대졸자가 발에 채일 정도로 많은 우리와 달리 쿠바에서는 학사 학위를 갖는 것 자체가 엘리트라는 증거이므로 엄선된 최정에 교사진을 갖추고 있음을 알 수 있다. 하지만 선생님들의 연령대는 젊다. 교감에 따르면 교사의 평균연령은 30대 전반이며 여성교원이 60%를 차지한다고 한다. 그밖에 예비교사 43명, 예술교사 8명 이외에 직원 392명을 포함해 752명이나 되는 스태프가 학교를 지탱하고 있다. 교장 밑에는 교감도 6명 있다.⁽⁹⁾

현직 부총리의 자녀도 떨어지는 공정한 시험

레닌고교는 입학하기는 힘들지만 선발절차는 공정하며 학비도 무료이므로 가난한 가정 출신이라도 성적이 좋으면 입학할 수 있다.⁽²⁾

"수학, 국어, 역사가 수험과목인데, 그것과 무니시피오별로 중학교 성적을 합산해서 합격자 명단을 만듭니다. 시험은 각 무니시피오에서 치러지는데, 본교에서 시험관이 파견되고 결과는 여러 명이 체크합니다. 공정함이 유지되도록 학생연맹이나 공산당 청년동맹, 혁명방위위원회의 리더도 확인작업에 참여합니다. 종교, 성별, 인종에 의한 차별은 전혀 없지만 반대로 점수가 모자라면 입학할 수 없습니다."⁽⁹⁾

어떤 나라처럼 정실입시나 부정입학은 없다는 것이다.

모두가 집중해서 수업에 귀를 기울인다. 1학년이지만 수업 내용은 상당히 고난이도다.

"그 한 예가 카를로스 라헤입니다."라고 교감은 한 사람의 졸업생 이름을 든다. 라헤는 아바나 대학을 2005년에 졸업하고 지금은 대학생연맹 회장을 맡고 있다. 대학생연맹이란 정치에 관심 있는 젊은이들의 조직으로 국회의원 등용문이다. 즉, 라헤 청년도 유력한 차세대 지도자 후보인 셈인데 사실 그는 라울 카스트로에 이어 사실상 쿠바의 국가권력서열 넘버2로 여겨지는 국가평의회 부의장 카를로스 라헤의 아들이다. "라헤는 성적이 월등하게 우수했기 때문에 합격했습니다. 하지만 여동생은 점수가 모자랐기 때문에 떨어졌지요. 마찬가지로 본교의 교사나 교감의 자녀도 떨어졌구요."

카스트로의 아들도 예전에 아바나 대학에 시험을 쳤지만 떨어진 일이 있다. "아버지, 저는 왜 떨어졌을까요?"라고 투덜거리는 아들에게 "네가 공부를 안 해서 점수가 안 나왔기 때문이겠지."라는 대화가 있었다고 들었다. 그 뒤 열심히 공부해서 아바나 대학에 진학했지만 정치적인 재능은 없다고 보여져 학자의 길을 걷고 있으며, 정치적 후계자의 후보에조차 이름이 올라 있지 않다. 당연하다면 당연한 일이지만, 독재국가라고 이러쿵저러쿵 비판받는 쿠바의 건전함을 보여주는 하나의 에피소드라고 말해도 좋을 것이다.[9]

하지만 아무리 시험이 공정하다 해도 현실에는 입학생의 대부분이 고급관료 등의 가정 출신이라는 지적도 있다. 가정의 문화수준이 높은 것이 진학경쟁에서는 유리하게 작용하기 때문이다.[11] 아프리카계 학생이 극히 몇몇밖에 입학할 수 없는 이유에 대해서 교장은 "문화적, 사회적, 경제적인 전환에는 긴 시간이 걸린다."라며 관련 논문을 인용한

컴퓨터는 3명당 1대. 서로 가르쳐주면서 엑셀을 연습한다.

다.⁽¹⁾ 일본에서도 2006학년도 도쿄대 합격자의 가정환경조사를 보면 부모의 연수입이 950만 엔 이상이 48%이며, 450만 엔 이하 소득자층은 13%밖에 안 된다. 학원이나 진학 예비학교에 교육투자가 불가능한 가정의 아이는 입학이 힘든 셈이다. 이 화제를 입에 올리자 "여기 부모의 직업 데이터가 있습니다. 7%는 농민, 32%는 노동자, 51%가 기술자나 대졸자, 그리고 10%가 기타인데, 그중에는 부모가 없는 가정도 들어갑니다."라는 대답이 돌아왔다. 이 수치에 대한 평가는 갈릴 것이다. 하지만 절반 가까이가 농민이나 노동자 계급에서 진학하고 있는 것을 보면⁽⁹⁾ 가정형편 때문에 진로에 불이익이 생겨나지 않도록 기회평등을 위해서는 노력하고 있는 것이 아닐까.⁽¹¹⁾

85점 이상의 성적을 받지 못하면 즉시 낙제

"하지만 입시 이상으로 힘든 것은 입학 이후예요. 이과 과목에서는 모든 과목에서 85점 이상, 기타 과목에서도 평균 85점을 넘지 못하면 낙제거든요."라고 교감은 입학 이후로 화제를 옮긴다.

레닌고교의 수업은 월요일부터 금요일까지 아침 7시 30분부터 오후 4시 45분까지이며 오전, 오후 모두 다섯 과목씩을 배운다. 수학, 국어, 물리, 역사, 보건체육 등 필수과목은 11개이며⁽⁵⁾ 화학, 생물학, 지구과학 등 이과 과목 이외에도 세르반테스, 셰익스피어, 스탕달, 발자크, 톨스토이, 푸시킨 등 고전을 배우는 문과 과목도 있다. 모든 수업이 상당히 수준이 높다. 수학과 물리, 화학 교과서는 과학 수준이 높았던 옛 소련이나 동독의 조언을 얻어 만들어져 있다.⁽²⁾

"지난 번에도 물리 교사가 4명의 학생과 함께 학력 테스트로 해외에 나갔는데, 4개의 메달을 따서 돌아왔답니다."라고 교감은 가슴을 쭉 폈다.[9] 그런데 이 정도로 수준이 높은 수업을 한다면 입학한 다음이 정말로 힘들 것 같다. 예전 기사(1998년, 〈쿠바의 학교에서는 지금〉)를 읽어보니 대학 진학률은 95%로 높지만, 85점 이상의 성적을 얻지 못하면 다른 학교로 즉시 전학을 가야 하며[5] 클래스 수도 1학년은 43명이지만 2학년은 36명, 3학년은 27명으로 점점 줄어든다고 되어 있다.[6] 현황을 확인해보니 1990년대에도 퇴학당하는 학생이 확실히 있었다고 교감은 인정한다.

"하지만 거기에는 경제위기의 영향으로 당시 학습환경이 혼란스러웠다는 이유도 있습니다. 지금은 낙제해서 다른 학교로 전학한 것은 3,663명 중에 1명뿐입니다. 대학진학률도 2005년부터는 높아져서 지금은 99.7%입니다." 하지만 이전보다 시험을 쉽게 출제하지는 않았다고 한다.

"그래도, 낙제한 학생이 한 명뿐이라는 건······."

"그래요, 떨어진 한 사람 이외에는 전원이 이 성적을 얻은 거죠."

옆에서 쭉 이야기를 듣고 있던 학생대표 마누엘이 시험에 대해서 보충설명을 해준다.

"입시 때는 4시간인데, 입학한 뒤로 6개월마다 있는 시험시간은 과목별로 대개 1~2시간입니다. 수학은 계산문제인데, 물리는 계산뿐만 아니라 식을 끌어낸 이유를 써야 하는 필기시험도 있고, 그밖에는 수업시간에 선생님이 쪽지시험을 친 것으로도 평가하고 있습니다."[9]

학교생활을 마음껏 즐기는 학생들

시험에 쫓겨서 합격점을 따지 못하면 즉시 낙제. 이렇게 가혹한 제도라면 딱딱한 분위기가 떠돌 것 같다. 하지만 교내를 활보하는 학생이나 교정의 여기저기 모여서 수다를 떨고 있는 학생들의 모습으로 보면 느긋하게 청춘을 마음껏 누리고 있는 것처럼 보인다.[9]

그 이유의 하나는, 하고 싶은 것을 자유롭게 체험할 수 있는 환경이 마련되어 있다는 점이 있기 때문일지도 모른다.[7] 필수과목은 있지만[1] 선택과목을 자유롭게 골라서 좋아하는 분야를 탐구할 수 있으며 주제를 정해서 자율연구도 할 수 있다.[5]

수업은 힘들지만 방과후에는 스포츠를 하거나 음악을 듣거나 주말에는 친구와 바다에서 놀거나 시내의 디스코 클럽 등에서 춤을 춘다. 여름방학은 두 달, 연말연시에도 약 1주일의 방학이 있다.[5] 즉, 엘리트 고교라 해도 보통의 고교생활과 다를 바 없다.

또 하나의 이유는 학교운영에 학생들이 참여하고 있다는 것이다. 학칙은 1년에 한 번 있는 간담회를 통해서 그때마다 개정되는데 학생도 회의에 참가한다.[5] 자신들도 학교운영의 한 축을 담당하고 있다는 자각이 있는 것이다.[9]

경쟁이 아니라 자율적으로 서로 배우는 학생들

그리고 최고의 포인트는 학생들이 서로 도우면서 공부를 하고 있다는 점이다. '여유로운' 나라 쿠바는 누구나가 평등하고 경쟁이 없는 지상낙원이라는 이미지가 있는데 실상은 다르다. 기회는 평등하지만 클래스메이트끼리나 학내의 다른 클래스와 서로 경쟁하는 것이 장려되고 있다. 하지만 경쟁의 성격이 우리의 그것과는 약간 다르다. '에물라시온'이라 불리는 이 경쟁은 타인을 발로 차서 떨어뜨리기 위해서가 아니라, 친구와 서로 도우며 자신을 갈고닦기 위한 수단으로 생각하고 있는 것이다. 자율연구와 자율학습을 결합시킨 그룹학습인데, 가장 잘하는 학생이 리더가 되어 성적이 좋지 않은 급우를 지도해서 돌보아주게 되어 있다. 그렇다고 해서, 가르쳐주는 쪽이 뻐기는 분위기는 없으며 배우는 쪽도 그것을 부끄럽다고는 느끼지 않는다.[1]

마누엘은 에물라시온에 대해서 이렇게 설명한다.

> "제 공부시간은 대개 2~4시간이죠. 하지만 혼자가 아니에요. 월요일부터 금요일까지 그룹별로 매일밤 하고 있고, 주말에도 모여요. 텔레비전이나 컴퓨터도 활용하지만 그룹에서 가장 공부를 잘하는 학생이 '모니토르'라고 불리는 교사가 되어 공부를 하죠. 뭐, 어렸을 적부터 쭉 해와서 익숙하니까요……. 저희들은 언제나 게바라가 말하는 '새로운 인간'이 되려고 노력하고 있는 거죠."[9]

친구가 근심하면 나는 울고, 내가 기뻐하면 친구는 춤춘다

서로 돕는 게바라의 정신은 이런 곳에도 살아 있었다. 사제애가 끈끈하고 열심히 공부하고 열심히 놀고 친구들끼리 자율적으로 공부하면서 서로가 서로를 계발한다. 교직원들과도 한솥밥을 먹고 기숙사 친구들끼리 꿈과 고민을 서로 이야기한다.

레닌고교는 남녀공학이지만 기숙사는 물론 따로 있다. "기숙사를 보실래요?"라는 한 여학생의 안내를 받아 깨끗하게 정돈된 10인실을 둘러보았다. 일본과 비교하면 비좁고 프라이버시도 없어 보이지만 학생들 표정으로 보건대 기숙사 생활은 즐거운 듯하다. 또한 여학생이 많이 눈에 띄는데, 이것은 학생의 구성비율 때문이다.

"물리, 수학에서 단연 최고의 성적을 올리는 것은 남학생이지만 언제나 평균적으로 여학생의 성적이 좋아요. 교사양성 코스를 제외하고 과학 전공에서는 2,000명이 여학생이고 1,100명이 남학생으로 거의 두 배죠. 성적순으로 뽑으면 아무래도 이렇게 되어 버린답니다."라고 교감은 쓴웃음을 지었다.[9]

"졸업 뒤에 저희는 혁명가, 과학자, 지도자가 될 것을 요구받습니다.

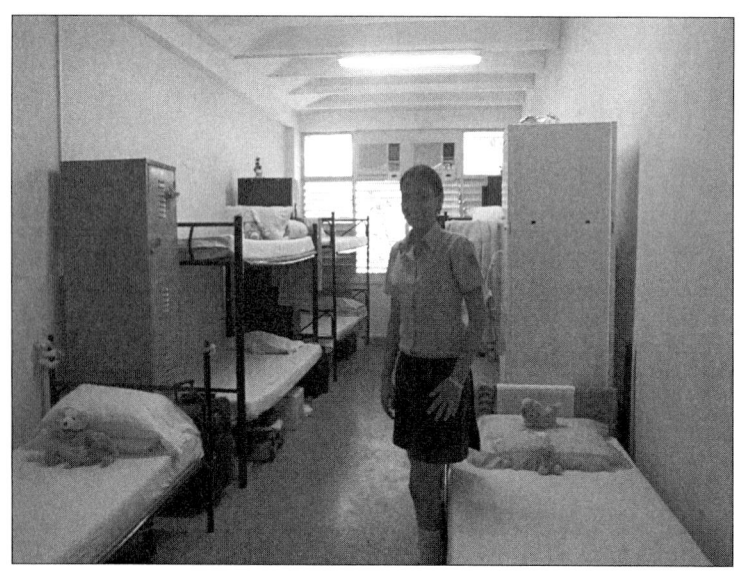

깨끗하게 정리된 학생 기숙사. 10명의 친구들이 여기서 희로애락을 함께 한다.

지금까지 가르쳐준 은혜를 국가에 갚는 거죠. 국가 발전에 힘을 보탤 수 있는 것을 젊은 혁명가로서 자랑스럽게 생각해요."라고 마누엘 학생대표는 포부를 밝혔다.[9] 엘리트 학교이니 이런 발언이 나오는 것도 당연할지도 모르지만 1975년에 산타 클라라 주에 세워진 체 게바라 학교를 2005년에 시찰한 미국의 교사 그룹도 똑같이 보고한다.

"학교에서는 고교생도 이사회에 참가해 문제를 해결하고, 학생들이 서로 협력하여 배우는 것을 중시한다. 교사와의 깊은 인연뿐만 아니라 학생들끼리의 관계가 어느 정도의 차이를 낳는지가 실로 흥미로웠다. 쿠바에서는 지식이 생산과 실천, 그리고 창조성이라는 3단계로 이루어져 있다고 여긴다. 그래서 대부분의 수업은 기본사항을 습득하는 것으로 시작하고, 이어서 배운 지식을 사용하여 그것을 창조적으로 실천에 옮기고 있다."[4]

쿠바의 15살의 봄 — 성적이 좋은 아이만 진학할 수 있는 고교

여기서 고교 전체가 어떻게 되어 있는지를 정리해두자. 특정 분야에서 뛰어난 능력이나 성적을 올린 학생이 그 재능을 펼치고 능력을 살리는 직업을 가질 수 있도록 정밀과학 전문학교, 교육학 전문학교, 예술교사 양성학교 등이 설치되어 있는데,[8] 학력면에서 말하면 가장 어려운 것이 레닌고교로 대표되는 정밀과학 전문학교다. 대부분의 연구자나 교수는 이 학교 졸업생이라고 한다.

다음이 일반적인 시내의 고교이며 졸업생은 대학에 진학할 수 있다.

다음이 농촌고교이며 희망자는 대학에 진학하지만 대부분은 희망하지 않는다. 그러므로 학교 분위기는 비교적 여유롭다.[1] 네 번째는 공업·기술 직업학교다. 농업기술, 전기, 기계 등의 다양한 직업학교가 있으며 예를 들어 아바나 주에는 6개, 시내에도 3개가 있다. 과학기술을 보다 심도깊게 배워서 전문 직업인이 되는 것을 목표로 하며 대학진학은 불가능하지는 않지만 힘들다.

그리고, 마지막으로 별로 학교 공부를 좋아하지 않는 학생들이 진학하는 실업직업학교가 있다. 아바나 시내에 약 30개, 전국에 무니시피오별로 5~6개씩 있다. 실업직업학교에서는 전문기술을 배우며, 졸업 후에는 기계기사 등의 자격증을 가진 노동자가 된다.[3]

즉, 쿠바도 15살의 나이에 대학까지 진학할 수 있는 전문학교에 가는 사람과 그밖의 길을 걷는 사람으로 장래가 결정되는 것이다. 우리의 고등학교에 해당하는 후기중등교육이 '대학 이전 교육'이라 불리고 있는 것도 그 때문이다.[1] 하지만 졸업생은 모두 고교에 진학하는 것이 아니라 중학교에서의 성적과 자신의 흥미에 따라 다양한 선택지가 있다는 것은 자연스러운 일일지 모른다. 공예·기술 직업학교나 실업 직업

표6 고등학교 수

구분	2001/02	2002/03	2003/04	2004/05	2005/06	2006/07
도시	41	37	73	96	120	154
농촌	272	275	233	230	236	214
계	313	312	306	326	356	368

주) Oficina Nacional de Estadísticas에서 지은이 작성.

학교에 진학하면 직업 선택지는 제한되어버리지만 적어도 취직 자리는 확보되어 있다.[4]

사회인이 재도전하는 대학 — 인정을 베풀면 결국 나에게 돌아온다

그리고 사회에 나와서 취직을 한 뒤에도 원한다면 대학에 사회인 입학을 할 수 있는 길이 있다. 쿠바는 학력사회라기보다, 보다 정확하게 말하면 학력자격사회다. 자격=능력으로 인정되므로 레닌고교를 거쳐서 곧바로 대학에 입학하든, 아니면 일하면서 대학을 졸업하든 처우는 다르지 않다. 아바나 시 보예로스 구에 있는 호세 안토니오 에체베리아 대학(CUJAE) 5학년생인 마리벨(25살)도 그런 사람 가운데 한 명이다. 호세 안토니오 에체베리아 대학은 인기높은 명문대학으로 500명이나 되는 사회인 응시자 중에서 80명밖에 받지 않는다.

마리벨은 레닌고교나 사관학교에 진학하고 싶었지만 합격하지 못하여 전화·전신관련 전문기술학교를 졸업한 뒤에 우리의 기획재정부쯤 되는 관청에서 경제관련 통계분석 일을 하고 있다. 하지만 공부욕심이 많은 그녀는 취직한 다음에 도전하여 2년 만에 합격했다. 대학에는 토요일에 다니고 평일에는 통신교육으로 수업을 받고 있다고 하기에 토요일에 캠퍼스를 찾아가보았다. 구내 여기저기에 몇 명씩 학생들이 모여 있는 모습이 보였다. 잔디밭도 있지만 쿠바 사람들은 잔디에 앉지 않는다. 마리벨 일행이 언제나 모인다는 지정된 장소에 갔더니 수업이 끝난 점심 휴식시간으로 학생들이 빵을 먹으면서 모여 있었다. 먼저 영어를 잘하는 우리살 곤살레스 올타(26살)가 그룹 활동을 설명한다.

"저는 지금 국립은행에서 일하고 있어요. 일주일에 두 번은 이렇게 모이죠. 일을 하면서도 사회인이 공부를 계속할 수 있도록 회사에서 조정해줍니다."

우리살도 마리벨과 마찬가지로 전문학교 출신인데, 비디오가 어떻게 작동하는지에 흥미가 있어서 입학했다고 한다. 블라디미르(29살)는 엔지니어가 되는 것이 목표이고 알폰소(27살)도 아버지가 엔지니어였던 관계로 희망했다. 알폰소는 센리타리호 데 라 아바나 정신병원에서 전자의료를 담당하고 있다고 한다.

각각 이상을 품고 입학한 꿈의 대학이므로 수업내용에 대해서는 모두가 기대 이상이라며 만족스러워하고 있다. 유사니만이 한창 일자리를 찾고 있는 중인데 "정보관련 일을 하고 싶어서 입학했는데 수업내

표7 우리의 고등학교에 해당하는 쿠바의 후기중등교육학교

학교 유형	비율
농촌고교	70%
교육학 전문학교	12%
정밀과학 전문학교	6%
예술교사 양성학교	6%
초등학교 긴급교사 양성학교	6%
초등체육 전문학교	
예술 전문학교	
사관학교	

주) 교육부 자료에서 지은이 작성.

용이 취직한 다음에 아주 큰 도움이 될 것 같아요."라고 말한다. 인터넷도 자유롭게 사용할 수 있고 폭넓은 전문지식을 배울 수 있다며 학생들의 평가는 매우 좋다.

우연히 지나가던 한 교수는 "라틴 아메리카에서 가장 좋은 실습실을 갖추고 있다고 자부하고 있습니다."라며 가슴을 편다. 들어보니 수업내용도 실천적이다. 경제봉쇄로 물자가 부족하기 때문에 정보기술이라 해도 망가진 부품을 수리하는 일까지 하므로 기초이론부터 철저하게 다져간다. 마리벨 일행이 훌륭한 수업이라고 평가하는 교수가 영어로 씌어진 교과서를 보여주었는데, 전압이나 교류의 기초이론이 수식과 그래프를 사용해서 빼곡하게 들어차 있었다. 이런 수준 높은 수업내용을 따라가기 위해 마리벨 팀 7명은 '공부의 집'을 만들어서 서로 공부를 하고 있다고 한다.

"공부의 집이란, 친구들끼리 서로의 집에서 서로 배우는 제도예요. 초등학교뿐만 아니라 중학교에도 있답니다. 고등학교는 농촌에 있으니 도서관이 그 역할을 대신하는데요, 대학에 들어와서도 공부의 집 활동을 계속 하고 있지요."

"공부의 집에서는 무엇을 하죠?"

"지금 제가 공부하고 있는 것은 25과목이고 지금까지 40과목 정도를 취득해왔는데, 정보과학은 수업내용이 무척 어려워서 의학부보다도 힘들어요. 그래서 과목별로 한 권씩 교과서를 전부 꼼꼼히 읽어야 합니다. 공부를 가장 잘하는 학생을 모니토르라고 부르는데요, 시험이 있을 때는 잘 못하는 학생을 가르쳐주면서 도와주는 거죠."

레닌고교에서 들었던 에뮬라시온과 같은 것이냐고 묻자 우리살이 약간 다르다고 보충설명을 해주었다.

"아뇨, 저희들은 이미 노동자로서 일을 하고 있는 사회인 코스이므로 고교와 같은 에뮬라시온은 없어요. 다만 수업이 아주 빡빡하므로 많은 사람이 낙제하죠. 그래서 시험공부를 위해서 공부의 집, 말하자면 그룹학습을 하는 거죠."

6대 1 이상의 경쟁률을 통과해서 당당하게 대학에 합격해도 쉽게 졸업하지 못한다. 마리벨의 클래스도 입학할 때 정원은 60명이었지만 지금은 30명이 되었다고 한다. 절반이 낙제한 것이다. 하지만 아무리 동급생이라 해도 기껏 힘들게 공부한 것을 다른 사람에게 가르쳐줘버리면 내가 불리해지지 않을까? 그럴 시간이 있다면 자기 공부를 더 할 수 있지는 않을까? 우리로서는 당연한 의문을 물어보자 마리벨은 약간 고개를 갸우뚱하면서 이렇게 말했다.

"그래요, 그렇게 생각할 수도 있겠네요. 하지만 저는 친구들에게 가르쳐줘요. 모르는 것을 친구에게 가르쳐주려면 교과서를 두 번씩 읽어야 하고, 그렇게 하는 것이 제 머릿속에 더 쏙쏙 들어오니까요."[10]

쿠바 학생들이 즐겁게 학력을 높이고 있는 이유를 알 것 같은 느낌이 들었다. 하지만 이런 그룹학습은 '남에게 인정을 베풀면 결국 나에게 돌아온다'라는 속담을 들먹이지 않더라도 확실하게 학력이 높아진다는 이론적 근거가 있다.

마리벨의 공부의 집 동료들. 왼쪽부터 알베르토 곤살레스 알폰소, 블라디미르 페레스 산체스, 유사니 레모스 데스페인, 마리벨, 우리살 곤살레스 올타.

IT 분야 명문대인 호세 안토니오 에체베리아 대학. 호세 안토니오는 대학생연맹 회장이었는데, 1957년 3월 13일에 바티스타 대통령 관저를 습격하다 죽었다. "뜻을 이루지 못하고 죽는다 해도 흘린 피는 가는 길을 가리킨다."라고 말했다. 대부분의 쿠바 학교는 혁명으로 목숨을 잃은 인물의 이름이 붙여져 있다.

4. 옛 소련의 교육이념으로 키우는 고학력

무상교육을 지탱하는 세계 제일의 교육투자

　초등학교부터 대학까지의 모습을 대략 훑어보았는데, 여기서는 쿠바의 교육수준과 학력이 왜 높은지에 대한 이론적 근거를 살펴보자.

　먼저, 말해두고 싶은 것은 교육에 대한 엄청난 투자액이다. OECD 국가의 GDP나 일반 정부 총지출에서 차지하는 교육비는 각각 평균 5.8%, 12.9%이며 유네스코는 GDP의 최저 6%를 교육비에 할애할 것을 권장하고 있다. 하지만 일본은 이를 밑도는 4.7%, 10.6%밖에 되지 않는다. 나라의 근간에 관련된 교육에 돈을 아끼는 한편으로 쓸데 없는 다리나 도로를 건설해온 것이다. 하지만 세계 최고의 학력으로 주목받은 핀란드는 GDP의 6.4%나 교육에 투자하고 있다. 많은 교육예산을 확보함으로써 교사를 늘리고 소수정원 학급을 실현시키고 있다. 그 배경에는 작은 나라가 국제경쟁에서 살아남기 위해서는 교육을 통한 인적자원 육성밖에 기댈 곳이 없다는 국가전략이 있음은 명백하다. 하지만 쿠바의 그것은 핀란드를 훨씬 웃돈다. 1960년대는 4.2%였던 것이 2006년에는 12.3%에 이르고 있다(1997년 페소로 환산). 이것은 어떤 나라보다도 압도적으로 높은, 세계 최고의 비율이라고 말할 수 있다.

　투자액 자체가 많은 것에 더해, 선진국과 비교하면 교사 인건비가 압도적으로 낮으므로 그것 이외의 교재에 상당한 경비를 할애할 수 있다.

1993년 3월부터는 교사의 급여가 30% 증액되었지만 그때까지 예산에서 차지하는 교사의 급여는 60%였다. 예산의 40%를 인건비 이외에 지출하는 일은 일반적인 나라에서는 도저히 불가능하다. 이것이 재정면에서 보았을 때 쿠바가 성공한 커다란 이유일 것이다.

물론 단지 교육에 돈을 쏟아붓기만 하면 된다는 단순한 이야기가 아니다. 교육은 장기적인 투자이며 성과를 올리려면 일관된 전략이나 정책도 필요하다. 쿠바 이외의 라틴 아메리카 국가에서는 정권이 빈번히 교체되어 일관된 교육정책을 취할 수 없으며 그것이 교육의 발전을 정체시켜왔는데, 쿠바에서는 40년 이상에 걸친 혁명정권이 마르크스 레닌주의에 토대한 교육정책을 전개하고 있다.[1]

행동주의에서 구성주의로 바뀐 세계의 교육이론

여기서 갑자기 이야기가 옆으로 새는 것같지만, 나는 나가노 현 농업대학에서 '교수'라는 직함을 달고 있다. 그런데, '교수'나 '교육'이라는 말이 왜 있는지를 생각해본 적이 있는가? 쿠바에서는 교육을 '에두카시온'이라고 표현하는데, 이것은 끌어내는 것을 의미하는 라틴어 '에두카레'가 어원이다. 이것이 '교육(敎育)'이라는 말로 옮겨진 것은 당시 교육부 장관이었던 모리 아리노리가 구미열강을 따라잡기 위해서는 국가정책으로 '권위 있는 지식'을 위에서부터 '가르쳐서 키우는' 일이 꼭 필요하다고 생각했기 때문이었다. 선험적으로 배워야 할 지식이나 법칙이 있고, 배워야 할 사항이 미리 정해져 있다면 체계적인 지식을 효율적으로 학생의 머릿속에 집어넣는 작업이 교육이 된다. 학생도 그것을 순차적으로 암기하면 된다. 그러므로 이런 작업은 '교수(敎授)'가 되었다. 전국적으로 일률적인 커리큘럼을 정하는 것도 그 때문이다.

이런 사고방식은 그 뒤로 유명한 파블로프의 개 실험에서 시작된 '객관주의'나 '행동주의'라 불리는 교육이론으로 강화된다. 정작 파블로프는 언어를 가진 인간은 개의 조건반사와 같이 단순한 존재가 아니라고 생각했지만, 미국 심리학자들이 입맛에 맞는 부분만을 따로 떼어와서 이용했다. 예를 들어 레버를 누르면 먹이가 나오는 장치에 쥐를 넣으면 먹이를 원하는 쥐는 레버를 누르는 법을 배운다. 자극으로 조건을 붙이면 학습을 한다는 부분만이 강조되어 스키너의 행동주의 이론에 토대한 학습모델이 탄생했다. 이 행동주의에는 커다란 함정이 있다. 지식이나 기술의 습득이 학습목표가 되어 버리며 응용이나 창조성은 무시되는 것이다.

그러다가 1980년대 이후로는 칠판과 분필을 사용해서 일방적으로 지식을 전달하는 수업에 대한 반성으로 아이들의 흥미와 관심으로 시선을 옮기는 '구성주의'가 주목받는다. 구성주의란 스위스의 심리학자인 장 피아제가 제창한 이론인데, 피아제는 지식은 스스로 탐구하는 것이며 학습이란 자신이 만들어가는 것이라고 생각했다. 살아 있는 인간은 개성을 갖고 있으며 모든 사람이 어떤 자극에 대해 똑같이 반응하지는 않는다. 외부의 자극을 받아 한 사람 한 사람이 내부의 '구성'을 자발적으로 변화시킨다. 그렇다면 교육도 학생의 '내부구성'을 바꾸는 데에 도움을 주는 것에 불과하다.

구성주의 관점에서 보면 읽고쓰기나 산수를 가르치는 것은 기초가 되긴 해도 그밖의 지식은 사람에 따라 달라져도 별 상관없게 된다. 이런 발상을 더욱 발전시킨 것이 핀란드의 유리아 엥게스트롬이 주장한 '확장에 의한 학습'이라는 이론이다. 그래서 핀란드에는 정해진 지식을 기억하면 된다는 교육철학은 없다.

"그렇게 되면 아이들의 지식이 허점투성이가 되어버리지 않을까."라고 생각할지도 모르겠다. 하지만 잘 생각해 보면 교과서에 실려 있는 지식도 허점투성이며 집필자들이 일정 정도 맞다고 생각한 것들을 모아놓은 정보에 지나지 않는다.

획일적인 공산품을 생산하는 시대에는 그런 방식이 통했을지 모르지만 제품보다 서비스나 정보가 가치를 갖는 포스트 공업화 사회에서 세계는 하루가 다르게 변화해간다. 이제는 능력과 지식을 꾸준히 늘려야 하는 '평생교육' 시대에 돌입했다. 그렇게 되면 학교교육 역시 기초가 되는 지식과 기술을 토대로 하여 평생 사용할 수 있는 '학습능력'을 키우는 일이 요구된다. 그러므로 핀란드의 수업은 학교를 졸업한 뒤에 무엇을 할 수 있을지에 중점을 두고 있다.[3]

러시아가 낳은 천재 심리학자의 학습이론

이 엥게스트롬의 이론의 토대가 된 것이 '사회구성주의'라고 불리는 학습이론이다. 이름에서 알 수 있듯이 '아이들 스스로가 지식을 구성한다'는 부분은 피아제의 주장과 같지만 지식이 어떻게 구성되는가에서 달라진다.

원래 생물학으로 학위를 받았던 피아제는 생물학적·심리학적인 면에 주목했지만 사회구성주의에서는 사회적 영향에 더 중점을 둔다. 사회구성주의는 러시아가 낳은 천재 심리학자 레프 비고츠키가 제창한 이론이다. 비고츠키는 피아제와 같은 1896년에 태어났지만 서른 일곱이라는 젊은 나이로 세상을 떠났다. 피아제가 84살까지 장수한 데 비해 비고츠키의 연구활동 시기는 17년밖에 되지 않는다. 하지만 짧은 기간 동안 철학, 사회과학, 심리학, 언어학, 문학, 미술 등 다방면에 걸친 분야에서 업적을 쌓아 러시아 심리학계에 주춧돌을 놓았다.

비고츠키가 실험을 통해 명백하게 밝혀낸 것은 아이들의 정신활동이 커뮤니케이션이나 사회와의 연관 속에서 발달한다는 것이었다. 그때까지의 심리 테스트는 혼자서 문제를 해결할 수 있는지 여부를 중시하고 다른 사람으로부터 도움을 받았다면 정답에 이르더라도 가치가 없다고 생각하고 있었다.

하지만 비고츠키는 지능연령이 8살인 아이라도 힌트가 주어지면 어떤 아이는 9살, 다른 아이는 12살 수준의 문제까지 풀 수 있다는 것을 알아냈다.

"오늘 어떤 일을 도움을 받아서 해낸다면 내일은 그 일을 혼자서도 할 수 있게 될 것이다." 즉, 공동으로 배운다면 혼자서 하는 것보다도 훨씬 더 잘 하게 된다. 비고츠키는 모방의 의의에 주목하여 다양한 능력을 가진 아이들이 공동으로 배우는 '발달의 최근접 영역론'을 제창했다. 피아제가 외부로부터의 간섭을 최대한 배제하려 한 것과는 대조적이었다. 이 이론에서 보면 배우는 상대도 반드시 교사에 국한되지 않으며 평범한 어른, 심지어 또래인 아이라도 상관없다. 친구한테 배우는 것이 더 잘 이해할 수 있는 예도 많이 있지 않은가. 비고츠키는 지적 장애우 연구에서도 참신한 성과를 올린다. 종래에는 지적발달 수준이 같은 아이들을 같은 그룹으로 묶는 것이 가장 좋다고 여겨져 왔지만, 실

표8 쿠바의 주요 예산비

(단위: 100만 페소)

	2001년	2002년	2003년	2004년	2005년	2006년
교육비	2,369	2,751	3,297	3,601	4,819	5,377
의료	1,797	1,923	2,028	2,089	3,169	3,629
국방	1,274	1,262	1,267	1,317	1,650	1,923
사회보장	1,858	1,985	2,054	2,172	2,917	3,570
총예산	15,771	17,193	18,622	20,241	27,156	33,624
GDP	33,820	36,089	38,625	41,065	46,162	56,181
GDP(2) (1997년 고정값)	31,447	32,013	33,229	35,024	39,168	44,064

[각 예산이 전체예산에서 차지하는 비율] (%)

교육비	15.0	16.0	17.7	17.8	17.7	16.0
의료	11.4	11.2	10.9	10.3	11.7	10.8
국방	8.1	7.3	6.8	6.5	6.1	5.7
사회보장	11.8	11.5	11.0	10.7	10.7	10.6

[각 예산이 GDP에서 차지하는 비율] (%)

교육비	7.0	7.6	8.5	8.8	10.4	9.6
의료	5.3	5.3	5.3	5.1	6.9	6.5
국방	3.8	3.5	3.3	3.2	3.6	3.4
사회보장	5.5	5.5	5.3	5.3	6.3	6.4

주) Oficina Nacional de Estadísticas에서 지은이 작성.

제로 장애우들은 이 규칙대로 행동하지는 않는다. 최중증 장애우는 중정도의 장애우와, 중 정도의 장애우는 경 정도의 아이와 함께 있기를 좋아한 것이다. 그리고 지적 수준이 높은 아이는 낮은 아이를 도와주는 일에 기쁨을 느끼며 지적 수준이 낮은 아이는 약간 높은 사람과 교류함으로써 자신이 해낼 수 없는 것을 배우기를 바라고 있었다. 그리고 지적 장애우들에게 "친구와 어른 중에서 어느 쪽이 현명할까?"라고 물어보자 대부분 "친구"라고 대답했다. 친구와는 커뮤니케이션이 가능하지만 복잡한 지적활동을 하는 어른은 이해할 수 없는 이방인이었던 것이다. 여기서도 그룹학습이 유효하다는 것을 알게 되었다.

즉, '구성주의'에서 지식은 책을 읽는 등, 개인적으로 습득되는 것이지만 '사회구성주의'에서는 사회적 상호작용을 통해 공동으로 지식이 구성되게 된다.

이 참신한 이론은 스탈린 시대에 잠시 탄압받지만 1950년대 말부터 부활하여 재평가받는다. 하지만 미국 심리학회는 이런 움직임을 거의 무시하고 있었다. 비고츠키를 '심리학계의 모차르트'라고 부른 시카고 대학의 툴민이 "1920~1930년대에 러시아에서 행해졌던 연구의 본질은 현재의 미국의 연구에 버금간다."라고 쓴 것은 1978년의 일이다. 평가 움직임은 러시아보다 30년이 늦은 1980년대부터 비로소 시작된다. 그리고 유럽에서는 1990년대 소련붕괴 이후에 비고츠키 연구가 더더욱 활발해져간다.[4]

핀란드에서는 모든 아이들이 집 근처 학교에 다니며 1명의 교사에게 소수정원으로 배우고 있다. '성취도별 수업'은 중지되고 16살까지는 학교선별이 되지 않는다. 그리고 스스로 공부하는 것을 기본으로 그룹 학습이나 서로 가르쳐주는 것을 중시한다고 한다.[3] 이것이 무엇을 근거로 하고 있는지는 독자 여러분도 이미 아실 것이다.

교사보다 아이들끼리 5배나 더 배운다

핀란드뿐만이 아니다. 도쿄대학의 사이토 마나부 교수는 선진국이든 개발도상국이든 지금은 세계 대부분이 20명 내외의 소수정원 교실에서 서로 배우는 그룹학습 중이며 40명의 학생들이 큰 교실에서 교사의 이야기를 일방적으로 듣기만 하는 수업은 이제 지구촌 한 귀퉁이인 동아시아에서만 볼 수 있는 특이한 수업이라고 지적한다. 그리고 교육부가 학력저하에 대처할 비장의 카드로 제시한 밑에서부터 쌓아올리기는 '성취도별 지도학습'도 소용없다고 잘라말한다.

사이토 교수에 따르면 성취도별 지도학습은 행동주의에 토대하여 1970년대에 시카고 대학의 벤저민 블룸이 만들어낸 '매스터리 러닝(완전습득학습)'을 토대로 삼고 있다고 한다. 하지만 30년에 걸쳐서 교과의 내용을 마스터할 수 있는 상세한 텍스트를 만들어냈음에도 불구하고, 그것이 학력향상에는 효과 없다고 판명되어 이미 20여 년 전부터 거들떠보지도 않게 되었으며 능력별 클래스를 개설하고 있는 독일이나 스위스의 성적이 바닥을 헤매는 반면, 그것을 하고 있지 않은 캐나다는 성과를 올리고 있다고 지적한다.

어쨌든 우리나라 교사는 공부를 못하는 학생에게도 어떻게든 가르치는 수업을 하려고 노력하고 있다. '친절한 수업을 해야 한다'는 고정

관념은 변두리 학교로 여겨지는 학교의 교사일수록 뿌리깊다고 사이토 교수는 말한다. 하지만 교수에 따르면, 학습은 이해할 수 있는 단계까지 끌어내려서 쌓아올려가는 것이 아니라, 모르는 단계의 수업을 교사나 친구들과의 커뮤니케이션으로 모방함으로써 '내화(內化)' 하는 것이다. 교수가 교실에서 관찰해봤더니, 아이들끼리 서로 배우는 것은 교사의 지도력의 5배 이상의 힘을 발휘했다. 교수는 각 학교에서 학력향상을 위한 협동학습을 제안하고 있는데, 그것은 비고츠키의 이론에 토대를 두고 있다.[2]

비고츠키에 대해서는 지금까지 몇 군데에서 조금씩 언급했으므로 여기까지 읽은 독자는 핀란드와 쿠바의 유사점을 수긍할 것임이 틀림없다. 쿠바는 미국으로부터 경제봉쇄를 당해왔으므로 블룸의 성취도별 지도학습 이론과는 인연이 없었다. 혁명 후에 그들이 러시아로부터 배운 교육사상이란 비고츠키의 그것이었던 것이다.

5. 풍부한 사회공동자본이 고학력을 지탱한다

학력에는 교사와 학교시설보다 가정환경이 더 중요

　스탠포드 대학의 마틴 카노이 교수는 교육과 복지의료 분야에서 사회주의 국가가 자본주의 국가보다 성공 가능성이 높다고 말하면서 그렇게 생각하는 근거로 교육에 많은 예산을 투입하고 있다, 공립학교에서도 질높은 교육을 제공할 수 있다, 격차의 확대를 억제하는 데에 정부가 힘을 쏟고 있다 등 3가지를 제시하고 있다. 그리고 쿠바가 성과를 거둔 원인으로 '사회적 자본'의 풍성함에도 주목한다.[2]

　사회적 자본이란 간단히 말하면 사람들의 사회적인 인연을 말하는데, 그 탄생부터가 교육과는 떼려야 뗄 수 없는 인연이 있다. 지금으로부터 약 40여 년 전에 미국의 사회학자 제임스 콜먼이 주장했는데, 학교나 학생에 따라 학력차가 왜 생기는지를 설명하기 위해 만들어낸 개념이다. 콜먼은 교사나 학교의 우열은 결코 중요하지 않으며 아이들이 자란 가정환경과 가족관계야말로 성적차를 낳는 주된 원인이라고 결론지었다. 당시로서는 상당히 대담한 주장이며 나중에 콜먼은 이런 생각을 더 큰 커뮤니티나 국가로까지 확장하고 있다.[6]

　이런 사회적 자본에 주목하면 쿠바는 어떨까? 물질적 풍요라는 측면에서는 〈들어가며〉에서 보았듯이 GDP에서는 미국은 물론, 중남미에서도 하위권이다. 하지만 집세는 싸고 최소한의 식량은 배급되며 누구나 무상의료와 무상교육이라는 서비스를 제공받을 수 있다.[6] 부모 가운데 적어도 한쪽은 일을 하고 있으며 의무교육 기간까지 모든 학생이 학교에 다니고 학교 밖에서 학생에게 일을 시키는 것이 제도적으로 금지되어 있다.[5] 이것은 성적에 곧바로 영향을 미친다. 아이가 밖에서 일을 하면 성적이 낮아지는 것은 통계적으로 여러 곳에서 실증되어 있기 때문이다.[6]

많은 도시에서는 마약이나 폭력 등의 범죄가 문제가 되고 있는데 쿠바에서는 그것도 적다. 커뮤니티가 안정되어 있는 것은 학교생활에도 반영되어 교내폭력이나 사건을 일으키는 학생도 거의 없다.[5] 교실에서 소란을 피우는 학생도 없으므로 아이들의 학습환경은 평화롭다.

카노이 교수는 각국의 교실을 살펴본 가운데 "가장 질서가 잡혀 있던 것은 쿠바의 교실이었는데 8살밖에 안 된 아이까지도 수업에 집중하고, 심지어 풋내기 교사의 수업시간조차도 그러했다."라고 언급하고 있다. 교수가 더욱 주목한 것은 아이들의 출신가정의 다양함이다. 쿠바 부모의 교육수준은 다른 라틴 아메리카 국가보다 대부분 높고 집에는 많은 책이 있다. 이것이 학력에 미치는 영향은 물론 크다. 하지만 모든 가정이 그렇지는 않으며 노동자 계급 부모의 교양수준은 그리 높지 않다. 하지만 대졸 학력 부모가 많은 아바나 교외나 시내 중심가 학교에서도 교육을 별로 많이 받지 못한 가정 출신의 아이와 나란히 앉아서 공부하고 있다. 교수가 놀라는 것도 무리는 아니다. 일반적으로 많은 개발도상국에서는 있을 수 없는 일이기 때문이다.[6]

가난한 집 아이는 변두리 학교에서 실력 없는 교사에게 배운다

칠레를 예로 들어보자. 칠레에서는 이전의 명문 공립학교는 상류계급을 위한 것으로 서민과는 일체 인연이 없었다. 그래서 바우처 제도가 시행되어 학비가 싸지자 질이 낮은 사립학교조차도 공립학교보다 인기 있게 되었다. 사립교육은 급속히 진전하여 지금은 유치원부터 고교까지 합치면 38%가 바우처를 받은 사립학교, 9%가 바우처를 받지 않은 사립학교로, 절반이 사립학교에 다니게 되어 양질이 공립교육을 담보하는 국가의 역할은 의미를 상실했다.

칠레는 쿠바와 달리 민주적인 자유국가이므로 부모는 학교를 자유롭게 선택할 수 있다. 국가가 실시하는 각 학교의 성적 순위도 선택정보로서 역할을 한다. 하지만 저소득층 가정에는 이런 '자유로운 권리'가 사실상 무의미하다. 저소득층 아이의 70%는 같은 계급 출신의 아이가 다니는 학교에 입학하고, 고소득층의 80% 이상은 동등한 소득 수준의 아이들이 있는 학교에 다닌다. 즉, 선택은 자유일지라도 사회경제적 지위에 따라 아이가 다니는 학교가 거의 정해져버리는 것이다. 그리고 2001년에 초등학교 4학년을 대상으로 국가가 실시한 조사를 통해 저소득층 아이가 다니는 학교일수록 수업의 질이 낮다는 것도 알았다.

처음부터 저소득층 아이에게는 거는 기대가 낮으므로 저소득층 아이들만 다니는 학교는 '변두리 학교'라는 딱지가 붙여져 있다. '못 가르치는 교사'가 '못 가르치는 학교'에서 가르치는 셈이 되므로 격차는 더더욱 벌어진다. 높은 성적을 올리는 교사에게 보너스를 주는 제도는 있지만 성적을 올리지 못한 학교나 교사에게 페널티를 주지는 않는다.

동시에, 격차가 크므로 범죄가 많아지고 마을에는 거리를 배회하는 아이들도 있으며 변두리 학교에서는 교내폭력도 일어난다. 이것도 성적에 마이너스 요소다. 그러므로 저소득층 부모들은 격차해소와 좋은 교사를 원하지만 그들의 희망이 실현될 가능성은 없다. 정치적으로 힘을 갖고 있는 것은 중상류 계급이며 그들은 격차해소나 교육재정 확충을 위한 증세에 동의하지 않기 때문이다.

카노이 교수는 현지조사를 토대로 칠레와 쿠바의 차이를 예리하게 분석한다.

"쿠바에서는 '물질적 소비도, 정치적인 자유도 희생한다. 하지만 그 대신에 양질의 사회적 서비스를 제공한다. 이것이 우리가 행한 선택이다' 라고 지도자가 주장하고 있듯이, 개인의 자유는 제한되어 있다. 하지만 다른 라틴 아메리카 국가에서는 중상류계급의 아이들만 받을 수 있는 교육을 쿠바에서는 누구나 받고 있다. 그리고 국민의 교육수준을 높이기 위해 정부가 교사나 각 가정에 압력을 가하여 교육에 대한 사회 전체의 관심을 높이고 있다. 그러므로 모든 아이들이 학교 안팎에서 안심하고 건전한 환경 아래에서 배울 수 있는 것이다."[6]

지역사회가 키우는 아이들

카노이 교수가 학교 안팎이라고 '바깥'에 대해서도 지적하듯이 커뮤니티와 학교가 통합되어 있는 것도 쿠바의 커다란 특징이다.[5] '교육은 지역에서 서로 돕는 커뮤니티의 공동 책임' 이라는 원칙 아래 지역 주민들은 학교위원회, 학부모위원회, 학부모학교, 공부의 집, 미성년 자대책위원회 등 다양한 형태로 교육에 관여한다.[1]

학교위원회는 학부모 대표나 큰 조직의 대표로 구성되며 교장에게 조언을 하는 책임을 맡는데[1] 학교운영에 부모도 관여하는 것이 부모의 책임감도 높인다.[5] 학부모위원회는 이 학교위원회의 일부로 각 클래스의 학부모 대표로 구성되어 학부모학교를 조직하고 아이들 부모의 교육도 담당한다. 예를 들면 수학에서 집합을 배울 때는 아이를 확실하게 지도할 수 있도록 옛날 수업밖에 받지 않은 부모는 최신 수업을 다시 받는다. 교양수준이 높고 아이들을 초대할 여유가 있는 가정은 '공부의 집' 이 되어 방과후에도 1주일에 두세 번은 '공부의 집' 에 모여서 숙제를 하거나 함께 공부한다.[1]

"숙제도 자기 방에서 혼자서 하지 않고 공부의 집에 우르르 몰려가서 하고 있어요. 요즘은 외화를 갖고 있는 집과 갖고 있지 않은 집의 차이도 생기고 있지만, 아이들 사이에서는 가정이 가난하다고 해서 차별하는 의식은 없으므로 심리적인 빈곤에 빠져 있지는 않아요." 라고 저널리스트 구도 리쓰코 씨는 공부의 집 현황을 알려준다.[8]

방과후에도 일이 있다는 점에서는 교사도 아이들과 다를 바 없다. 교사는 학부모위원회나 학부모학교를 통해 지역주민이나 부모와 친밀한 사이가 되고, 각 가정을 방문하여 부모의 교육에도 관여한다. 시간적으로 약 80%는 학교에서 보내지만 나머지 시간은 학생의 가정에서 보낸다. 지역상황이나 각 가정형편을 훤히 꿰뚫고 있으므로 어디에 문제가 있는지도 금방 알 수 있다.[1] 쿠바와 미국의 교육상황 차이를 분석한 하버드 대학의 첸 차이 씨는 쿠바의 친밀한 커뮤니티 사회의 모습을 이렇게 묘사한다.

"내가 만난 적이 있는 초등학교 교장은 지역의 패밀리 닥터 3명과 함께 일을 하고 있어서 자신의 지역 내에 임신한 여성이 12명 있다는 것을 알고 있으며 '언젠가 12명의 아이들이 내 학교에 들어오겠구나' 라고 기대하고 있었다."

그리고 미국에서는 사람들 사이의 소통이 희박함을 아래와 같이 한탄한다.

"교사는 커뮤니티에서 동떨어져 있어 친구의 가족 등이 아니라면 입학하는 학생에 대해 전혀 알지 못한다. 지역이나 부모의 도움도 받을 수 없으므로 더더욱 학생으로부터 멀어져간다. 쿠바에서는 교사와 학생이 서로 '동무'라고 부르고 있었는데, 미국에서는 학생과 깊은 관계를 가지면 이상한 사람으로 비치고 만다. 무슨 일이 생기면 고소 당하지는 않을까 전전긍긍하기 때문이다. 예의범절 문제에서도 부모나 지역의 도움을 받지 못하고 혼자서 악전고투한다. 그러므로 교사는 퇴학이라는 해결책을 곧바로 사용하는 것이다. 하지만 쿠바에서는 청소년 범죄에 어떻게 대처하고 교정하느냐고 물어보자 '체벌 따위는 하지 않아요. 가정에 무슨 문제가 있는지를 체크해서 부모나 심리학자와 함께 대응책을 결정하죠.' 라고 교장은 대답했다."[2]

범죄를 저지를 가능성이 있는 문제아는 쿠바에서는 '사회에서 일탈한 행동'이라고 표현하며 그들을 지도하기 위한 '미성년자대책위원회'도 설치되어 있다. 무니시피오의 교육책임자, 학교의 교육책임자 3명 이외에 무니시피오 정부의 부대표, 혁명방위위원회, 여성연맹, 노동조합, 청년공산당동맹, 피오네로, 공산당 대표, 내무부 책임자, 학생대표[1] 등으로 구성된, 그야말로 지역이 총동원되어 학생이 하루라도 빨리 다시 일어설 수 있게끔 지원하고 있다.[3] 즉, 교사도 열심이지만 능력 있는 한 명의 개인에게 모든 책임을 지우지는 않는 것이다. 부모나 커뮤니티가 서로 협력하여 응원하고 있으므로 교육의 성과가 올라가고 있다.[1] 첸 차이 씨의 감상을 계속 읽어보자.

"쿠바에서는 젊은이들에게 가치관이나 책임감을 고양시키기 위해서 교사는 부모나 커뮤니티와 밀접하게 협동하고 존경도 받고 있다. 교육방침이나 예산은 안정되고, 아이들은 정치의식이 높은 시민으로 성장하고 과학과 의학발전에도 공헌하고 있다. 성과를 완전하게 평가하는 데에는 표면적인 수치뿐만 아니라 사람들의 이상(理想)이나 일상적인 행동거지도 고려해야만 할 것이다.

하지만 미국에서는 개인주의적인 가치관과 복지에 대한 배려의 부족 때문에 교육이 오로지 자기책임으로 인식되고 있다. 부모들이 나쁜 학교를 그만두게 하고 좀 더 좋은 학교에 아이를 입학시키는 것도 마찬가지로 자기책임이다. 그러므로 질낮은 학교에는 질낮은 학생이 모여들게 되어 교사는 욕구불만 때문에 좀 더 수월하게 가르칠 수 있는 학교를 찾아 떠나가버린다. 또한 부모의 지원도 부족하여 미국의 학교나 교사는 아이의 문제해결에는 무기력하다.

 '경쟁력 있는 사립교육이 우월하다' 라는 생각에서 교육 민영화가 논의되지만 예산을 배정받을 수 있는 것은 최우수학교뿐이다. 성과는 오르지 않고 교육에 대한 불신감에서 교육방침이나 관리전략은 이래저래 바뀐다. 경쟁에서 생기는 격차는 말하지 않은 채로 말이다. 정부도 지원은 하고 있지만 기다리고 있기만 해서는 아무도 도와주지 않는다."[2]

어쩐지 칠레의 황폐해진 교육환경을 연상시키는 대목 아닌가. 그리고 미국에서는 학교가 처해 있는 사회상황이 중요하다는 콜먼의 지적은 지금에 와서는 비판받고 있다고 한다.[5]

무상교육은 국민의 권리

 사회개선에는 평등, 형제애, 교육이 중요하다고 『공산당 선언』에서 주장한 것은 마르크스였다. 쿠바는 사회주의 국가이므로 이 생각을 중시하고 있다. 하지만 이데올로기적인 편견을 버리고 그 교육철학을 찬찬히 살펴보면 「세계인권선언」 내용과도 합치한다는 것을 알 수 있다.

「세계인권선언」에서는 교육이 인간의 기본적인 권리이며 인종, 성, 연령에 상관없이 누구나 평등하게 무상으로 교육을 받을 권리가 있다고 천명하고 있다.⁽²⁾ 카노이 교수는 핀란드로 대표되는 스칸디나비아 반도 국가들이 성과를 올리고 있는 이유도, 평등이나 집단책임을 중시하고 있는 점에서 쿠바와 같다고 지적한다.⁽⁵⁾ 핀란드는 사회주의 국가가 아니지만 교육이 국민의 권리로 여겨지고 복지정책과 일체가 되어 있는 점에서는 다를 바 없다. 교육비도 급식비도 무료다. 그러므로 평등한 교육이 고루 보급되어 가정의 소득에 상관없이 학력이 높은 아이로 키워지고 있는 것이다.⁽⁷⁾

미국 내에서 가장 성적이 좋은 학교

이런 관점에서 보면 이것과 거의 비슷한 조직이 미 국방부의 기지내 학교에 있다는 것도 알 수 있다. 군의 학교라면 그것만으로 얼굴을 찌푸리는 사람이 많을 것이다. 하지만 전미교육 향상 테스트에서 언제나 1, 2등을 차지하는 것은 기지내 학교다. 왜 성적이 좋을까? 그 이유를 연구한 보고서에 나타난 것은 쿠바와 같은 조건이었다. 모든 학생이 배울 수 있게끔 하기 위한 전략적 계획, 교사에 대한 신뢰와 기대. 이런 학교의 사회환경이 학생의 학력을 높이고 있다고 연구는 지적한다.

"기지내 학교에서는 가치관이 공유되고, 규율이나 신뢰를 키우려는 경향이 강하며 커뮤니케이션도 열려 있다. 그리고 분명한 목표와 함께 의미 있는 활동이 행해지고 그것이 학생뿐만 아니라 부모들에게도 영향을 미치고 있다. 이런 인종의 벽을 뛰어넘은 사회적 자본 덕분에 학교 내에 안정된 사회적 인연이 자리 잡고 있는 것이다."

'인종의 벽을 뛰어넘은' 이라는 마지막 구절에 주목하자. 미국에서는 백인과 그밖의 아프리카계나 히스패닉계 학생의 성적차이가 커다란 문제가 되고 있는데 기지내 학교에서는 격차가 적다. 재학생의 40%는 마이너리티 출신이지만 다른 학교와 비교하면 그 성적이 단연 으뜸이다. 심지어 부모의 94%는 하사관이나 병사로 절반은 '무료 또는 할인 급식 프로그램'의 수급자격을 갖고 있을 정도로 소득도 낮다. 아이러니컬하게도 신자유주의 정책에 의해 격차가 진행되는 미국에서 사회적으로 가장 차별 없이, 교육 기회가 평등하고 공정한 사회는 기지내 학교를 필두로 한 미군 내부에 있는 것이다.[5]

생각해보면 군사와 국방만큼 '시장원리'나 '민영화'와 거리가 먼 세계는 없다. 하지만 경비절감을 위해 군의 민영화를 진행시켜 이라크 전쟁에서는 민간 전쟁 청부 회사를 활용하고 있다. 기지내 학교도 경비삭감 때문에 민영화될 예정이라고 한다. 강력한 시장원리 앞에서는 국방조차도 성역이 아닌 것이다.

II. 탈 빈곤사회를 지향하여 탄생한 교육제도

상류계급의 자녀가 가정교사를 동반하여 해외에 유학을 가는 한편으로 초등학교에는 절반밖에 입학하지 못하고 국민의 평균 학력수준은 초등학교 3학년. 이런 엄청난 교육 격차사회를 계승한 혁명정권이 목표로 한 것은 무상 공교육을 통한 전 국민 보통교육의 충실이었다.

하지만 전국 일률의 획일교육의 비판을 받은 교육부가 시험했던 여유교육은 학생의 학력저하를 부르고, 관광업의 진흥에 의한 경제활성화 대책은 격차를 부르고, 공부도 일도 하지 않는 젊은이들을 낳고 말았다······.

카메라를 들이대면 명랑하게 포즈를 취해주는 아바나 변두리 동네 아이들. 다른 개발도상국과 달리 팁을 졸라대지도 않는다. 아양을 떨거나 아첨하지도 않으며 무시하지도 않고 그야말로 천진난만하다. 이런 뒷면에는 외국이나 관광에 대해 제대로 된 교육을 받고 있다는 점이 있다.

1. 혁명 이전의 쿠바 교육

교회가 지배한 식민지 시대의 차별교육

지금까지 라틴 아메리카에서 단연 최고의 고학력을 담보하는 교육구조를 살펴보았는데, 이런 제도는 어떻게 탄생했을까? 혁명 전후의 쿠바교육사를 살펴보자.

쿠바에서 학교가 만들어진 것은 400년이나 이전인 16세기 후반으로, 교회가 운영하는 사립학교였다.[2] 다른 라틴 아메리카 각 나라와 마찬가지로 학교의 질은 낮았고 상류계급의 자녀는 가정교사한테 교육을 받았다. 교육의 양과 질을 개선하기 위해 스페인 식민지 정부가 교과서를 선정하고 학습지도 요령을 작성하며 장학관 제도를 시행하는 교육법을 제정한 것은 1816년이었다. 장학관이란 적절한 교육이 행해지도록 전문적인 입장에서 학교운영이나 현장교육을 지도하고 조언, 감독하는 교육행정관이다. 이리하여 아바나를 시작으로 1820년까지 90개 이상의 일반학교가 세워졌다. 하지만 학교는 학생의 수업료나 후원회가 낸 기부금으로 운영되고 있었으므로 대부분 백인들을 위한 것이었다. 1833년에는 210개 학교에서 4,860명이 배우고 있었는데, 그중에 흑인을 위한 학교는 12개밖에 없고 거기서 배울 수 있었던 인원은 486명뿐이었다. 빈곤가정 출신자나 백인 이외의 아이는 공립학교 등에 다녔지만 그것도 극소수였다.[5]

1841년에는 교육정책이 정해지고[2] 다음 해인 1842년에는 공립 초중학교를 세워 7~10살 어린이의 교육을 의무화한 법률이 제정된다. 1863년에는 정부가 공립학교를 운영하고, 사립학교를 감독하며 6~9살 어린이의 입학을 의무화하여 이를 따르지 않는 부모에게는 벌금을 물리는 법률도 제정되었다. 그 이후에 의무교육이나 무상교육을 지향하는 많은 법안이 가결된다. 하지만 모두가 실체를 동반하지 못하여 법안 그대로의 정책이 실시되지는 못 했다.[5]

학교는 아바나를 비롯한 대도시에만 있었으며 중상류계급의 자녀 이외에는 만족스러운 교육을 받을 수 없는 상황은 변하지 않고[2] 부잣집 아이들이 노동자나 농민의 아이와 나란히 앉아 배우는 일도 없었다. 게다가 국내는 1868년의 노예해방과 제1차 독립전쟁, 10년전쟁으로 혼란스러웠다. 나라는 내란으로 피폐해지고 교육에 투자할 예산은 거의 없었다. 예를 들면, 학생이 제대로 학교에 다니고 있는지 장학관이 전국을 순회하게 되어 있었지만 1880년에 책정된 경비는 1,800달러에 불과했다.

교사도 부족했다. 초등학교 한 학급 평균인원은 사립학교 34명, 공립학교 40명이었지만 교사는 '학교'에 딱 한 명뿐이었다. 또한 당시에는 가톨릭 교회가 정부 이상으로 힘을 갖고 있었다. 학교의 약 46%는 교회의 관리 아래 있었고 그 영향은 공립학교에까지 미치고 있었다. 지역의 사제는 교육위원회 위원으로서 교사의 채용권을 갖고, 공립학교에서도 매주 종교를 가르칠 법적 권한까지 손에 쥐고 있었다. 사제들은 학교를 포교를 위한 '성단'으로 이용하고 신의 이름이라는 미명 아래

남존여비나 인종차별의 관습을 온전히 보존했다. 빈곤가정이나 백인 이외의 아이용 도덕교육도 행해졌지만 빈곤 자체를 해소하려는 정책은 일체 논해지지 않았으므로, 10살이 넘을 때까지 학교에 다니는 아이는 극소수에 불과했고[2] 사탕수수를 베는 노동력으로 아프리카에서 끌려온 노예들은 읽고쓰기를 배울 기회조차 없었다.[5] 말하자면 스페인의 식민지 지배 하에서 행해지고 있었던 것은 노예노동에 의존하는 설탕 모노컬처 경제나 대지주 체제를 지탱하기 위한 교육이었다.[2]

미국식 교육의 강요

19세기 말이 되자 애국주의자들 사이에서 신분제도나 격차사회를 유지하려는 가치관을 주입시키는 교육 자체가 문제가 있다면서 교육개혁을 요구하는 분위기가 높아져간다.[2] 그 정점에 섰던 이가 사제로 존경받는 호세 마르티로, 그는 '쿠바 리브레'를 슬로건으로 1895년에 처음으로 교육을 목적으로 삼은 반란을 일으킨다. 마르티의 주장은 "교육받는 것이 자유로워지는 유일한 방법이다."였다. 이 꿈은 1898년에 미국이 독립전쟁에 개입했기 때문에 도중에 흐지부지되고 만다.

미서전쟁을 일으킨 미국의 표면적인 명분은 '쿠바를 스페인의 지배로부터 해방시켜서 민주화한다'는 것이었지만[5] 전후에 실시된 것은 민주화라는 이름의 식민지화였다. 예를 들면 쿠바를 군사점령 하에 두고 있던 미국은 1901년에 미군의 영구주둔권을 인정하는 플랫조항 (1901년 3월 2일 미국의회에서 1901년도 군사예산의 추가 수정으로 채택된 쿠바에 관한 특별조항. — 옮긴이)을 채택하게 하는데[5] 바로 이것이 테러대책으로 악명 높은 관타나모 미군기지가 오늘날에도 여전히 쿠바에 존재하고 있는 이유다.

미국의 지배시대에 쿠바에서는 최초로 공립교육제도가 확립된다.[4] 당시 쿠바에는 초등학교 541개와 사립학교 400개가 있었지만 국민의 약 60%는 비식자자였고 고등교육을 받고 있었던 사람은 글자를 읽을 수 있는 사람의 1%에 지나지 않았다. 55만 명의 취학아동 가운데 학교에 다니고 있었던 아이는 9만 명뿐이었고 5대 도시의 진학률은 30%였지만 그밖의 곳에서는 11%에 불과했다.[5]

점령군 사령관 존 브룩은 1900년에 교육법 개정을 요구하는 군령을 내려서 6~14살 아이의 교육을 의무화한다. 그리고 초등학교 설립과 교사양성 등 마르티가 지적한 교육개혁에도 착수했다. 브룩의 후임이 된 이는 아메리카 원주민 학살로 '용맹'을 떨친 레오나르도 우즈 장군이었다. 우즈는 중학교와 직업학교를 재편성하고 공학과 건축학을 대학에 넣음으로써 실용적인 지식의 보급을 지향했다. 인종과 신분의 벽을 넘어 교육을 받을 수 있게 되어 입학률도 높아졌다.[4] 1899년에 10살 이상의 식자율은 43.2%였는데, 1931년에는 이것이 71.7%로 높아졌다. 이런 급속한 신장은 말할 것도 없이 미군에 의한 통치의 성과였다.[1] 하지만 그것으로 마르티가 제창한 이상이 실현되었느냐면, 그것은 불확실했다.[4] 우즈는 윌리엄 맥킨리 미국 대통령의 교육개혁 요청을 받아 미국식 교육제도를 쿠바에 들여왔다.[5] 쿠바 교사들은 미국의 교육법을 배우기 위해 미국에서 훈련을 받았고 미국에서도 교사들이 찾아왔으며 모든 학교에는 미국의 번역 교과서가 채용되었고 아이들은 오하이오 주의 커리큘럼을 기초로 한 수업을 받았다.[4] 이것을 식민지 지배가 아니면 무엇이라 부를까? 점령군 본부가 확립한 민주공립교육 덕분에 식자율은 높아졌지만 그것은 쿠바문화를 미국화하고[4] 쿠바를 문화면에서부터 지배하기 위한 도구에 지나지 않았다고도 말할 수 있다.[5]

당연히 정부에 대한 불만이나 반발도 높아진다. 그래서 미국은 1906년에 질서유지를 위한 추가인원을 급파한다. 그중에는 찰스 마군 판사도 있었다. 마군의 수법은 우즈만큼 과격하지는 않았지만 어떤 의미에서는 훨씬 효과적이었다. 의무교육을 위반한 사람에게는 중형이 내려지고 수업시간에 길거리에서 발견된 학생은 체포되고 아동을 노동자로 고용한 공장주에게는 벌금을 물렸다. 1908년에는 공립학교에는 20만 명, 사립학교에는 1만 5천 명의 학생이 입학해 있다고 보고되었다. 하지만 마군은 교육현장에서 저질러지는 부정은 눈감아주고 있었다.[5] 결국 1920년대에는 미국식 교육제도의 도입이 실패했음이 거의 명백해진다. 초등교육을 마친 아이의 수가 적은 데에 더해, 학교의 설립도 지역적으로 불균형했고 입학률이나 출석률은 낮은 상태에 머물러 있었던 것이다.[4]

나라는 번영해도 격차는 커졌다

1943년에 미국을 등에 업은 후르헨시오 바티스타 대통령이 쿠데타로 등장하자 상황은 더욱 악화된다.[4] 1945년이 되어도 아이의 50%는 학교에 다니지 못하고 미국의 투자가조차도 이런 비참한 조건을 우려하여 1951년에 미국자금으로 행해진 조사 보고서는 이렇게 적고 있다.

"농촌지역의 교육은 모든 점에서 도시보다 훨씬 열악하다. 농촌에는 학교가 있다 해도 교실은 하나뿐이며, 한 사람의 교사가 전 학년을 가르쳐야만 한다. 교육내용도 농촌의 삶에 전혀 걸맞지 않다."

1940년의 쿠바 '헌법'에는 모든 아동의 의무교육이 명기되어 있었지만 교육개혁의 대부분은 탁상공론에 그쳤으며 새로 학교가 지어지지도 않았다.[2] 그리고 헌법으로 정해져 있던 대통령 임기는 단임제였기 때문에 바티스타는 1952년에 두 번째 쿠데타를 일으켜서 독재자로서의 지배권을 굳힌다. 바티스타 치하에서 1950년대 쿠바경제는 유래 없는 호황을 이룬다. 아바나에서는 카지노, 바, 매춘굴이 번영하고 미국 등의 외국기업은 막대한 이익을 내고 있었다. 하지만 사람들은 더욱 가난해지고 정치와 사회의 모든 면에 부패가 만연했다.

분명히 비식자율만을 놓고 보면 쿠바의 수치는 23.6%로 아르헨티나, 칠레, 코스타리카에 이어 라틴 아메리카에서 제4위였고,[6] 고등교육기관 입학률도 라틴 아메리카에서 제3위였다.[5] 하지만 가진 자와 갖지 못한 자의 격차는 더 벌어졌다. 유복한 쿠바인이 명문 사립학교에 아이를 보내거나 해외유학시키는 한편에서 서민의 아이들은 극단적으로 질이 형편없는 공립학교에 다녔고 절반은 아예 학교도 다니지 못 했다. 입학률은 51.6%로 라틴 아메리카 제12위로 낮았고, 초등학교 3학년이나 그 이하의 교육밖에 받지 못한 국민이 60.4%에 이르고 있었다.

중등교육을 받을 수 있는 이는 극히 한정되어[6] 직업학교 진학률은

1%, 고교는 2% 이하, 대학은 그야말로 그림의 떡으로 대졸자는 전 국민의 1.1%에 불과했다.⁽⁶⁾ 그 대학조차도 국내의 농업이나 산업진흥과는 관계없는 강의가 행해지고 있었으므로⁽³⁾ 경제발전에 이바지할 인재도 키워지지 않고 1952년에는 전 노동력 가운데 기술자나 전문가가 차지하는 비율은 불과 4.4%에 지나지 않았다.⁽²⁾ 인종차별도 심해 흑인은 처음부터 고등교육에서 배제되었으므로 고교나 대학을 졸업한 이는 0.05% 미만이었다.⁽⁶⁾

도시와 농촌의 격차도 심각했다. 투자는 도시에 집중되고 농촌은 무시되고 있었다. 많은 가족은 겨우 입에 풀칠을 하는 정도였으며 영양실조가 만연하고 있었다.⁽⁴⁾ 농민의 자녀는 샐러리맨 가족의 5분의 1밖에 초등학교를 졸업하지 못하고, 책이나 연필은커녕 농촌지역 70%에는 아예 학교 자체가 없었다. 하지만 상류계급 사람들은 가난한 농민의 삶에는 무관심했다. 이런 불평등한 교육제도가 낳은 부산물이 비식자율이라는 학력차이다. 1953년의 비식자율은 아나바 주에서는 28.6%였지만 동부의 농산촌에서는 49.7%나 되며, 농촌 전체에서는 41.7%나 되었다.⁽²⁾ 농촌주민의 80%는 초등학교 3학년이나 그 이하의 교육수준밖에 되지 않았고 이것은 국민의 60% 이상이 기능적 비식자자였음을 의미하고 있었다.⁽⁶⁾

1955년에 아이의 초등학교 입학률은 51%로 1925년보다 낮아지고 1958년에는 830개나 되는 사립 초·중학교가 있었음에도 불구하고 1만 명의 교사가 일자리를 잃었다.⁽²⁾

수업도 않고 급료만 받고 있던 특권교사들

하지만 교육예산은 적지 않았다. 1940년에는 1,140만 페소, 1956년에는 7,430만 페소로 다른 라틴 아메리카 국가와는 비교가 되지 않는,[1] 국가예산의 거의 4분의 1이라는 거액의 예산이 교육에 쏟아부어지고 있었다. 그럼에도 불구하고 성과가 오르지 않았던 것은 부정과 오직 때문이었다. 교실이 1만 8천 개밖에 없는데 장학관이 1,315명이나 있었다. 관리나 행정직 직원도 필요 이상으로 많았다. 중앙 국도를 따라 훌륭한 학교 건물도 지어졌지만 교원이 부족했으므로 대부분은 빈 채로 방치되어 있었다.

전문학교에서 많은 교사를 양성하고 있었고 1만 명이나 되는 교사가 일자리를 찾지 못하는데도 교사가 부족했던 것은 종신교원 제도라는 기득권 때문이었다. 한 번 교사가 되면 그 사람은 교실을 평생 독점할 수 있었고 수업을 전혀 하지 않아도 급료를 받을 수 있었다. 플로리다의 마이애미에 살면서 실직중인 교사를 저임금으로 고용해서 대리수업을 시키고 있던 교사도 많았다. 즉, 국민이 낸 세금이 아이들 교육에 제대로 쓰이지 못하고 있었던 것이다.[7] 교원양성학교를 나와도 교직에 갈 수 없다. 그런 반면에 열심히 일을 하지 않아도 급료를 받을 수 있다. 적절한 일자리를 구하지 못한 박사학위 소지자들이 편의점에서 일하는 오늘날 우리의 '고학력 워킹 푸어'를 연상케 하는 이야기다.

말하자면 20년에 걸친 바티스타 독재정권에 의해 사태는 더욱 악화되고 학교는 '교양'과 '지위'로 계급격차를 영속시킬 뿐인 기능을 하고 있었다.[2]

1959년 쿠바혁명으로부터 불과 넉 달 뒤에 게바라는 적확하게 문제를 지적하고 있다.

"지금 쿠바의 비식자율은 25년 전보다도 높아져 있다. 왜냐하면 부패한 정부의 교육정책 때문에 국가의 중심부에만 몇몇 학교가 자리잡고 있기 때문이다. 하지만 우리의 방식은 이것과는 다르다. 우리는 모든 인민과 캄페시온(농민)에게 의존할 수 있다. 우리는 고속도로 옆에 학교 몇 개를 지음으로써 표를 구걸할 필요는 없다. 우리는 필요하다고 판단되는 곳에 학교를 만들 예정이다. 그리고 학교는 인민의 이익을 위해 그 교육기능을 올바르게 발휘하게 될 것이다."[2]

즉, 호세 마르티의 꿈은 누구나 받을 수 있는 질높은 무료 공공교육제도의 확립 없이는 실현될 수 없었다.[4] 하지만 혁명정권이 계승한 것은 100만 명 이상의 비식자자와 평균적으로 초등학교 3학년 이하의 교육밖에 받지 못한 국민이었다.[3] 카스트로는 어떻게 국민의 교육수준을 향상시키려고 했을까?

2. 혁명 후의 획기적인 교육개혁

병영과 경찰서를 학교로 바꾸어 교육을 보급

 카스트로는 역시 희대의 선동가였다. 그는 교육개혁에 착수하면서 이런 연설로 시작하고 있다.

 "우리는 왜 요새를 쌓으려 하지 않고 병영을 학교로 전환하고 있는가? 혁명에는 적이 없는 것일까? 수많은 투쟁의 날들이 우리 앞에 있음을 알지 못하는 것인가? 적의 위협이 계속 높아지는 와중에 왜 혁명정권은 요새란 요새는 모두 부수려 하고 있는가? 그것은 혁명이 승리를 거두고 있기 때문이라기보다 학교야말로 혁명의 요새이기 때문이다. 예전에 수천 명의 병사와 사관, 사령관이 소총을 손에 쥐고 머물고 있던 장소에, 지금 수천 명의 아이들이 연필과 공책을 손에 들고 교사와 더불어 일하며 배우고 있다. 여기에 전진이 있는 것이다. 왜냐하면 이전에는 몇 백 만이나 되는 비용이 학교를 짓는 일에는 쓰이지 않고, 요새와 같은 무용지물에 낭비되어왔기 때문이다. 요새를 아이들과 책과 연필로 채움으로써 혁명은 더더욱 강해지고 있다. 요새를 학교로 바꾼 우리의 나라를 무너뜨리는 것은 보다 어렵고 불가능한 일이 될 것이다. 여기에 있던 소총, 기관총, 모든 병사를 갖고도 요새를 끝까지 지키지 못했던 것은 그들에게는 그런 대의가 없고, 부당한 것을 지키려 했기 때문이다. 최종적으로 요새를 손에 넣은 것은 인민이었다. 그들은 우리로부터 학교를 빼앗을 수 없으며 그것을 요새로 되돌리는 일도 불가능하다. 혁명은 산악전 이상의 것이다. 전쟁 이상의 것이다. 전투를 해서 요새를 함락시키는 것 이상의 혁명은 요새를 학교로 바꾸는 것이다."[주1]

혁명이 지향하는 인민주권과 사회정의, 그리고 경제발전을 지탱하는 것은 모두가 교육이다. 그러므로 먼저 최우선시된 것은 일반 국민에 대한 교육의 보급이었다.[4] 카스트로는 당장 '교육개혁법'을 제정하여 개혁에 착수한다.[5] 얼추 계산해보더라도 1968~1969년에는 성인교육과 직장교육을 제외하고도 GDP의 약 20%가 교육에 투자되었다.[4] 하지만 혁명이 성공한 1959년에는 전년 대비 10%밖에 예산이 증액되지 않았으며, 혁명 1년 후에 신설된 학교도 불과 37개교뿐이다. 그 전에 57년 동안 아바나에 단 한 군데의 학교가 지어졌던 것에 비하면 커다란 진전이었고 그것만으로도 학교의 학생 수용능력이 25%, 교사가 30%나 늘고 교실을 당시의 1만 8천 개에서 2만 8천 개로 늘리겠다는, 9월 신학기에 세워진 계획도 다음 해인 1960년 3월에는 2만 5천 개로 거의 달성되고 있었다.

얼마 되지 않는 예산으로 눈에 보이는 성과를 올릴 수 있었던 이유는 무엇일까? 한 마디로 말하면, 앞에서 지적했던 이전 정권의 부정과 낭비가 일소되었기 때문이었다. 장학관은 1,315명에서 400명으로 줄었고 실직중인 교사가 교직에 재임용되어 비어 있던 교실도 채워진다.[10] 그리고 개혁의 최고의 상징은 경찰서나 몬카다 병영, 콜롬비아 병영 등의 군사시설을 학교로 전환해서 몇 천 개의 교실을 만든 것이었다.[4] 카스트로에게 국민이 열광한 것도 무리는 아니다.

모든 학교를 국유화하고 무상교육을 실시하다

하지만 그 뒤의 개혁은 확실히 눈부시다.[4] 1960년 9월에 '모든 아이들에게는 무료로 교육을 받을 권리가 있다' 라는 아바나 선언이 이루어지고 다음 해인 1961년 6월에는 교육비 전액무료라는 국영화법이 가결되어 초등학교부터 대학까지 수업료는 모두 무료가 된다.[6] 가정의 경제적 형편이나 거주지를 따지지 않고 누구나 진학할 수 있도록 장학금도 만들어지고[8] 1967년에는 24만 명의 학생이 그것을 받고 있다.[4]

빈부격차와 도시농촌의 격차해소가 정책목표가 되어 부유층밖에 입학할 수 없었던 사립학교는 일시적으로 폐쇄되고 그 후 인종적으로도 개방된다.[4] 미국인이나 부유층이 방치해둔 대저택이 학교나 보육원으로 개축되어[6] 신축된 것을 포함하면 약 2만 5천 개의 학교가 신설되었다.[9] 특히 1960~1970년대에 걸쳐서는 이전에 학교가 없던 농촌지역에 학교가 세워졌으며[8] 농민과 그들의 아이들이 쿠바 역사상 최초로 교육을 받을 수 있는 기회를 얻었다.[9]

교육부도 개혁되어 수많은 교원이 양성되었고 시설과 교사의 증가에 힘입어 입학률도 급속도로 늘어간다. 교사수는 1958~1959년의 12만 1,506명에서 1970~1971년에 22만 798명으로 늘고 학교도 1만 7,539

개교로 2배 이상 늘었다. 입학하는 학생수는 1958~1959년의 81만 1,300명이 1970~1971년에는 239만 2,500명으로 세 배 가까이나 늘어나고 6~14살 아이의 93.5%가 입학하게 되어⁽⁴⁾ 초등학교 전원 입학이 달성된다.⁽⁷⁾

〈칼럼1〉에서 소개하듯이, 교육을 받지 못했던 성인에 대한 프로그램도 마련된다. 가난한 농가의 딸, 전직 성매매 여성들을 위한 특별 프로그램도 1960년대 추부터 일찌감치 시작되어⁽⁴⁾ 공장과 전포 등이 지장에 교실이 만들어져 일하면서 배울 수 있도록 배려되었다. 야간학교도 문을 열어서 우선 초등학교, 다음은 중학교, 마지막에는 고교졸업으로 달성목표가 올라간다.⁽⁹⁾

내부 상황은 엉망이었던 1960년대 학교 현장

이처럼 제시된 숫자만을 보면 박수갈채를 보내고 싶어진다. 하지만 1960년대의 교육개혁은 근본적인 문제를 해결하지 못하고 있었다. 그것은 낙제와 퇴학 문제다.⁽⁷⁾ 학교에 입학한 학생이 그만두지 않고 남는 비율을 잔존율이라고 하는데, 1961~1962년에 초등학교에 입학한 학생의 잔존율은 겨우 14.4%였던 것이다.⁽⁴⁾

"초등학생 절반은 낙제하고 중등학교 졸업생은 13%에 지나지 않는다" "1년이나 그 이상 유급하는 초등학생이 62만 1,500명이나 있다. 중학생에서는 7만 6,506명, 고교생에서는 4,646명이다……. 학교에 다니지 않는 6~16살 청소년은 약 30만 명에 이른다."

다양한 표현으로 수많은 해외의 연구자가 이 문제를 지적하고 있었는데⁽²⁾ 1960년대 후반이 되어도 상황은 나아지지 않았다. 많은 아이가 그때까지 학교에 다닌 경험이 없었으므로 무리도 아니다.⁽⁴⁾ 교육은 하루 아침에 성공하지 않는다. 부모들의 대부분이 비식자자이고 다녀봤자 초등학교뿐이었으므로 아이 교육도 초등학교만으로 충분하다고 생각해, 혁명이 의미하는 것을 이해하지 못하고 있었기 때문에 먼저 부모부터 교육을 시작해야만 했다.⁽¹¹⁾

1971년 4월 아바나에서 1,781명의 교육관계자가 참가해서 제1회 전국교육문화회의가 열리고 1960년대 교육제도가 철저하게 비판받는 것으로 교육개혁이 시작되었다.⁽⁴⁾⁽⁷⁾

회의에서 주요 의제가 된 것은 물론 높은 퇴학률과 낙제율이었으며 그것의 대응책으로 제시된 것은 교원양성에 더욱 힘을 쏟는 것이었다.⁽⁷⁾ 쿠바뿐만 아니라 라틴 아메리카 각국에서 가장 문제시되는 것은 베테랑 교사의 부족인데⁽²⁾ 쿠바가 더욱 불리했던 것은 그렇잖아도 몇 명 안 되는 인재 대부분이 해외로 빠져나가 버린 것이었다.⁽⁴⁾ 쿠바혁명 때 탈출한 시민은 50만 명에 이르는데⁽¹¹⁾ 의사와 마찬가지로 교사도 절반이 빠져나가⁽⁴⁾ 현장은 심각한 교원부족에 시달리고 있었다.⁽²⁾⁽⁵⁾

해결수단으로 혁명정권은 '보조교사운동'을 시작한다. 보조교사란 물리나 수학 등을 배운 대학생을 교사로 긴급배치하는 것이다. 대학생들이 실험을 준비하거나 저학년 학생들을 가르치거나 해서 부족한 정교사의 수업을 보완했다. 하지만 대학생이라면 그나마 다행이다. 고등학교 1학년 학생조차도 몇 천 명씩 교단에 섰고⁽²⁾ 중학생을 '긴급교사양성코스'를 수강케 함으로써 중학교나 직업학교, 기술전문학교의 교사로 확보하고 있었다. 1968년에는 수적으로는 47,690명의 초등학교 교사가 있었는데 그 가운데 약 절반은 최소한의 연수밖에 받지 못하고 ⁽²⁾ 중학교를 갓 졸업한 임시교사에게 기댈 수밖에 없는 심각한 상황이었다.⁽⁷⁾ 오후 수업에 가르칠 내용을 배우기 위해 오전 수업을 이용하는 교사조차도 있었다고 한다.⁽¹¹⁾

학교건설 일정의 지연, 만성적인 교과서 등의 교재 부족, 교육부와 그 지방사무소의 관리인력 부족, 교육 프로그램의 자금 부족, 지역과 학교의 불충분한 연계. 13~16살의 아이들의 장기결석. 저학력과 수많은 낙제생들. 어리고 미숙한 교사와 부족한 전문가. 1960년대에 교육부 장관을 지낸 베라미노 카스티야 마스 씨는 교육현장이 품고 있는 수많은 문제를 들고 있다.⁽²⁾

말하자면 실태는 엉망이었다. 1971년에 교육부가 조직개혁을 포함한 최초의 교육개혁에 착수할 수밖에 없었던 것도 그 때문이었다.⁽⁴⁾⁽⁷⁾ 하지만 카스트로는 개혁 내용에 만족하지 않았고 다음 해인 1972년 공산당청년회의에서 "지금까지의 교육은 경제개발에 꼭 필요한 인재를 육성하지 않았다."라고 비판했다. 인문과학 분야의 인재가 충실해진 것은 명백했지만 그들이 기술면에서 경제발전에 이바지하고 있다고는 말할 수 없었다. 카스트로의 지적이 명확했던 만큼 교육부는 더욱 무거운 과제를 안게 되었다. 1975년에는 제1회 공산당대회가 열리는데, 이 일정에 맞춰서 급히 계획을 수정해야 했다.⁽⁷⁾ 그래서 만들어진 것이 1975~1976년의 전국교육제도개선계획이었다.⁽⁴⁾⁽⁷⁾

학력 향상과 기술지식의 충실을 지향하는 교육개혁 플랜

　교육개혁 플랜에 맞춰서 특별히 교육을 강조한 헌법도 1976년에 공포되어[7] 정부는 대대적인 제도개혁에 착수한다.[11] 먼저 지향한 것은 교육의 질적 향상이었다.[4] 그때까지 13학년으로 되어 있던 학교를 12학년제로 바꾸고 초등학교 교육은 2단계제가 되어 1~4학년까지는 1명의 교사가 계속 이어서 가르치기로 했다. 교원연수도 중시되고 교과 과정을 재편성하여 600권 이상의 교과서가 개정되었다.[4] 초등학교 저학년에서는 국어와 수학이 중시되고 생물, 물리, 화학도 초등학교 필수과목이 되었다. 당시는 고교 2학년까지는 선택과목이 없었다.[11]

　분권화도 진행된다. 1976년에 새로운 행정조직인 '인민권력'이 창설되어 무니시피오나 주 단계의 업무 일부가 교육부에서 '인민권력'으로 이관되었다. 동시에 교원양성의 강화를 위해 1970년대에는 1,500곳 이상의 교육센터가 건설된다.[4]

　두 번째 포인트는 중고등교육과 기술계 전문지식의 충실이다. 기술자 육성기관으로 레닌고교가 문을 여는 한편, 교육학 연구도 심도가 깊어져서 1984년에는 『쿠바의 교육이론과 실천』이 공식 출판된다. 노동과 학습의 원칙도 심화되어간다.[4]

　이런 개혁의 결과 1975~1976년에는 도시와 농촌이 어느 정도 격차가 남아 있긴 했지만 초등학교 중퇴율은 28.5%까지 내려갔다.[4] 1970년대 이후는 중학교도 농촌지역에 설립되어 도서관과 체육관 등의 시설면에서는 충분하다고는 말할 수 없어도 비교적 높은 교육수준이 유지된다.[6] 중등교육 입학자도 1970~1971년 27만 2,500명에서 1980~1981년에는 114만 6,500명으로 급증하고⁽⁴⁾ 중학교 입학률도 1960년의 14%에서 1990년에는 90%까지 늘어났다.⁽⁸⁾ 개혁이 시작된 지 10년 만에 1958년의 초등학교 88%, 중학교 11%, 고등학교의 0.3%였던 학생 구성비가 각각 54%, 40%, 6%로 크게 달라진다. 진학률도 상당히 높아져 초등학교에서는 약 93%, 중학교에서도 66~70%가 상급학교로 진학하게 된다.⁽¹¹⁾ 이것은 개혁의 성과라고 말해도 될 것이다.

진학이 자기목적화한 학습지도와 학력 저하

하지만 1980년대 들어서도 교원의 질과 교재부족이 최대의 과제라는 점은 달라지지 않았다. 교원의 질을 높이기 위해 1972년에는 교사양성기관(교육대학) 입학 요건이 초졸에서 중졸로 바뀌고 1977년에는 중등교육 교사가 되기 위해서는 고졸의 자격을 요구했다. 하지만 개혁이 시작된 시점에서는 초등학교 교사의 46.8%밖에 연수를 받고 있지 않았고⁽¹¹⁾ 1978~79년에는 42,000명의 교사 전원이 정규 '교육실습 프로그램'을 수강하고는 있었지만 연수기간은 극히 짧았다. 그 중에 25,700명은 그 해에 교육대학에서 고도의 연수를 받기는 했지만 수강 자격요건은 여전히 중졸이었던 것이다.

1981년 6월의 기사에서 어떤 베테랑 교사는 "젊은 교사 중에는 연수에 전혀 관심을 보이지 않고 의욕이 부족한 부적격자가 있다."고 언급하고 있다. 같은 달에 열린 제5회 전국교육과학교사회의나 1986년에 열린 제3회 공산당대회, 1987년의 공산당 청년동맹회의에서도 교원의 질이 계속 문제시되었다.

교과서, 칠판, 분필, 화학시약 등의 교재와 기자재는 여전히 부족하고, 연수기간도 짧았다. 1980년대에 교육부 장관을 지낸 호세 라몬 페르난데스 씨도 이 과제를 입에 올리며 교원의 자질향상과 동시에 많은 학생이 왜 수학과 물리, 화학을 싫어하는지 그 이유를 알아내는 일이 꼭 필요하다고 언급하고 있다.(2) 제1장 제1절에서 언급했듯이 낙제는 초등학교부터 있다. 4학년까지는 시험 없이 올라간다. 하지만 5학년부터는 학교에서 60%, 주에서 40%를 출제하는 시험을, 6학년은 학교에서 60%, 국가가 40%를 출제하는 시험을 치르고, 이것으로 졸업 가능 여부가 결정된다. 5, 6학년 진급에는 외부 평가기준도 정해져 있었다.(11)

여기서 한 가지 의문이 솟아난다. 교사의 자질도 그리 개선되지 않고 학생들의 학습의욕도 높아져 있지 않은데 낙제생이 갑자기 줄어들고 진학률이 높아진 것은 왜일까, 하는 의문이다.(2)

페르난데스 전 교육부 장관은 그 이유의 하나를 밝힌다.

"진학률이 수업성과의 기본지표이자 목표였기 때문이죠."

교장에게 가장 중요한 것은 진학률이다. 각 학기말 시험이나 졸업시험을 무사히 통과할 수 있는지 여부가 교사와 교장의 평가척도가 되어 진학률이 높은 클래스 담임이 뛰어난 교사로 여겨지고 경력이나 지위도 올라가는 제도가 되어 있었던 것이다. 반대로 낙제가 많은 교사는 그 이유를 교장에게 확실하게 설명해야 하고, 낙제한 학생은 교장과 그 밖의 교사, 학교위원회의 조사대상도 된다.

성적은 교사나 학교뿐만 아니라 학생에게도 사활이 걸린 문제다. 초등학교 5학년생부터의 평균 성적으로 고교나 대학진학 가능 여부가 결정되므로 필사적이 되며 낙제한 학생은 재시험을 볼 수 있도록 교장에게 요구할 수 있다. 재시험에서는 두 번 다시 떨어지지 않도록 배려해서 낙제시킨 교사가 배제되는 경우조차 있다고 한다. 이래서야 학력이 높아질 수 있겠는가.

페르난데스 전 교육부 장관은 1985년 2월에 수업과 시험방식을 개선하도록 교장에게 호소하고, 같은 해 6월의 고등교육센터 세미나에서도 수치상의 성과를 올리기 위해서 진학시키는 것보다는 어떻게 가르친 것인가가 중요하다고, 교장들에게 각 교사의 수업내용을 잘 지도하여 문제점을 해결하도록 촉구했다.[2] 하지만 1986년 11월에 열린 전국교원회의에 참가한 어느 교사는 문제는 교사가 아니라 제도에 있다고 주장하고 있다.

"가장 문제였던 것은 실적주의였습니다……. 수업의 질이 진학률로 측정된다고 믿어지고 있었던 것입니다……. 그러므로 교사는 많은 학생을 진학시키라고 요구당했습니다. 동의할 수 없어서 틀렸다고 말을 해도, 들으려 하지 않았습니다. 실적주의라는 경쟁을 시작한 사람은 더 이상 교사가 아닙니다."

한 사람 한 사람의 학력을 측정하기보다도 진학률을 올리는 편이 간편하고, 통계적인 성과의 '증거'도 된다. 진학률을 너무 중시한 나머지 그것이 자기목적화하여 교사들에게 무언의 압력을 가하고 있었던 것이다.[2]

소련형 중앙집권주의 교육의 빛과 그림자

쿠바 교육이 수치로서의 형태주의에 빠져버린 배경에는 소련의 영향이 있다.[4] 1960년대부터 쿠바는 소련과의 관계를 심화하여 마르크스 레닌주의에 호응한 교육학을 배우기 위해 학생들이 공산주의 국가에 파견되는가 하면[7] 소련으로부터 전문가가 찾아오기도 했다. 1960년대의 교육과제를 검토하는 데에도 소련 전문가들이 함께 했으며 1970년대의 교육개혁도 소련을 포함한 사회주의 각국을 모델로 한 개혁이었다.[4] 미국의 통치시대에는 미국식 교육을 강요당하고 혁명 후에는 소련에 물든다. 작은 나라 쿠바는 강대국의 의도에 좌우되었던 것이다.

물론 소련식 '경제적 실용주의'는 경제정책과 교육정책과의 관계를 긴밀히 하고 기술·전문교육이 중시되는 일로 이어진다.[4] 동구권 각국으로 기술유학도 가능해져[7] 1980년대 초에는 6,000명 이상이 소련에서 고등교육을 받았고 1989년에는 소련의 각 도시에서 8,000명이나 공부하고 있었다.[4]

하지만 장점의 뒷면에는 상하관계로만 움직이는 행정이 관리하는 기술우선 교육이라는 문제점도 숨어 있다.[7] 교육제도는 놀랄 만큼 중앙 집권화·관료화되어 있었으므로 현장에서의 개혁은 거의 불가능에 가까웠다. 학교는 모두 국립이고 교사의 근무처도 국가 이외에는 없다. 교육부 권한은 절대적이다. 자본주의 국가와 달리 금권정치에 휘둘리지 않는다는 것은 강점이지만 공산당 중앙위원회로부터도 일일이 지도를 받는다. 어떤 교사가 교육현장을 바꾸려 해도 먼저 교장의 승인을 받아야만 한다. 고교에서는 그 교장조차도 학내 공산당 대표나 학생연맹 대표와 협의해야만 결정을 내릴 수 있다. 교장의 허락을 받아도 무니시피오에 있는 교육부 사무소의 판단을 묻고 이것을 통과해야 비로소 교육부까지 제안이 올라간다. 교육부는 그것을 공산당 위원회에 품의한다. 몇 단계나 되는 관료기구를 거쳐서 전국단계에서 평가되어야 하며, 정책으로 인정받으려면 대략적인 틀이 정부의 계획과 합치되고 있는가도 전제가 된다. 근무시간이나 급여, 노동조건 등의 사항은 물론 제안조차 무시된다.[2] 이래서야 현장으로부터의 개혁이 진행될 리가 없다.[2]

그 때문인지, 이 정도로 진학에 힘을 쏟고 있음에도 불구하고 진학률의 저하와 침체 상태가 전국적으로 두드러지게 되었다. 진학률은 학년으로 따지면 고교, 지리적으로는 도시의 밀집지역이 가장 낮았으며 예를 들어 중학교 진학률이 가장 낮아진 곳은 아바나였다.[2]

1986년 4월, 교사의 능력개선과 교과 과정 내용을 정밀조사하기 위해 교육부는 중앙교육대 부속조직으로 특별대책위원회를 신설한다. 또한 진학률이 떨어지는 것에 대응하기 위해 1985~1987년에는 일대 캠페인을 전개한다. 학생들에게 특별시험을 실시하고 불합격한 학생에게는 특별하기강습의 수강을 요구했다. 하지만 결과는 비참했다. 예를 들면 어떤 학교에서는 83명이 수학에서 합격점을 받지 못했고 39명이 재시험을 치렀지만 20명이 낙제했다. 그밖의 시험성적도 나빠서 진학률의 침체가 계속되었다. 1986~1987년의 전기시험에서는 아바나 시내 중학생의 75%가 시험에 떨어졌고 39%는 추가시험에서도 낙제했다.

시내 모든 중학생의 약 3분의 1, 즉 35,000명 이상이 전기에 하나 이상의 과목에서 떨어졌다. 그 중에 15,860명은 유급당한 아이들이었다.

여유교육의 실패와 쿠바식 교육개혁

1986년 2월의 제3회 공산당대회에서 카스트로는 "학생과 교사, 그리고 교육제도 전반에 걸쳐 여전히 우려가 남아 있다."라고 공식적으로 비판하고[4] 기존의 소련형 방식을 수정한 쿠바식 페레스트로이카, '잘못된 것의 교정 캠페인'이 시작된다. 공산당이 설정한 논의에 17만 명이나 되는 교육관계자가 참가하여 1987년에는 무니시피오와 주의 교육관계자를 대상으로 한 제11회 전국 세미나가, 1989년에는 제12회 세미나가 열린다.[5]

쿠바에서는 교육에 언제나 이데올로기가 따라붙는다. 1960년대의 '교육혁명'을 특장점으로 내세운 이상주의는 그 이후의 사회발전의 모델이 되었는데, 이것도 이데올로기색을 띠고 있었다.[4] 그중 최고는 체 게바라다. 게바라는 「쿠바의 인간과 사회주의」라는 논문에서[7] "공산주의를 구축하려면 물적 기반과 동시에 새로운 인간이 창조되어야만 하며, 그것을 달성하려면 사회 전체가 거대한 학교가 되어야만 한다."라고 썼는데[4] 이 '새로운 인간'의 육성이 1965년 이후의 교육정책의 도그마가 되었다.[7]

교정 캠페인은 1970년대 실용주의를 재강조하는 것인 동시에 인민을 위한 보편적 교육이라는 1960년대의 이상주의로 돌아가는 것이었다.[5] 마르크시즘에는 협력이나 상호부조를 중시하여 경쟁을 부정하는 측면도 있었으므로[2] "시험문제를 어렵게 하는 것이 학력의 향상으로 이어진다는 발상은 터무니없다."라는 비판의 목소리로 높아져, 1962년 이후 최저 합격점은 70점이었는데 교육부는 대학 이외의 모든 과정에서 그것을 60점으로 낮추고 기말시험에서는 몇 가지 인문학 과목을 없애는 등 시험을 간소화한다. 이것은 쿠바식 '여유교육'이라고 말할 수 있을 것이다.

하지만 외도에 반해 이것이 초래한 것은 대학 이외에서의 학력저하였다. 이 학력저하를 최소한으로 억제하는 수단으로서 그 뒤 레닌고교 등의 엘리트 학교는 소련식의 교육평가 기준을 모델로 삼아 다시금 시험으로 학생에게 등급을 매기게 되었다.[2] 이 우왕좌왕하는 모습에서 어떤 나라의 교육정책이 연상되지 않는가.

하지만 이 교정 캠페인에는 오늘날로 이어지는 개혁의 싹도 보인다.

첫째, 과학적 사회주의를 지나치게 수용한 것이 비판받아 교육사상이 바뀌었다는 점이다. 규율이나 복장의 표준화, 권위적이고 일방적인 수업, 암기 일변도의 학습, 형식적인 지식의 주입 등이 수정되어 학생의 창조력을 키우는 참가형 학습이 강조된다.

둘째, 분권화다. 수업관리에서 시험, 교재, 교사의 채용·평가에 이르기까지 일체의 모든 것을 중앙에서 전담하고 있던 종래의 집중 관리를 수정하여 학교와 교장, 교사의 자주성에 맡기려고 한 것이다.

셋째, 지역과의 연관이 중시된 점도 빠뜨릴 수 없다. 1988년에는 '전국가정교육 그룹'이 조직되어 가정과 학교의 연대를 강화하는 전략이 제시된다. 그리고 1987년에는 쿠바 첫 방문을 기념해서 파울루 프레이리(Paulo Freire, 교육의 궁극적 목표는 인간 해방임을 알리고 이를 실천한 20세기의 대표적 교육사상가. 제3세계 민중교육학의 고전으로 평가받는 『페다고지』를 썼다. ─ 옮긴이)와의 인터뷰가 〈미국의 집〉에서 출판되었다.[5] 하지만 이런 개혁이 햇빛을 보기도 전에 쿠바는 미증유의 경제위기에 돌입하고 만다.

주 ─ 1959년 11월 27일과 1960년 1월 28일 연설에서 지은이가 재구성.

칼럼1

성인교육과 평생학습

쿠바에서는 노동자와 농민, 주부 등을 대상으로 한 성인교육도 충실하며 다음 3가지 코스가 개설되어 있다.

- 노동자·농민을 위한 기본교육(4년 과정 초등교육)
- 노동자·농민을 위한 중등교육(4년 과정 중등교육)
- 노동자·농민을 위한 학부교육(6년 과정 고교교육)[2][5]

이것은 평생교육이라고도 말할 수 있는데, 원래는 비식자자가 많았던 비참한 사회상황을 반영해서 생겨난 것이다. 식자력 향상운동으로 기본적으로 읽고쓰기가 가능해진 농민과 노동자들이 더욱 심화된 학습을 희망했기 때문에 공장 등의 직장 내에 '성인·노동자 교육센터'가 설립되어[3] '초등학교졸(6학년)을 위한 투쟁'과 '중학교졸(9학년)을 위한 투쟁'이라 불리는 성인 교육 운동이 전개되었던 것이다.[3][4]

마리아 호세파 페레스 비자 성인교육국장은 식자교육운동 단계에서 초등학교 졸업 수준의 학력을 갖춘 사람이 나온 데에서 제도가 생겨났다고 설명한다.

"거기서 '세기미엔토(계속)'라는 새로운 방법이 생겨난 거죠. 식자교육운동 조직을 토대로 1962년 2월 26일에 먼저 시작한 것이 초등학교 과정을 배우는 코스였고, 동시에 고교 과정의 '학부교육'도 시작됩니다. 그리고 다음 해인 1963년에는 중등교육도 시작되죠."

왜 초-중-고의 순서가 아니라 학부교육이 먼저 시작되었을까? 그것은 일정한 수준에 도달한 학생을 먼저 고졸 수준까지 끌어올려서 기술자나 긴급 교사로 채용해야 할 필요성 때문이었다고 한다. 당시의 절박했던 인재고갈

상황을 확인할 수 있는 이야기다.[6]

1961~1970년에 걸쳐서 약 50만 명이 이런 성인교육을 받았는데, 참가자는 그 뒤로도 줄어들지 않고 1971~1980년에는 134만 명, 1981~1990년에도 97만 명이 수강하고 있다. 성인교육의 충실로 사회인 대학진학자도 늘어나 1970~1971년에는 사회인 대학생의 비율은 15%였지만[4] 1977~1978년에는 50%[1], 1983~1984년에는 54%로 과반수를 넘어서기에 이른다.[4] 하지만 직장이 있는 사회인은 오후나 야간 코스밖에 참가할 수 없으며 대학이 가깝지 않으면 통학도 힘들다.

그런 한편으로 희망자는 전국에 있다. 이런 틈새를 메우기 위해 1979~1980년에 고등교육부는 전국 15개 센터에 '원격교육 프로젝트'를 만든다.[1] 원격교육이란 시청각 교재나 컴퓨터 등을 이용하는 이른바 통신교육이다. 자기 상황에 맞게 시간을 조정할 수도 있고 비용도 싸다. 개발도상국에서는 교육기관까지 통학하기가 물리적으로 곤란한 경우가 많아서 라디오나 텔레비전을 이용한 성인교육과 교원연수가 활발한데, 원격교육은 평생학습에도 유효한 수단으로 다양한 교육의 장에 적용되고 있다.

쿠바에서는 그 이전부터 미디어를 활용해왔던 경험이 있고, 라디오는 1960년대부터 중요한 교육수단이었다.[3]

"식자교육운동 때부터 '파키나스 노에나스'라는 프로그램이 있었는데 1975년부터는 텔레비전으로 러시아어 강좌도 시작하고 또한 1980~1985년에는 '중학교졸을 위한 투쟁'인 '라 바타야'라는 프로그램도 생기죠."라고 국장은 설명한다.

일하면서 대졸 자격을 얻을 수 있는 과정은 아바나 대학 원격교육학부가 중심이 되어 만들어졌는데, 관련 6학부와 29개의 교육학부가 연대하고 500명 이상의 교수진이 관여했다. 교재는 정규 수업과 같았지만 독학을 위한 연습용 워크북과 자기평가를 위한 스터디 가이드, 비디오, 라디오와 테이프 등의 보조교재도 사용된다. 이것을 개발한 것은 아바나 대학과 산티아고 데 쿠바 대학의 특별팀이다.

법학 42강좌, 역사학 42강좌, 과학·기술정보·도서관 사서학 38강좌, 회계학 41강좌, 경제학 40강좌가 개설되고 수강자는 자신의 학력, 여유 있는 시간, 성취동기나 관심사, 그때까지의 학습경험에 맞춰서 최소 4~24과목까지 선택할 수 있으며 처음에는 입학자의 15%가 경제학을, 나머지의 절반이 법학을 수강했다.

또한 수강료는 무료지만 중급수준의 교육을 마치고 최소한 1년의 사회생활 경험이 있어야 한다는 것이 조건이며 나이제한도 있어서 25~35살까지 시험에 합격해야 한다. 수강기간 중에도 2·3월, 5·6월, 9·10월 등 1년에 3번의 시험이 있으며 30일 전에 신청해서 이 중에서 하나를 고르게 된다. 그리고 최종적으로 시험장에 가서 4시간에 걸친 국가시험을 치러야 한다. 이것은 대학과 동등한 학력 수준에 있다는 것을 확인하기 위해서이며 아바나 대학이 작성한 시험문제를 각 지역의 고등교육센터가 시험부터 결과까지 엄격하게 관리한다. 수강자의 약 3분의 1이 시험을 치르며 합격률은 40% 정도로 빡빡하다.

고교까지는 진학이 장려되면서 막상 대학에서는 절반이 떨어진다는 것은 의외로 생각될지도 모르겠다. 하지만 대졸에 걸맞는 학력을 동반하지 못하면 졸업시키지 않는다는 입장은 정규 대학에서도 마찬가지이며 유럽의 전통을 따르고 있다. 방송대학이라 해도 우리가 일반적으로 상상하는 것과는 약간 다르다. 이런 원격교육은 그 뒤 전 국민을 위한 '만인을 위한 대학'으로 발전되어간다.

3. 경제위기와 멈춰버린 소련형 고도성장 모델

경제위기 속에서도 문을 닫지 않았던 학교

　소련권 붕괴를 카스트로 정권 타도의 기회라고 생각한 미국은 1992년에 쿠바 민주화법, 1996년에 헬름스 버튼법(정식 명칭은 '쿠바의 자유와 민주화를 위한 법'. 미국 기업이 아닌 기업이 쿠바와 거래하는 것을 처벌하기 위한 법으로, 자국법의 역외적용에 해당한다는 이유로 전 세계로부터 비난의 십자 포화를 받았다. - 옮긴이)으로 경제봉쇄를 더욱 강화해갔다. 1989년부터 1994년에 걸쳐서 GDP는 43%나 떨어지는데[8] 그것은 1930년대 세계 대공황에 버금갈 정도로 심각한 것이었다.[10] 대중교통은 마비되고 전국에서 정전이 계속되고 건설자재가 부족해서 주택이나 공공시설의 수리도 불가능했다.[8]

　너무나 당연하게도 교육환경도 급격히 악화된다.[8] 위기 이전에는 모든 학생들이 해마다 두 번의 캠핑과 1주일의 비치 리조트를 즐길 수 있었다. 성적이 우수한 학생에게는 열심히 한 보상으로 바라데로 해변(쿠바의 대표적인 휴양도시로, 카리브해 최고의 휴양지로 꼽힌다. - 옮긴이)에서 한 달의 바캉스를 즐길 수 있는 특전도 있었다. 하지만 이런 사치는 옛말이 되었다.[1] 가스와 등유가 부족해서 가정에서는 낡은 가구나 공원 벤치를 불태워서 요리를 했을 정도이므로[6] 학교 건물 수리 운운할 때가 아니었다.[1] 책상과 의자용 목재도 부족하고 전구나 종이, 연필, 펜, 분필

등 교육 부자재 공급도 막힌다.[8] 위기 이전에는 매년 약 2,500권의 책이 출판되어 서점이나 학교에는 교과서와 책이 넘쳐났다. 쿠바가 협력하고 있던 앙골라나 모잠비크 등의 나라에도 무상, 또는 무상에 가까운 가격에 제공할 여유도 있었다. 하지만 새로운 출판은 불가능해지고 대부분의 교과서는 1992년 전후에 출판된 것밖에 없게 된다.[5] 각 가정과의 연락용 종이조차 없고[8] 초·중학생에게 무료로 제공되었던 신발과 교복을 만들 원료도 없다.[1]

농촌도 상황은 마찬가지였다. 전원 기숙사제인 농촌학교에서 점심과 간식, 저녁을 무료로 제공하는 것은 혁명의 커다란 성과였는데[1] 상대적으로 도시보다는 상황이 나았지만 급식은 양적으로도 질적으로도 떨어졌다. 집이 가까운 학생은 집에서 식사를 하게 되어 그렇잖아도 힘든 기계에 부담을 지웠다.[11]

이런 심각한 경제위기에 직면한다면 무상교육이나 무상의료는 도저히 유지할 수 없을 것이다. 모두가 그렇게 생각했다.[8] 하지만 1993년 2월에 '교육회의 93'이 아바나에서 개최되었을 때 라틴 아메리카 각지에서 온 5,500명 이상의 교육관계자를 앞에 두고 카스트로는 이런 연설을 하고 있다.

"그것은, 어떻게 설명해야 할까요? 수입품의 75%를 잃은 국가, 이전 소비 에너지의 40%만으로 꾸려나가야만 하는 국가, 사회주의 진영의 붕괴와 소련해체로 무역거래의 85%를 잃어버린 국가가 심각한 경제불황 속에서도 단 한 군데의 학교도 문을 닫지 않

고, 단 한 명의 학생도 교사 없이 남겨지지 않았다는 것은······."⁽⁵⁾

물론 지금까지처럼 모든 것이 무상일 수는 없었고 고교 급식비와 성인교육 수업료 등, 새로이 비용이 추가된 것도 있었지만 그것은 극히 일부였고 주춧돌이 되는 무상교육제도가 경제위기를 이유로 폐지되지는 않았다.⁽⁸⁾

이 시기에 갤럽이 실시한 교육에 대한 인터뷰 조사에서는 72%가 '대부분 만족', 17%가 '어느 정도 만족'으로 대답했고 '약간, 또는 전혀 만족하지 않음'은 불과 8%였다. 최악의 상황에서도 아이들에 대한 의료와 교육을 유지한 것이 카스트로의 인기로 이어졌다고 말할 수 있을 것이다.⁽³⁾

예를 들면 1,000명당 유아 사망률을 살펴보면 1990년에 10.7명이었지만, 1995년에는 9.4명, 2000년에는 7.2명으로 줄어들어 2006년에는 5.3명이 되었다. 마찬가지로 5살 미만의 아동 사망률도 1990년의 13.2명이 1995년에는 12.5명, 2000년에는 11.1명으로 점차 줄어들어 2006년은 7.1명이 되었다. 아이의 건강지표는 유지되었을 뿐만 아니라 오히려 향상되었던 것이다. 신생아 가운데 2,500그램 이하로 태어난 미숙아 비율은 식량위기로 모친이 충분한 영양을 섭취하지 못했기 때문에 1988년의 8.7%에서 1993년에는 9.0%로 늘었지만 1995년에는 7.9%로 떨어지고 이후는 개선이 계속되어 2006년에는 5.4%가 되었다. 이것은 복지부가 '전국 저체중 프로그램'을 발동하여 모든 지역에서 위험도가 높은 임신여성을 선별하여 그들이 노동자용 카페테리아에서 하루에 최소한 한 끼는 무료로 식사를 하게끔 조치를 취했기 때문이다.[6] 식량위기 속에서도 아이들이 균형잡힌 식사를 할 수 있도록 정부는 최선을 다했고, 가게 진열대에서 우유가 사라졌던 최악의 시기조차도 보육원과 학교에는 제공되었다.[1] 경제위기가 최악이었을 때조차도 아이들이 영향을 받지 않고 넘긴 데에는 확실한 이유가 있다.

교사들도 최선을 다했다. 아바나의 베다도 지역에 있는 올란도 판토하 초등학교의 마르타 산체스 교장은 당시 상황을 다음과 같이 이야기한다.

"정부는 매일 우유를 포함한 적절한 식사를 보장하고 있습니다. 학교위원회에서는 각 클래스의 부모들이, 학교가 안고 있는 문제에 대해 무엇을 할 수 있을지 논의하고, 커뮤니티와 지방 정부도 학교 유지에 협력하고 있습니다. 의약품을 구할 수 없다는 등의 문제는 있지만 무엇보다도 아이들을 최우선시하고 상황개선을 위해 모두가 노력하고 있습니다. 저희는 굴복하지 않아요."[8]

교사들은 지혜를 짜내서 종이와 연필이 부족하면 그것을 공유하게 함으로써 협동심을 가르치고[1] 교과서를 수선함으로써 물건의 소중함을 가르쳤다.[8] 연습장도 연필로 쓰고 지우개로 지워서 몇 번이고 다시 사용할 수 있게끔 했다. 이런 눈물겨운 교사의 창의적인 아이디어가 적어도 어느 정도는 물자부족을 메우게 한 것이었다.[4]

진학률의 저하와 중퇴의 증가, 일자리 감소

하지만 이런 노력에도 불구하고 등교거부나 학력저하 문제가 다시금 급부상하고[7] 진학률도 떨어져간다. 고교와 기술전문학교에서 특히 낙오자가 많았다. 1990~1991년에는 중학교를 졸업한 학생의 94.5%가 진학했지만 1994~95년에는 86.4%로 떨어지고, 동시에 퇴학률은 8%까지 올라간다. 진학 희망 학교도 바뀌어 일반 고교보다 공예·기술직업학교 등의 인기가 높아졌다. 그런 고교나 기술전문학교는 대부분 농촌에 자리 잡고 있는데 교통사정이 악화되어 교사들이 출퇴근을 할 수 없게 되어 휴강이 이어졌기 때문이었다.[8]

진학률 하락은 대학에서는 더욱 커서 1990~1991년의 20.7%에서 1996년에는 12%가 되고, 1997~1998년에는 1990~1991년 대비 51.3%로 거의 절반으로 떨어진다.[7] 이런 진학률 하락 이유는 졸업 이후의 불안감 때문이었다. 쿠바에서 대학에 진학한다는 것은 졸업 후의 일자리도 보장된다는 뜻이었다. 하지만 경제사정의 악화로 그것이 보장되지 않게 된 것이다.[8]

이전의 절반까지 삭감된 교육예산

경제위기 속에서도 정부는 사회복지 서비스를 유지하려 노력했다. GDP가 급전직하하는 와중에도 모든 예산에서 차지하는 지출액은 상대적으로는 늘었다. 하지만 혹독한 예산조정 속에서 사회복지비를 유지하기 위해 교육비가 대폭 삭감되었다.[8] 1989년에는 GDP의 6.7%, 정부 총예산의 12.8%나 차지하고 있었는데[5] 1990~1994년에 걸쳐서 18%

나 삭감되었다. 물론 최저가 된 이 시점에서조차도 GDP의 9%에 머물러서 유엔이 권장하는 6%보다 높았음은 물론이고, 다른 중남미 각국보다도 훨씬 높았다.(6) 하지만 결과적으로는 1989년에 16억 6,400만 페소였던 교육비는 1998년에는 9억 6,400만 페소까지 삭감되어 인구증가를 감안하면 1인당 교육비는 152페소에서 87페소로까지 떨어졌으므로 교사들은 낡은 설비와 교재 부족에 신음하게 되었다.(7)

관광업으로 옮겨간 교사들

교육예산 삭감과 더불어 교사부족 문제도 심각해진다. 1990~1991년에는 23만 3,415명의 교사가 있었지만 1998~1999년에는 19만 7,568명으로 8.5%나 줄어들었다. 젊은 교사 지망생도 적어져 1990~1991년에는 20,865명이 교사자격을 취득했지만 1997~1998년에는 6,020명으로 줄어든다.(7) 교육은 의료와 나란히 중시되어 교사는 인기직업이었는데 왜 이런 사태가 벌어졌을까? 경제 자유화와 더불어 격차사회가 도래했기 때문이었다.

정부는 경기회복을 위해 다양한 경제재편책을 강구해간다. 그것은 한 마디로 말하면 종래의 기간산업이었던 설탕을 대신해 관광업을 장려하고, 농공업형 경제에서 서비스 산업의 소프트 경제로 전환시키는 것이었다. 비대한 관청과 국영산업의 군살을 빼고 공장을 폐쇄하여 구조조정을 단행한다. 이와 더불어 달러사용을 합법화했다. 그것이 격차로 이어지는 이중통화경제를 낳고 말았던 것이다.(8)

위기 이전에는 정부급료만으로 누구나 비교적 여유롭게 살 수 있었지만 달러해금으로 상황이 급변했다. 예를 들면 관광호텔 웨이터는 그때까지는 월급이 가장 적은 직업 가운데 하나였지만 팁을 받을 수 있으므로 실질적으로 페소 급료밖에 받을 수 없는 전문가의 몇 배나 벌어들인다. 쿠바인들은 이것을 '역 피라미드'라고 부른다.[8] 교사들의 평균 급여인 350페소는 달러로 환산하면 12달러이며, 가장 급여가 많은 교사라도 20달러에 불과하다.[9] 그런데 관광업이나 외국자본계 기업에서 일하면 전문직으로서 달러를 벌어들인다.[4] 결과적으로 1993~1994년에 걸쳐서 교사의 약 8%가 신생 서비스업으로 전직했다.[8]

혁명의 가장 큰 성과는 농촌까지 교육을 보급시킨 것이었다. 하지만 역설적으로 교사들의 전직으로 가장 타격을 입은 곳도 농촌이었다. 상식적으로는 농촌까지는 영향이 미치지 않은 것 같다. 하지만 농촌에서 일하는 교사들도 교직을 버리고 관광업으로 달려갔다.[9] 관광업이 발달한 동부의 주에서는 해마다 4~8%나 교사가 줄어들어 숫자로뿐만 아니라 교사의 동기부여를 유지하기도 힘들어졌다.[4]

격차확대로 황폐해진 사회

자유화의 영향은 교사뿐만 아니라 일반 시민에게도 미쳤다. 정부는 1993년에 가정식당인 '팔라다레' 운영자, 택시 운전사, 미용사, 어부 등 다양한 자영업을 인정하여 1995년에는 13만 8,000명이 자영업을 하게 된다. 하지만 달러는 자영업뿐만 아니라 해외, 주로 미국에 사는 친척으로부터도 보내져온다. 그 액수는 한 해에 4~8억 달러로 추정되는데 이것이 송금이 있는 가정과 없는 가정과의 격차를 낳는다. 남녀평등의 이상도 흔들렸다. 1997년 실업률은 남성은 4.4%였는데 여성의 그것은 10.1%나 되었다. 식량부족으로 가사노동에 시간과 노력을 빼앗겨 많은 사람들이 강제 퇴직당했던 것이다. 격차에 의한 사회 황폐는 이혼율 증가로도 이어져 1998년부터는 안정되지만 1990년의 3.5%가 1993년에는 6.0%로 늘어났다.[6]

사회주의 국가인 쿠바에서는 샐러리맨이 모두 국가공무원인데, 격차의 확대와 더불어 많은 이들이 부업을 강요당했다. 미술품과 공예품의 암시장 판매, 무허가 방 임대, 자가용의 불법 택시 영업 등등. 부업에 열을 올리는 것은 아이들에게 충분히 주의를 기울이지 못하게 된다는 뜻이다.[8] 정도의 차이는 있지만 약 35%의 노동자가 달러로 보수를 받고, 약 절반의 국민이 달러를 손에 넣을 정도까지 침투한다면 아이들에게 미치는 영향도 크다. 달러 숍에서 물건을 사주고 싶어도 달러를 벌지 못하는 부모는 사줄 수 없다. 하지만 오후 반나절, 세계유산으로도 지정된 옛 시가지 아바나의 비에하에서 관광 가이드를 하는 것만으로도 정부에서 일하는 아버지의 한 달치 이상의 급료를 벌어들이고 마는 것이다. 부모의 권위는 땅에 떨어지고 관광업이 왕성한 지역에서는 청소년 성매매나 범죄 등의 사회문제가 나타나기 시작했고[6] 학생들은 학업의 길에서 벗어나간다.[9] 노던 애리조나 대학의 셰릴 뤼첸스 씨는 1996년에는 2만 명 이상이 이런 영향을 받고 있으며 아바나 비에하의 카스코 이스토리코 거리에서 5~11살의 2,200명 이상의 아이들이 일을 하고 있다고 보고하고 있다.

젊은이들에게 확산되는 폐쇄감

 마오쩌뚱은 "빈곤을 우려하는 것이 아니라 불평등을 우려한다."라고 말했는데, 사회적 자본의 본질에 입각한 명언이다. 누구나 똑같이 가난한 가운데 공통의 목표를 지향하고 있는 한, 그 사회는 상당히 심각한 문제도 극복할 수 있다. 하지만 격차사회는 이 사회적 자본 자체를 망가뜨린다. 1990년대 후반에 쿠바가 직면한 것은 물질주의, 이기주의, 개인주의, 협동정신의 상실 등, 반 세기 가까이에 걸쳐서 키워온 혁명의 근본이념을 뒤흔들 수도 있는 위기였다. 심지어 동시에 사회과학자가 '계급고착'이라고 부르는 문제에도 직면해 있었다. 꿈많은 경제성장 시대에서 폐쇄된 정체사회로의 전환이었다.[10]

 혁명을 직접 체험한 세대나 그 다음 세대까지는 장밋빛 미래가 열려 있었다. 사탕수수밭 노동자나 성매매 여성 등 사회의 가장 밑바닥에서 고통받고 있던 '워킹 푸어'들도 무상교육의 기회를 얻을 수 있었다. 열심히 공부해서 자격을 따면 누구나 의사, 기술자, 교사, 지도자가 될 수 있는 길이 평등하게 열렸다.[10] 학교를 졸업한 아이들이 만나는 사회도, 학력에 토대한 평등하고 공정한 사회였다.

 의사나 기술자 등의 전문가와 최저임금 노동자와는 4.5배의 급료차가 있었지만 그것은 노력한 일에 대한 평가이며, 노력은 확실하게 보상받았으므로 격차는 없었다.[6] 많은 인재가 미국으로 유출된 일은 단기적으로는 큰 손실이었지만 그 덕분에 오히려 공석이 된 자리에 오를 수도 있었고, 혁명 이후의 경제발전으로 창출된 다양한 직업에도 취직할 수 있었다. 그런데 1990년대 경제위기를 체험한 젊은이들, 혁명 3세대

에게는 그런 출세의 기회가 더 이상 거의 남아 있지 않았다.(10)

심각한 원재료와 스페어 부품의 부족으로 공장이 조업 불가능하게 되었을 때조차도 정부는 노동자들에게 임금을 계속 지불함으로써 소득수준의 유지에 노력해왔다.(10) 1990~1998년에 걸쳐서는 15만 5,000명이 일자리를 잃었지만, 1991년부터 급여의 최저 60%를 유지하는 실업수당 정책을 강구하고 있다.(6) 하지만 젊은이들에게 매력적인 일자리는 창출할 수 없었다. 저술가인 조 시게유키 씨는 『젊은이는 왜 3년 만에 그만두는가?』라는 책에서 세대간 격차고정이 젊은이의 꿈을 빼앗고 있다고 지적하고 있는데, 그것을 상기시키는 이야기 아닌가.

심지어 장래의 간부후보생이 될 엘리트 고교에 입학하는 것은 전문가의 자녀들만이 되어버리고 있었다.(10) 아무리 시험이 공정하다 해도 성적은 가족의 문화나 교양수준과 무관하지 않다.(5) 그것은 전문가 이외의 가정에서 태어난 아이가 출세할 수 있는 기회가 적다는 의미였다. 노동자 계급의 아이들 대부분이 자신들에게는 기회가 없다고 느끼는 한편, 전문가들에게 걸맞는 일자리를 창출하는 것도 경제 상황으로 불가능해졌으므로 대학진학도 멀어져간다. 게다가 힘들게 대학을 나와 봤자 받을 월급은 뻔하다. 하지만 관광업에서는 그것의 몇 십 배를 손쉽게 벌어들이는 것이다. 전문가의 자녀들조차도 부모와 같은 지위에 오르는 것에 매력을 느끼지 못하게 되었다.(10)

아무리 생활보호를 잘 해봤자 일하는 인센티브가 없어지는 '실업의 덫'은 유럽에서도 문제가 되고 있다. 즉, 쿠바가 직면한 것은 예산삭감을 강요당하는 가운데 교육내용을 더욱 충실하게 하는 것, 사회격차를 해소함과 동시에 종래의 생활보호형 저소득보장에서 모두가 힘을 내서 자립으로 이어지는 고용형 사회복지정책으로 전환하는 것, 그리고 글로벌화에 직면한 가운데 젊은이들에게 꿈을 주는 새로운 비전과 교육모델을 만들어내야 한다는, 참으로 골치아픈 문제들이었다.

III. 경제위기 속에서 더욱 충실해진 교육제도

교육제도를 충실케 하려 해도 국가재정이 파탄나고 채산이 맞지 않는 산업은 구조조정을 해야 한다. 이 골치아픈 문제에 직면한 쿠바는 영유아나 장애우, 해고된 실업자 등의 사회적 약자를 버리지 않고 커뮤니티로 끌어들여 종합학습사회를 구축하는 일에 힘을 쏟았다.

거리의 공원을 보육원으로 삼고 지역 주민이 자원봉사자가 되어 종이로 만들어준 응접세트로 놀고 있는 꼬꼬마들.

1. 보육원에서 커뮤니티로 — 쿠바의 영유아 교육

유니세프와 세계은행도 높이 평가한 종합적인 유아교육

　재정이 파탄난 가운데도 더욱 교육내용을 충실케 한다. 이 어려운 상황에서 성과를 올린 것으로 유아교육이 있다. 〈들어가며〉에서 교육 모델국으로 캐나다가 평가되고 있다고 언급했는데, 캐나다의 유아교육 전문가인 핼리팩스 대학 아동센터의 마고 커크 소장은 쿠바에서 배워야 한다고 주장한다.

　　"캐나다의 유아교육은 아직 충분하지 않습니다. 일하는 어머니를 위한 '관리'와 아이를 성장시키기 위한 '교육'이 여전히 따로따로니까요. 그런데 쿠바에서는 유아교육이 평생학습으로 자리매김하고 있습니다. 선진국이라 자금이 충분할 텐데 쿠바에서 가능한 일이 왜 캐나다에서는 가능하지 않을까요?"[3]

　"아이들만큼 중요한 것은 없다." 이것은 쿠바에서는 어디서든 눈에 띄는 정부 슬로건인데[3] 단순한 프로파간다가 아니다. 혁명 초기부터 카스트로는 "교육은 기본적인 인권이자 태어난 순간부터 시작되는 평생학습으로 보아야 한다."고 주장해왔다. 그러므로 유아교육도 '보호 서비스'가 아니라 건강과 행복을 실현하기 위한 '평생학습 전략'의 일환으로 자리매김하고 있다. 종합적인 유아교육이 지향해야 마땅한 목표이며, 보육원은 그것을 위한 하나의 수단에 지나지 않는다. 이런 이상은 심지어 경제위기의 와중에도 진전되고 더욱 충실해졌다.

커크 소장은 "재정사정이 악화되면 일반적으로 정부는 예산을 삭감합니다. 하지만 쿠바는 달랐어요. 경제위기 때는 이전과 같은 수준의 사회정책을 유지할 자본이 없었음에도 '보다 적은 것으로 더욱 많은 것을' 이라는 정부 슬로건에 충실했고, 국가가 기획한 유아교육 프로그램을 0~6살 아이의 99%가 활용하고 있어요."라면서 놀라고 있다.[4] 유니세프와 세계은행으로부터도 호평을 받은 이런 종합적인 유아교육 제도를 쿠바는 어떻게 탄생시켰을까? 우선 보육원을 찾아가보자.

텔레비전을 보면서 춤을 추는 꼬꼬마들

베다도 구의 해안에는 최고급 호텔인 멜리아 코히바 호텔이 우뚝 서 있지만 바로 뒤편에는 다 쓰러져가는 옛 시가지가 펼쳐져 있다. 그 한 귀퉁이에 자리한 보육원의 문을 열면 아담한 정원에서 1살과 2살짜리 원아들이 제각기 놀고 있다. 유마라 오라사바르 원장 선생님의 안내로 건물에 들어가자 먼저 넓은 식당이 있다.

"이 보육원은 1996년부터 있었고 1~4살 유아 112명을 맡아서 돌보고 있어요. 여기서는 식사뿐만 아니라 간식도 먹을 수 있죠."

옆에 있는 화장실 변기와 세면대도 아이들용으로 자그마하다. 칫솔도 한 명분씩 마련되어 있는데 이름이 씌어 있기에 벌써 글자를 읽을 수 있나 하고 놀랐더니 "칫솔 위를 봐주세요."라며 웃었다.

"그림이 그려져 있죠? 자기 칫솔을 확실히 알아볼 수 있도록 그림으로 구별하고 있답니다."⁽⁷⁾

사소한 배려지만 모든 보육원은 국영이므로 정부 방침인 '취학전 교육'에 따르고 있다.⁽²⁾ 공부와 놀이는 물론, 원아의 성장과 건강을 의사와 간호사가 날마다 체크하고 정기 건강검진도 있다. 위생관리도 중시되어 2살 유아는 매일 욕조 목욕을 하고 식당과 청소를 담당하는 직원도 빈틈 없으며, 원장도 직원들이 일히는 품세를 체크한다.⁽³⁾

2층으로 올라가자 원아들이 나란히 앉아 텔레비전을 보고 있다.

"이것은 '쿠르쿠쿠쿠'라는 프로그램입니다. 쿠르쿠쿠쿠란 어머니가 아이를 재우기 위해 어르는 말로 '쿠르쿠쿠쿠, 쿠르쿠쿠쿠, 잘 자라' 라고 말을 거는 거죠."

옆방에서는 다른 그룹이 텔레비전을 보고 있었는데, 마침 음악 프로그램을 방송중이었고 아이들은 음악에 맞춰 춤을 추고 있었다.⁽⁷⁾ 보육원 커리큘럼에서는 집단 율동을 중시하고 있는 것이다.⁽¹⁾

현재 국영방송은 4개 채널이며 그중 2개가 교육채널이다. 음악에 맞춰서 춤을 추거나 인형을 가지고 의사놀이를 하는 등 창조력을 키우기 위한 아이디어를 짜낸 교육부 제작의 유아용 프로그램이 전국에 방송되며 보육원에서는 이것을 함께 시청하는 것이 권장되고 있다.⁽⁴⁾ 프로그램을 보는 것은 3살부터인데 4, 5살 유아용인 '쿠르쿠쿠쿠' 이외에 6살 아이용 '지금부터 이야기를 해줄게'도 있다. 총 12,674개의 초등학교와 보육원에 텔레비전과 비디오가 도입되어 26만 906명의 아이가 프로그램을 즐기고 있다고 한다.⁽⁵⁾

보육원 마당에서 제각기 놀고 있는 1, 2살 아이들.

유아 교육프로그램인
'쿠르쿠쿠쿠'를 보는 원아들.

보육원 안에 있는 종이로 만든 텔레비전.
게바라가 찍혀 있다.

실내의 모습을 그린 그림의 사용법을 듣고 있는 어머니들.

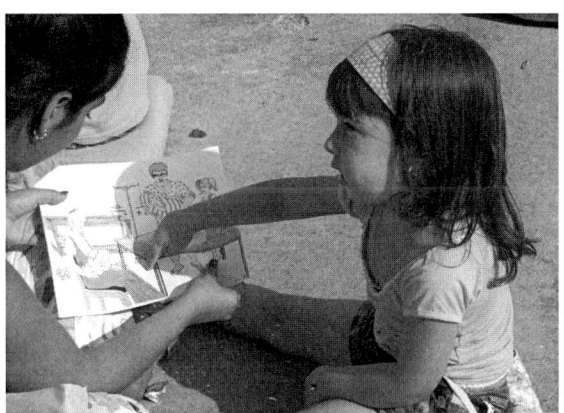

무엇이 있는가를 똑똑히 말할 수 있는지를 어머니가 확인한다.

공원에 설치된 종이 주방세트로 노는 아이들.

공원에 설치된 종이 컴퓨터를 조작해보는 아이.

보육원은 의무교육이 아니다. 그러나 아이의 신체와 지성, 도덕심과 예술성을 키우고 그 이후 학습의 기초를 다지는 데에 빠뜨릴 수 없다면서[1] 신생아~1살, 2~3살, 3~4살, 5살 등 4단계로 세심한 유아교육이 행해지고 있다.[2] 국어, 예술, 음악, 세계의 지식 등의 과목이 있으며 연령별 커리큘럼은 학칙 22조 제2항에서 '마땅히 엄수해야 한다'고 못박고 있다.[3]

물론 원내의 교재는 다른 학교와 마찬가지로 빈약하며 주방세트나 응접세트 등 장난감은 재활용한 골판지 상자 따위로 만든 수제품들이다. 2001년 3월에, 아바나 교외에 있는 비야 그란데 보육원을 시찰한 미국 그룹도 그 곤궁함을 다음과 같이 보고하고 있다.

> 3명의 교사와 4명의 스탭, 간호사가 두 개의 교실에서 60명의 3, 4살 유아를 돌보고 있었다. 그네, 모래놀이터, 가사놀이터 등 코너별로 놀고 있었지만 교재는 빈약하다. 가사놀이터에서 놀고 있는 5명의 원아는 하나밖에 없는 인형을 공유하고 있었으며, 길바닥에 분필로 인형의 침실용 '가구'를 그리고 있었다. 다른 코너에서도 비행기나 꽃을 분필로 그리고 있고 자신들이 생각해낸 사방치기 비슷한 게임을 하며 놀고 있었다. 장난감도 대부분 구할 수 없고 보육원에 두 개뿐인 공은 특별한 때에만 사용하는 귀중품이다. 하지만 그럼에도 교사는 애정으로 원아들을 대하고, 도형 모양 맞추기 게임을 시키고 있었으며 서로가 적극적으로 관계할 것을 장려하고 있었다.

보육원은 사회에도 열려 있다. 예를 들면 4월 4일은 '아이와 피오네로의 휴일'로, 이런 이벤트별로 보육원에 부모를 초대하는 것이다. 맞벌이 부모가 참가하기 쉽도록 이벤트는 아침 일찍 열린다. 아이들은 이벤트에서 발표할 노래를 연습하고 있었다. 처음부를 노래는 '자, 서둘러요, 친구랑 놀려면 빨리 학교에 가야 한단다'라는 노래로, 모든 보육원에서 원아가 연습하는 것이다. 아이들은 클라베스(타악기의 일종. 딱따기 비슷한 2개의 나무토막을 서로 부딪쳐서 소리를 냄. – 옮긴이), 마라카스, 탬버린 등을 이용해서 열심히 노래하고 부모도 가구를 수선하거나 장난감을 만드는 등 보육원을 지원하고 있다.[5]

물자가 부족한 가운데도 열심히 몰두하는 모습이 전해져 온다. 오라사바르 원장도 "원아교육에 계속 관여해와서 원아들의 배움이 깊어가는 것을 알 수 있습니다. 연구도 진행되어 유아교육은 더더욱 충실해져 있습니다."라고 가슴을 편다. 이 보육원이 맡고 있는 것은 4살짜리까지인데, 초등학교에 올라가기 1년 전인 5살부터는 발음연습도 시작한다고 한다.[7] 이런 취학전 교육(유치원)도 의무는 아니지만, 대부분의 유치원이 초등학교와 같은 부지 내에 개설되어 교육부가 제작한 워크북을 이용해서 4개의 자음(m, p, s, i)과 5개의 모음을 먼저 배우고 1학년에서 나머지 자모음을 익히고 그림이 들어간 노래와 시가 들어간 책으로 쓰는 법을 배워간다. 탁월한 국어실력을 뒷받침하는 문장 표현력 연습이 유치원부터 시작되고 있는 것이다.[2]

일하는 엄마들을 위한 보육원

하지만 모든 아이들이 보육원이나 유치원에 다니지는 못 한다. 교육부의 마리 카르멘 로하스 토레스 유아교육 전문관에게 물어보니 "충분하지 않습니다. 보육원은 어머니가 일을 하는 경우에만 들어갈 수 있습니다. 희망자가 많으면 어머니 근무처의 일의 중요도에 따라 인민권력(지방의 행정사무소)이 선별합니다."라는 대답이 돌아왔다. 평등하다고는 해도 부모의 직업에 따라 우선권이 주어지는 것이다.[2]

전국에 보육원은 1,116개, 초등학교 부설 유치원은 1,068개 있는데 주별로는 아바나가 각각 412개, 1,068개로 압도적으로 많다. 아바나에서는 비교적 커버율이 높지만 전국평균을 내보면 모든 유아의 각각 16.9%, 12.2%로 모두 합쳐도 30%에 미치지 못한다(2002년도).[5] 물론 부모가 병이 나서 육아가 힘들거나 문제가 있는 아이를 맡아주는 기숙사가 딸린 전문 보육원, 혼합유아원 동아리나 시력 및 청력, 지적 장애가 있는 아이를 위한 특별 보육원, 특별영유아 동아리 등도 있다. 하지만 '통학용 영유아 보육원'으로 불리는 보육원이 일반적이며 일하는 어머니를 대신하여 월요일부터 금요일에 아침 6시 30분부터 저녁 6시 30분까지, 생후 1개월부터 5살까지의 아이를 맡는 것이 원칙이다.[6] 여기에는 일하는 어머니를 위해 보육원이 만들어졌다는 역사적인 경위도 관련이 있다.

시계바늘을 반 세기 전으로 되돌려보자. 앞에서도 살펴보았듯이 혁명 이전은 심한 격차사회였으므로 보육원 운운할 상황이 아니었다. 복지시설과 자선단체가 운영하는 영유아교육도 있었지만 혜택을 받을 수 있는 것은 불과 1,600명뿐이었다. 그러므로 혁명 2년 후인 1961년에는 일찌감치 생후 45일부터 6살까지의 아이를 맡는 새로운 타입의 보육원 제도가 발족하고 있다.

처음에 37곳, 2,415명의 원아로 출발한 보육원 제도는 10년 후인 1970년에는 606곳, 4만 7,370명으로 급속하게 많아졌고, 그와 더불어 도시를 중심으로 전국에서 초등학교 내에 5살부터의 취학전 교육으로 확대된다.[5] 하지만 그것의 주된 목적은 여성들이 안심하고 일하면서 배울 수 있게 하기 위해서였고[3] 이 제도를 만들어낸 것도 여성들의 권리를 지키는 조직인 쿠바여성연맹이었다. 여성들이 사회에 진출하기 위해서는 보육제도가 충실해야만 했던 것이다.[1]

하지만 이내 보육교육의 중요성이 새로이 인식되자 국가의 장기계획에도 포함되어 1971년에는 영유아연구소가 설립된다.[3] 1976~1980년에 걸쳐서는 아동교육심리의 연구도 실시되어 초등학교 내에 개설된 취학전 교실에 다니는 아이들용 교육 프로그램도 만들어진다.[5] 1980년에는 여성연맹을 대신해서 교육부가 보육원과 영유아연구소를 관할하게 되었고[3] 토대가 되는 유아교육 사상도 처음에는 소련의 그것을 답습하고 있었을 뿐이지만, 한 명 한 명의 유아 정서교육의 중요성이 인정되어 쿠바 특유의 가치관과 문화를 살린 교육 모델이 더욱 발전해간다.[4]

경제위기 속에서 탄생한 새로운 모델

하지만 맞벌이가 늘었기 때문에 보육원의 수용능력은 점점 부족해졌다.⁽²⁾ 거기에 경제위기가 덮쳐온다. 교과서, 연필, 공책, 그 밖의 부자재도 부족하고 1962년 창간되었던 유아교육 전문지「시미엔테스(씨앗)」도 1992년에는 가차 없이 폐간당했고 이전에 출판한 일부를 중쇄함으로써 해결할 수밖에 없었다.

하지만 정부는 "단 한 군데의 학교도, 보육원도 폐쇄하지 않는다."라고 선언하고 입에 발린 말이 아니라 실제로 그런 정책을 실시했다. 심지어 1990년에 1,116곳이었던 보육원이 1993년에는 1,156곳이 되는 등 약간이지만 늘어나기까지 했다.⁽⁴⁾ 그렇지만 건축자재 부족으로 새로운 보육원은 지을 수 없었고, 그럴 만한 자금도 없었다. 고육지책으로 1992년부터 실시된 것이 출산 전후로 3개월씩 쉬게 해 주는 산휴정책이었다.⁽²⁾ 유급산휴는 최장 1년으로, 무급이라도 상관없다면 다시 반년을 연장할 수 있다. 그 법안에서는 남편과 육아휴가를 나눠서 쓰는 것도 규정했다.⁽³⁾ 능력이 뛰어난 여성이 직장으로 일찍 복귀할 수 있도록 하기 위해서였다.

즉, 그때까지의 보육원은 일하는 어머니만이 이용할 수 있었지만 육아휴가를 늘렸기 때문에 1살짜리 유아까지는 자택에서의 육아가 가능해졌다. 그렇게 되면 유아교육도 가정이 중심이 된다.⁽⁵⁾ 그러면 어떻게 할까? 교육관계 연구자들은 새로운 상황에 대응할 수 있는 지혜로운 제도를 만들어냈다. 이리하여 경제위기가 한창일 때인 1992년에 유니세프의 지원을 받아서 탄생한 것이 보육원에 의존하지 않고 육아교육을 행하는 프로그램인 '아이를 교육하자'였다.⁽⁴⁾

지역사회가 아이를 키우는 '아이를 교육하자' 프로그램

아바나의 베다도 구에 있는 아마데오 롤단 공원으로 발걸음을 옮겨 보자 이른 아침부터 공원 한 켠에 15명 정도의 어머니들이 아이들과 함께 모여 있었다.

"지금은 6살까지의 가정교육을 하고 있는 중입니다. 공동활동이라고 불리며, 부모와 아이들뿐만 아니라 커뮤니티의 자원봉사자도 참가하고 있습니다."

앞에 나왔던 카르멘 전문관이 설명하듯이, 그곳의 여성 자원봉사자 스태프가 동그랗게 모여든 부모들을 앞에 두고 "어제, 아이가 집에서 뭘 했죠?"라고 질문을 하기 시작했다.

"꽃밭에 물을 주었어요."

"장난감을 갖고 놀고난 뒤에도 어지럽히지 않았어요."

"아침 일찍 일어나서 혼자서 이를 닦고 옷을 입었어요."

"여자 아이라서 금세 제가 하는 대로 흉내를 내곤 해요."

"있잖아, 엄마, 엄마, 하고 끊임없이 질문을 해대요."

여성 스태프는 만족스러운 듯이 곧바로 덧붙인다.

"아이는 부모의 모습을 보고 있으므로 가정 안에서는 가족간의 조화가 이루어져야 하죠. 그리고, 언제나 진실을 말해야만 합니다. 부탁드릴게요, 실례합니다, 고맙습니다. 이 3개의 단어는 확실하게 가르쳐야 합니다. 그럼, 지난 번에 나눠드린 팸플릿을 복습해보죠. 아이 앞에서 이를 닦는 모습을 보여주어야 한다고 씌어 있지요. 오늘은 그 다음 단계입니다."

부모들이 손에 든 커다란 갈색 봉투에서 부스럭거리면서 그림을 꺼냈다. 방 안의 모습이 그려져 있는데, 이것은 그룹 안에서 그림을 잘 그리는 부모가 손으로 그려서 만든 것이라고 한다.

그때까지 옆에서 소꿉장난을 하고 있던 아이들은 이름이 불리자 동그랗게 원을 그리며 어머니와 함께 일제히 둘러앉았다.

"그림에서 어머니는 무엇을 하고 있죠? 똑똑히 말할 수 있나요?"

그림으로 묘사되어 있는 아버지와 어머니를 말로 표현할 수 있는지 없는지의 테스트였던 것이다. 이것이 끝나자 파랑, 빨강, 노랑으로 동그랗게 잘라진 종이가 봉투에서 꺼내져 제대로 카드를 고를 수 있는지 없는지를 연습한다. 이어서 직접 쓴 시도 나누어준다.

"아이들이 똑똑하게 시의 내용을 이야기할 수 있습니까? 정확한 발음도 아주 중요합니다."

지켜보고 있노라니 한 명의 여자 아이는 벌써 시의 내용을 기억하고 있어서 그것을 암기해보였다. 이어서 아이들은 종이를 둥글게 뭉쳐서 공을 만들더니 그것을 통에 넣는 놀이를 시작했다.

"지금부터는 체조를 합니다. 하지만 갑자기 해서 몸에 무리가 가지 않도록 먼저 조금씩 몸을 움직여서 혈액순환을 좋게 하는 거죠." 라고 카르멘 전문관이 설명한다.

공원에서 아이들과 부모가 함께 하는 모임은 일주일에 두 번 정도 열리며, 아이의 성장과 더불어 멤버가 바뀌어가면서 벌써 4년째가 되어간다고 한다.

"보육원 선생님도 도와주고 계시지만 활동의 진정한 목적은 아이들이 아니라 부모들을 교육하는 데에 있습니다."

참가하고 있는 사람들의 감상을 들어보니 보육원과 같은 교육을 받을 수 있다며 상당히 평가가 좋다. 어떤 할머니는 "우리 집은 며느리가 일을 하고 있기 때문에 대신에 내가 손자를 돌보고 있는데, 아주 도움이 되요. 게다가 손자가 보는 텔레비전의 유아용 프로그램도 아주 좋은 내용이죠."라고 미소지었다.[7]

'아이를 교육하자' 프로그램은 시작 당시 보급률은 40% 정도였지만 10년 뒤인 2002년에는 전국에 87만 4,016명이 있는 0~6살 아동의 70.9%를 수용하고, 기존 보육원과 유치원을 합치면 99.5%를 커버하기에 이르렀다.[5] 커크 소장이 높이 평가하는 보편적인 유아교육이 10년 만에 달성된 것이다.

모델이 된 산촌에서의 유아교육

하지만 카르멘 전문관에 따르면 급속히 보급된 것은 모범이 되는 선례가 이미 있었기 때문이라고 한다.

"사실, 프로그램은 경제위기 이전부터 시작되고 있었습니다. 동부의 오리엔테 지방은 산이 많아서 아이들은 먼 길을 걸어야만 학교에 다닐 수 있었고, 단 한 명의 아이를 위한 보육원도 없습니다. 그래서 초등학교에 들어가기 전의 아이를 위해서 두메산골에 사는 부모를 지도해서 선생님이 되게 하는 프로그램을 시작하고 있었던 거죠. 좋은 결과를 얻어서 그것이 나중에 도시까지 확대된 것입니다."[7]

전문관이 말하는 프로그램이란, 1981~1982년에 산티아고 데 쿠바 주의 파르마 소리아노 무니시피오에서 학교에 다니기 힘들어서 취학전 교육을 받지 못 하는 농산촌의 5~6살 아이를 위해 실행한 시범 프로그램을 가리킨다. 또한 1984~1985년에는 농산촌에서의 유아교육의 특별 연구 프로젝트가 실시된다. 그것을 이끈 것은 중앙교육과학연구소였는데[4] 교사뿐만 아니라 체육 전문가, 심리학자, 소아과 의사, 영양학자, 위생사, 사회학자 등도 참여하여 사전진단, 실시, 그리고 결과의 모니터링 평가 등 3단계로 0~6살 아이에 대한 교육성과를 전략적으로 실험했다.[5]

이런 연구는 1983~1993년 사이에 행해졌는데 도시, 도시근교, 농촌·산촌 등 거주지를 불문하고 유아교육의 효과가 확인되어 각 가정에서 교육을 할 수 있는 가능성을 보이게 되었다. 이어 제2단계 연구에서는 교사와 카운슬러가 참여하여 가정에서의 유아교육을 더욱 지원했다. 이리하여 새로운 유아교육 방법이 모색되어 가던 시기에 때마침 '만인을 위한 교육세계선언' 이 공표되었다. 이 선언을 받아들여 쿠바는 취학전 교육을 받지 못하고 있던 5살 아이의 10%를 커버하고 0~4살 아이들 중 1996년까지 50%, 2000년까지는 70%까지 유아교육을 늘리는 목표를 세웠다.[5] 1992년에 만들어진 유니세프 쿠바 사무소의 지원도 받아서 커뮤니티 베이스로 전국 프로그램이 전개되었다.

전국적인 시행에는 교재만들기나 모니터링 평가도 동반되어 1992년~1993년에는 아바나와 그란마 주 내에서 선정된 무니시피오에서 보급에 필요한 지원체계나 스태프의 교육 내용, 교재 디자인 등을 검토하고 커뮤니티도 참여해서 효과를 확인하고 있다.

1994년에는 성과를 확인하고 전략을 재설계하기 위해 제1회 전국 모니터링 평가가 행해졌으며, 그 3년 후인 1997년에도 보육원과 유치원이 이 프로그램을 비교한 분석이 이루어지고 있다.

그 결과, 운동에서는 89%, 지성에서는 83%, 자립심에서는 90%로 아이들에게 기대했던 만큼의 성과가 나타났던 것이다.[5]

지역사회가 키우는 아이들

프로그램의 열쇠가 되는 것은 1992년에 유니세프의 지원으로 출판된 유아교육용 책자다. 이것은 1987년에 발행된 「아이를 교육하자」를 간략화한 것으로, 전국의 각 지역과 노조, 그밖의 대규모 단체에 배포되었다. 현재 발행되고 있는 것은 9권짜리 시리즈인데, 질문과 그것에 대답하는 형태로 0~6살까지의 아이의 건강에서부터 정서적 발달과 부모의 역할 등 육아에 필요한 정보가 가득하며, 한눈에 알아보기 쉽게끔 일러스트로 표현되어 있다. 또한 할머니, 할아버지도 손자의 육아에 참여할 것이 권장되고 있다.

가장 중시되고 있는 것은 정서적 발달인데, 꾸짖지 않고 끈기 있게 애정을 담아 키우는 것의 중요함이 강조되어 있는데, 이런 배경에는 아동심리학 이론이 있다. 지성과 신체 면에서는 놀이를 토대로 비싼 장난감이 없어도 놀 수 있도록 구체적인 사례가 풍성하게 실려 있으며, 가정을 청결하게 유지하고 유아가 충분한 수면과 영양을 취하는 일과 건강검진과 면역접종을 받으러 정기적으로 패밀리 닥터를 찾아가 육아에 대해서 자유롭게 질문하는 것도 권장되고 있다.

책자와 함께 또 하나의 포인트는 적극적인 커뮤니티의 참여다. 초등학교에 들어가는 준비로 2살이 되면 체육관에서의 스포츠, 단체 생일 파티, 예술·음악·춤 등의 문화행사와 커뮤니티가 조직하는 다양한 활동에 부모와 함께 참가한다. 지역의 어른들도 유아교육을 무리 없이 지원할 수 있도록 각 지역의 교육부, 복지부, 문화·스포츠부, 혁명방위위원회, 청년공산당연맹의 대표가 모인 코디네이터 그룹도 만들어져 있다. 물론 쿠바여성연맹도 중요한 역할을 한다.[4]

그리고 교사와 의사 등의 전문가 스태프도 그룹에 파견된다.[6] 건강 면에서는 패밀리 닥터와 간호사가 임신 때부터 모친이나 부모를 관리하고 문화면에서는 예술 강사, 문화 커뮤니티 센터와 박물관 등이 참여한다. 체육에서는 스포츠 교사가 참여하며 보육원은 프로모터나 시행자를 위한 트레이닝 센터로 역할을 한다. 27,899명 있는 참여자의 75%는 헬스 케어나 교육 관계자이며 96,805명 있는 시행자도 60%는 헬스 케어나 교육 관계자다. 심지어, 교육 관계 시행자는 대부분 보육원 교사이므로 자신이 돌봐온 유아를 자신의 학생으로 다시 한 번 받아들이는 셈이 된다.[5]

책에 의존한 각 가정에서의 교육이 기본이 되지만, 사람 숫자면에서는 유아 6명당 1명 꼴인 스태프가 각 가족을 방문해서 놀이법을 가르치거나 각종 상담에도 응하며[3] 공원과 커뮤니티 센터에 모여서[1] 또래 유아를 품에 안은 부모들이 만날 기회도 있으므로[3][4] 혼자서 육아를 고민할 필요도 없다.[6] 즉, 보육시설과 스태프의 부족을 커뮤니티를 끌어들여 지역사회가 아이를 키움으로써 보완한 것이다. "이 프로그램은 보육원에 보내지 않고 집에서 키우고 싶어하는 부모들에게도 아주 환영받는답니다."라고 카르멘 전문관은 가슴을 폈다.[7]

다른 나라도 모범으로 삼는 쿠바의 영유아 교육

'아이를 교육하자' 프로그램을 실시했던 경험은 유니세프, 유네스코 등 국제기관과도 공유되어 이 프로그램의 존재가 국제회의를 통해 다른 나라 전문가들에게도 알려졌다. 비용이 들지 않고 다양한 지역의 필요에 적용할 수 있으므로 당연히 주목받았다. 쿠바에서는 라틴 아메리카 각 지역에서 유아교육에 관련된 전문가와의 교류를 추진할 목적으로 라틴 아메리카 취학전 교육 참고센터가 1998년에 설립되어 있는데 이 센터와 교육부에는 '우리나라에서도 실시할테니 지원해주기 바란다' 는 요청이 들어오고 있다. 센터의 지원으로 이미 멕시코, 과테말라, 에콰도르에서는 '아이를 교육하자' 라는 똑같은 프로젝트가 시행되고 있다. 예를 들면 멕시코에서는 산 루이스 포토시 주의 83개 마을에서 1,900가족, 3,000명 이상의 아이가 이 방법으로 배우고 있다고 한다.[5] 경제위기 속에서 탄생한 이 프로그램은 쿠바 이외의 유아들에게도 은혜를 베풀게 된 것이다.

작가이자 사회운동가인 아마미야 가린 씨의 책에는 한밤중에 눈을 떠서 어머니가 없다는 것에 아이가 패닉 상태가 되는 것을 두려워해 수면제를 먹이고서 일하러 나가는 싱글 마더가 등장한다.

"하루에 두세 건이나 되는 일거리를 가져와서 한밤중부터 새벽까지 일을 해야 한다. 일본만큼 아이를 낳기 힘들고 키우기 힘든 나라는 없다."라고 아마미야 씨는 지적한다(2008년 2월 27일 「샤카이신포」 '문화인 칼럼' 중 '과로하는 싱글 마더'에서).

오늘날 모든 지자체는 재정 상황이 절박하다. 가진 게 없으니 어쩔 수 없다는 행정 당국의 입장도 모르는 바는 아니다. 하지만 일본에서 이런 일이 일어나는 것은 육아가 어디까지나 개인만의 책임으로 여겨지고 있기 때문이 아닐까. 한편, 일본 이상으로 재정이 파탄난 와중에도 이렇게까지 쿠바가 노력하고 있는 것은 모든 아이는 평등하게 지식과 문화를 익히면서 성장할 권리를 갖고 있다는 철학이 있기 때문이다.(5) 제1장 제5절에서 다루었듯이, 교육을 사회의 공동책임으로 여기고 육아를 어머니에게만 맡겨두지 않으며, 아이는 사회 전체의 보배로 여겨지고 있다.(3) 플라톤은 『국가』에서 아이를 사회의 공유재산으로 삼는 이상을 묘사했는데, 쿠바의 방식은 이 원시공산제를 연상시키는 점이 있다.

하지만 여기에는 철학뿐만 아니라 과학적인 이유도 있다. 인류는 진화하는 과정에서 직립보행을 하게 되었기 때문에 자궁 입구가 좁아져서 출산이 힘들다는 난제를 끌어안게 되었다. 그러므로 원숭이나 침팬지는 뇌의 70%가 완성되어 태어나지만 인간의 뇌는 23% 밖에 발달하지 않은 채로 태어나며, 그 뒤에 급성장한다. 이것이 육아가 필요한 생물학적 이유다. 쿠바는 의료가 활발하므로 뇌신경과학 연구에서 뉴런 결합의 75%가 2살 이전에 만들어지며, 그것의 결합곡선이 10살이 되면 떨어진다는 것을 잘 알고 있다. 그러므로 유아교육은 일반적으로 생각하듯이 3~4살부터 시작하는 것이 아니라 태어나면서부터 시작해야 하

며⁽⁵⁾ 가치관의 약 75%가 유소년기에 형성된다고 주장한다.⁽⁴⁾

책머리에 등장한 캐나다의 유아교육 전문가인 커크 소장은 다음과 같이 감상을 말하고 있다.

"다른 나라 사람은 1990년대에 쿠바가 겪었던 무시무시한 경제위기의 실태를 절대로 이해할 수 없을 것입니다. 하지만 그런 위기 속에서도 '만인을 위한 교육'은 견지되었고, 경제혼란이 한창일 때도 유아교육의 기회는 확대되었습니다. 쿠바는 '아이들만큼 소중한 것은 없다'라는 슬로건 그대로, 귀중한 실험을 했다고 생각할 수 있습니다."⁽⁴⁾

2. 쿠바의 교육을 지탱하는 교사들

아이들에 대한 깊은 애정으로 물자부족을 극복

　재정이 파탄난 와중에서 더욱 더 교육에 충실을 기한다. 두 번째 과제는 새로운 업종으로 전직해간 교사들의 빈 자리를 메우는 것이었다. 원래 가난한 데다 경제봉쇄로 사소한 부교재조차 구할 수 없다. 쿠바가 끌어안은 이런 심각한 문제에 대해서는 여러 번 언급했다.[5] 그럼에도 불구하고 높은 교육수준을 유지할 수 있는 커다란 이유에는 교사들의 노력이 있다. 1999년의 미국 그룹의 시찰 보고서는 학생과의 강한 유대를 다음과 같이 높이 평가한다.

　　"미국과는 대조적으로 학교의 물자는 대단히 부족하다. 컴퓨터도 변변히 갖추어져 있지 않으며, 있다 해도 시대에 뒤떨어진 낡은 것이며, 도서실의 철제 책꽂이에는 먼지를 뒤집어쓴 낡은 책이 꽂혀 있을 뿐이다. 하지만 아이들은 아주 예의가 바르다. 교사는 학생들에게 지식을 전해주고 싶어 하며, 학생들은 배우고 싶어 한다. 미국과 동등한 교재나 기자재를 충분히 사용할 수 있다면 얼마나 성과가 올라갈까. 즉, 쿠바는 첨단기기가 없어도 성과를 올릴 수 있음을 보여주고 있다. 어떤 과목이든 교육의 기본은 교사와 학생의 관계이며, 학력향상에는 그것이 결정적이다."[1]

2004년 캐나다에서 온 연구팀도 교사의 의욕에 놀라고 있다. "쿠바의 교육은 시대에 뒤떨어졌고 지식도 부족할 것이라고 생각했다. 하지만 실제로 현지를 방문해서 그 신념과 아이들에게 쏟는 열정을 직접 보니 참으로 부러웠다."

쿠바인들은 아이들을 마음 깊은 곳에서부터 사랑하며 일하고 있다. 아이들이나 노인들에 대한 깊은 애정은 감동적이기까지 하다. 30년 이상이나 교편을 잡고 있다는 어떤 교사는 이렇게 말하기도 했다. "만약 내일 죽어서 다시 태어난다 해도 지금까지 해왔던 이 일을 다시 하고 싶습니다."[9]

시범학교로서 방문할 때마다 안내를 받는 세사리오 페르난데스 초등학교. 신축건물로 시설은 말끔하고 교정에는 유기농 채소밭도 갖춰져 있다.

16살 고교생이 교단에 서는 초등학교

지금은 플라야 구에 있는 세사리오 페르난데스 초등학교처럼 알록달록한 색깔로 단장한 학교도 있다. 하지만 외관보다 돋보이는 것은 그 안에서 가르치는 교사들의 열의와 정열일 것이다. 더욱 놀라운 것은 교사들의 대부분이 젊으며 또한 압도적으로 여성이 많다는 점이다. 교장은 물론 교실에 있는 교사도 22살, 27살 여성뿐이다. 심지어 페드로 마리아 로드리게스 초등학교의 제시카 마르티네스 살라비아는 멜레나 수르에 있는 헝가리 혁명 교육 전문고교 2학년인데, "언니가 이 학교 교사를 하고 있어서 여기서 배우면서 가르치고 있는데요, 아이를 너무 좋아해서 매일매일 아주 충실할 수 있어서 즐겁답니다."라고 방긋 웃는다. 비예나스 플로레스 중학교에서 가르치고 있었던 네이시 곤살레스도 20살로, 아직 마누엘 히스베 교육대학 3학년생이다.

왼쪽이 언니, 오른쪽이 제시카. 다른 나라였다면 고등학생에게 수업을 맡겨도 되느냐고 걱정할 것이다.

"여기는 1학년 때부터 와 있어요. 대학에는 1주일에 한 번씩 출석하며 15일마다 2~3시간의 강의를 듣고 있죠. 물론 교사라는 직업을 아주 좋아해요."

곤살레스가 맡는 것은 교실의 절반인 15명인데, 후안 안토니오 선생 같은 베테랑 교사가 같은 교실에서 수업을 하고 있으므로 실질적인 교수법을 배울 수 있으며, 문제가 생기면 안토니오 선생이 지도하고 곤살레스는 그것을 공책에 적는 등의 역할을 한다. 즉, 대학입학과 동시에 교생실습을 하고 있는 셈이다. 하지만 젊고 미숙한 교사에게 불안은 없을까? 초등학교에서도 보조교사제도가 도입되어 마르티네스가 홀로 수업을 맡지는 않는다. 베테랑 교사와 함께 있으므로 걱정 없다는 것이 정부의 견해지만 제2장에서 다루었듯이 지금까지 젊은 교사의 낮은 수준에 계속 골머리를 앓아오지 않았던가. "학생과 교사의 나이 차가 너무 나지 않아 신뢰할 수 없다."는 소리가 학부모로부터 들려오고 있다는 말도 있다.[12] 그래서 선생이 없는 장소에서 학생들에게 감상을 물어보자, 중학교 2학년생 디아나는 "젊지만 공부도 잘하고 정말로 즐겁게 수업을 해주시고 있어요. 수업 준비도 아주 열심히 해오시고 저희와 나이차가 별로 나지 않아서 인생상담도 마음 편하게 할 수 있어요. 아주 좋은 선생님이세요."라고 대답했다.

옆에서 이야기를 듣고 있던 같은 2학년생 디에시카도 "저도 선생님이 되고 싶어요. 아이들에게 좋은 것을 많이 가르쳐주고 싶기도 하구요."라고 장래의 꿈을 말한다. 취재가 통제되는 쿠바에서는 외국인에게는 본심을 일체 이야기하지 않는다고 지적하는 사람도 있지만, 나의 경험에 따르면 부정적인 이야기도 간혹 입에 담는다. 예를 들면 호세 안토니오 에체베리아 대학의 마리벨 일행의 몇몇은 "젊은 선생님은 지식도 있고 잘 가르치지만 나이든 선생님 중에는 수업을 대충 하시는 선생님도 있어서 좀 그래요."라고 솔직하게 불만을 털어놓았다. 즉, 젊고 열정적인 선생님의 모습이 학생들에게 좋은 인상을 주고 있는 것은 틀림없다.(12)

교사는 모든 사람들로부터 존경받는 고도의 전문직

교사가 아이들이 선망하는 직업 가운데 하나인 이유는 모든 사람들로부터 존경받는 전문직이라는 점도 있다. 제1장에 등장한 하버드 대학의 첸 추이 씨는 "미국에서 초등학교 교사는 사회적으로 높이 평가받지 못하고 많은 주(州)에서는 다른 직업에 비해 급료도 낮다. 다른 직업을 가질 수 있는 기회가 많다는 점도 더해져서 교직은 별로 매력적인

중학교에서 15명의 학생을 맡고 있는 네이시 곤살레스 선생은 마누엘 히스베 교육대 3학년생이다.

직업이 되지 못 한다. 하지만 쿠바에서는 많은 사람들로부터 존경받는 직업이며, 급료도 다른 전문직 못지 않다. 기술자가 될 수 없는 수준 낮은 학생이 갖는 직업이 아닌 것이다."라고 아주 정확하게 지적한다.[4]

쿠바에서 교사의 지위는 상당히 높으며[2] 지금은 보육원 교사가 되기 위해서는 대학을 졸업해서 교사자격을 반드시 취득해야 하며, 그중에는 특별한 과목의 수업으로 자격을 갖지 않고 임시로 교단에 서는 전문가도 많지만 그런 비상근 강사는 어디까지나 예외이며, 모든 교사는 자격을 갖고 있다. 자격은 유아교육, 초등교육, 중등교육, 특수교육 등 분야별로 21종에 이르므로 얼핏 복잡해 보이지만 1976년에 일반교육 개혁법으로 정해진 이래 이미 30년 이상이 지났으므로 사회에 정착되어 있다.[3]

급료도 1975년 이래 확립된 급여표에 토대해서[6] 보육원 교사라도 대학교수와 같은 수준이며 의사나 기술자 등의 전문직과 비교해도 거의 손색이 없다.[2]

하지만 경제위기가 격차를 넓히고 많은 교사가 이직해간 것은 큰 문제였으므로 1995년에 위기가 바닥을 치자 정부는 교육에 재투자를 시작하여[7] 1996년 이후로는 교육예산도 서서히 증가해간다.[8] 그때 먼저 실시한 것은 금전적인 인센티브를 부여함으로써 인재가 관광업 등으로 유출되는 것을 막는 일이었다. 1999년 2월에는 교사나 보조교사 급여를 30% 인상하는 방침이 결정되는데 2000년 정부 보고서에 따르면 이전에 다른 업종에 취직했던 교사들 중 약 3분의 1은 교육현장으로 되돌아왔다.

경기회복과 더불어 학생의 진학률도 되살아났다. 중학교 입학률은 1990년의 89%에 머물렀지만 중학교 이상의 입학률은 1990년을 웃돌았다. 고등교육기관으로의 진학률도 1996년에는 12%까지 떨어졌지만 2000년에는 24%로까지 높아진다.[7]

교사를 지망하는 젊은이들은 고교졸업 후에 '고등교육기관' 이라 불리는 교원양성 전문대학에 진학하는데[주1][3] 지망자가 늘어서 경쟁도 치열해졌다.

"교육대학은 전국에 15개 있으며, 시험과목은 국어와 수학, 역사인데 합격하기가 거의 하늘의 별따기입니다. 제 남동생도 교사가 되려고 지원했는데 입학하지 못했어요."라고 고등교육국의 요나르 델 살 아비야 장학관은 연줄도 먹히지 않는다며 쓴웃음을 지었다.[12] 그러므로 교사를 지망하는 학생들은 고등학교 때부터 공부를 시작한다.[6] 심지어 시험에서는 학력뿐만 아니라 교사로서의 적성과 전문적 능력, 도덕관도 면접에서 시험받는다.[3][6][주2] 장학관에 따르면 이런 난관을 돌파한 17,000명 이상의 젊은이들이 교사를 꿈꾸며 열심히 공부하고 있다고 한다.[12] 핀란드에서도 교원양성 대학은 모두 국립대이며 우수한 학생이 교사가 되는데, 쿠바 역시 모두 국립이며 수업료와 교재비는 무료이므로 교사가 되는 데에는 학비가 들지 않는다.[3] 그리고 학생의 성적도 다른 라틴 아메리카보다 좋다. 우등생 중에서 엄선된 학생이 교사를 지망하므로 교사가 되어도 수준 높은 수업을 할 수 있으며, 그것이 또한 공부 잘하는 학생을 낳는 '호순환' 으로 작동한다.[11]

실습 위주의 실천적인 수업

자, 난관을 돌파한 예비교사들은 이제 비고츠키나 마카렌코[주3] 등의 교육철학을 토대로 한 포괄적인 교육을 받게 된다.[11] 예를 들면 1, 2학년 때는 국어, 영어, 수학, 쿠바혁명사, 체육, 예술감상 등 일반과목이 중심이지만 3학년부터는 전공과목이 추가된다.[6]

전공과목은 유치원, 초등학교, 특수교육 등 희망하는 교사자격에 따라 선택 과목제로 되어 있으며, 중학교·고교교사의 경우 수학과 컴퓨터 과학, 물리와 전자공학, 화학, 생물학, 지리, 직업교육, 마르크스 레닌주의와 역사, 국어와 문학, 영어, 러시아어, 예술교육, 음악교육 등 12가지 분야 중에서 전공을 택할 수 있다. 하지만 전공 분야에 상관없이 발달학, 교육사, 교사와 사회, 사춘기의 성장, 교육심리학은 전공 필수과목이다.

한편 기술·직업학교 교사를 지망하는 학생은 일반고교가 아니라 기술계 전문학교를 졸업한 뒤에 교육대학에 입학한다. 이 경우는 역학, 전자공학, 건축, 경제, 농업·축산, 기계 등 6가지 분야 가운데 하나를 전공으로 할 수 있다.[3]

하지만 모든 과목은 교단에서 어떻게 가르칠 것인가에 초점이 맞춰져 있다.[11] 아동발달이론 등의 이론도 배우지만 가장 중시되고 있는 것은 교생실습을 포함한 현장에서의 실천이며, 커리큘럼의 거의 절반을 차지한다. 1, 2학년 때는 1주일에 한 번씩 실습이 있을 뿐이지만 3, 4학년이 되면 실습이 커리큘럼의 절반까지 늘어나서[3] 숙련된 교사로부터 세세한 실습지도를 받는다.[6] 그리고 마지막 5학년에서는 한 주에 하루씩 '고등교육연구소'에서 강의를 들으면서 자신이 선택한 전공과 관련된 두 개의 프로젝트를 연구하고 논문도 제출해야 한다.

프로젝트란 자신이 몸담을 환경, 즉 학교와 가정, 커뮤니티라는 현장의 과제에 자신이 배운 학문을 어떻게 적용할 것인가에 관한 연구다. 이토록 실천이 중시되고 있는 것은 현장에서 실습을 거듭해야만 비로소 학생의 기량이 늘어간다고 생각하고 있기 때문이다.[3]

새내기 교사에 대한 탄탄한 지원과 연수제도

일반적으로 교사자격증을 취득해도 곧바로 교단에 서지는 못 한다. 하지만 쿠바에서는 모든 졸업생에게 일자리가 보장되어 있다.[3] 일자리는 대개 출신지 근교의 학교에 배당되지만[5] 적절한 자리가 없는 경우에도 교육자라는 신분을 갖고 있으므로 무니시피오나 주에서 교육행정에 관여하게 된다. 그리고 그 뒤는 매년 평가를 통해 급료도 인상되어간다.[3]

즉, 입학하기는 힘들지만 입학과 동시에 취직이 거의 자동적으로 정해지는 것이다. 아니, 그렇다기보다 입학정원 자체가 국가가 필요로 하는 교사수에 의해 정해져 있다. 단적으로 말하면 '교육대 입학시험=교원 채용시험'인 셈이다.

그리고 교사가 된 이후의 지원도 탄탄하다. 새내기 교사를 받아들인 무니시피오와 학생을 졸업시킨 교육대학은 서로 정기적인 연수를 실시하는 동시에 교실을 찾아와서 수업방식이 진전하는 모습을 점검할 책임을 진다.[3] 이 정도로 실습을 거듭해왔으면 그만해도 될 것 같지만 교사가 된 뒤로도 더욱 좋은 수업을 할 수 있도록 정규 '현직교육'과 비공식적인 현장연수도 계속된다. 예를 들면 유치원과 초·중학교 교사용으로는 교육대와 고등교육연구소의 교육학부가 연수를 실시하고 있으며 고교만 졸업한 긴급교사와 기술·직업훈련학교에서 교편을 잡고 있는 중간 레벨의 교사용으로는 교육대가 주간(晝間) 코스를 개설하고 있다.(2)

이런 자기연마를 위한 세미나나 연수는 근무시간에 행해지고 그 동안에 수업은 면제되며(3) 연구 중에도 급여가 나오는 장기휴가인 '안식기간'도 있다.(5) 우리나라처럼 연수에 참가하려면 휴가를 내거나 상사의 눈치를 보느라 장기휴가를 내지 못 할 걱정도 없다.

마리아나오 구의 시우다드 데 리베르타드(자유도시) 내에 위치한 엔리케 호세 발로나 대학은 교육대학의 총사령탑 격이다. 그 옆은 라틴 아메리카 고등교육연구소다.

III. 경제위기 속에서 더욱 충실해진 교육제도 _ 175

심지어 미래의 교육계 지도자로서의 관리자나 장학관을 양성하기 위한 현직 전문가를 강사진으로 하는 고도로 심화된 연수코스도 갖춰져 있다.[3] 거기에 더해, 교장과 교감 등을 대상으로 한 관리직 연수도 실시하며[2] 어떤 교장은 11주에 한 번씩 연수강좌에 참가한다고 말하고 있었다. 연수가 이토록 중시되고 있는 것은 학생 하나하나의 성적에 대한 책임이 교사에게 있다고 생각하기 때문이다.[4]

서로 배우는 교사들

교사의 전문성을 높이기 위한 연수내용은 참으로 실천적이다. 국가는 교재의 내용에서부터 디자인, 출판, 배포에 이르기까지 모든 것을 독점적으로 책임지고 있지만[2] 아무리 훌륭한 교재라도 교사나 학생이 활용하지 않으면 아무런 교육적 가치가 없다. 그러므로 커리큘럼도 전국적인 기준은 세워져 있지만 지역의 상황에 따라 각 학교별로 시간표는 다양하다. 실정에 맞는 운용을 할 수 있도록 현장에는 상당한 재량권이 주어지고 운용에 있어서는 학생들도 교사와 함께 학습환경을 조사한다. 교사의 의욕과 창조력을 중시하고 있는 것이다.[2]

학년별로 제작된 교사용 가이드북의 우량사례도 현장에 뿌리박은 것이다.[2] 커리큘럼이나 교재 만들기에 활용하기 위해 교사들은 실전 체험을 교육대학과 공유하기 위해 모교를 자주 방문하며[4] 교사들끼리의 교류도 활발하다. 전문분야별로 상호학습하는 워킹 그룹이 있어서 교사들은 2주에 한 번씩 모여서 서로의 경험을 나눈다. 수업방식이나 교재 만드는 법, 학교가 안고 있는 문제의 대응책, 평가방법, 현장에 커리큘럼을 어떻게 적용시킬 것인가 등이 논의되며, 제시된 과제는 '문제은행'으로 모아지고 대응책도 세워진다.[2]

경험을 살린 실천적인 응용·연구를 행하는 것도 교사들의 중요한 역할로, 문제의 대응책과 수업방식의 연구성과는 '액션 리서치 프로그램'으로서 2년마다 무니시피오의 교육위원회에 발표된다.[3][6] 뛰어난 사례는 무니시피오, 주, 국가 등 각 단계별 교육위원회를 거쳐 선별되며 베스트 900에 선정된 연구는 국내외 참가자들 앞에서 국제회의에서 발표된다. 최고상을 수상한 교사에게는 관광지에서의 유급휴가나 극장표, 콘서트 티켓 등이 주어지는 특전도 있다. 이런 수법은 현재, 국제적으로 시행되고 있는 성과제와 거의 다르지 않으며[2] 이런 자극이 교실에서 교편을 계속 잡고 있는 교사들의 의욕을 유지하는 데에 역할을 톡톡히 하고 있다.[10]

하지만 당근이 있으면 채찍도 있는 법이라, 교사들의 능력은 언제나 체크되고 있기도 하다. 수업방식은 유치원, 초등학교, 중학교 등 단계별로 '전국 교육수준 관리평가기준'에 토대해서 교장과 무니시피오 대표로부터 평가받으며, 뛰어난 교사는 보상으로 휴가를 받을 수 있지만 성적이 나쁘면 페널티로 감봉을 당하기까지 한다.[2][4] 성실함이나 시간엄수가 체크되는 것은 당연하지만 수업을 제대로 하지 못하고 담당한 학생이 성적을 달성하지 못하는 것만으로도 감봉을 당하다니 정말이지 가차 없다. 지적받은 교사는 다음 해에 사용할 '자기개발 플랜'을 세워야 한다.

하지만 '교육 서클 주임'이 매달 수업 중에 교사를 방문해서 무엇이 문제인지를 알아내서 개선에 필요한 연수내용을 정하는 등 함께 지원을 해주며, 교사평가도 교장과 같은 관리직만이 아니라 교사의 상호학습 그룹이나 공산당, 교육대, 조합, 청년공산당조직도 가담하는 참여형으로 행해지며, 수업이 현장과 언제나 대응하는 것을 지향하고 있다. 즉, 부적절한 교사로 낙인을 찍어 면직시키기 위한 평가가 아니라 어디까지나 한 사람 한 사람의 교사가 평생학습을 통해서 전문성을 높이고 좋은 수업을 할 수 있도록 실시되고 있는 것이다.[2]

예를 들면 젊은 교사의 수업내용에 대해서는 교장이 책임을 지며 베테랑 교사와 교장, 교감이 교실에서의 수업방식을 점검하는데, 교사들도 그것을 당연시하고 있다.

소수정원 교실 실현을 위한 개혁

교사의 급료인상에 이어 소수정원 교실의 실현이 뒤따랐다. 먼저 초등학교에서 20명 학급을 실현하기 위해 '긴급교사'가 양성되었다. 긴급교사란 1년 동안 교육을 받은 다음 현직 교사의 지도 아래 공부를 계속하는 제도다.[7] 젊은이들의 교직 이탈에 위기감을 느낀 카스트로는 중학교를 졸업한 학생을 긴급교사로 양성하는 프로그램을 만들어서 2002년 9월까지 6,000명의 초등학교 교사를 졸업시켰다.[8] 이어서 중학교에서도 15명 교실을 실현시키기 위해 새로운 캠퍼스, 즉 살바도르 아옌데 학교에서 2003년 가을까지 5,000명의 신임교사를 확보했다. 이것은 실직중인 젊은이를 1년만에 교사로 양성하는 코스로, 이때 탄생한 신임교사의 평균연령은 불과 19살이었다.[8]

교사부족으로 한때 클래스의 정원이 평균 37명까지 늘어났던 아바나는 2002년 9월에는 시내 모든 학교에서 20명 학급을 실현시킨 최초의 도시가 된다.[7] 필요한 교실을 확보하기 위한 건물 개보수에는 많은 시민이 자원봉사자로 땀을 흘렸고, 카스트로도 개축중인 학교현장을 시찰하고 새로이 교사가 된 젊은이들을 앞에 두고 "이것은 식자력 향상운동 역사의 재현이다."라고 격려했다.[8] 즉, 이 절의 전반부에서 언

표9 각 주에 있는 교육대학

지역	대학명
① 피날 델 리오 주	라파엘 마리아 데 멘디베 대학
② 청년의 섬	카를로스 마누엘 데 세스페데스 대학
③ 아바나 주	루벤 마르티네스 비예나 대학
④ 아바나 시	엔리케 호세 발로나 대학(본부)
	엑토르 알프레도 피네다 살디바르 대학
⑤ 마탄사스 주	후안 마리네요 대학
⑥ 시엔푸에고스 주	콘라도 베니테스 대학
⑦ 비야 클라라 주	펠릭스 바렐라 대학
⑧ 상크티 스피리투스 주	카피탄 실베리오 블랑코 대학
⑨ 시에고 데 아빌라 주	마누엘 아스쿤세 대학
⑩ 카마구에이 주	호세 마르티 대학
⑪ 라스 투나스 주	페피토 테디 대학
⑫ 올긴 주	호세 데 라 루스 이 카바예로 대학
⑬ 그란마 주	블라스 로카 칼데리오 대학
⑭ 산티아고 데 쿠바 주	프랑크 파이스 가르시아 대학
⑮ 관타나모 주	라울 고메스 가르시아 대학

주) Oficina Nacional de Estadísticas에서 지은이 작성.

급한 교육대학 수업내용은 교조적인 것이며 지금 현장은 소수정원 교실의 실현을 향한 개혁의 한가운데에 있다는 것이다. 그럼, 다시 현장으로 돌아가자.

대학생 때부터 교단에 서는 종합교사

전국에 15개 있는 교육대학은 표9에 제시한 대로인데, 비제나스 플로레스 중학교의 곤살레스 선생이 다니고 있다는 마누엘 히스베 대학의 이름이 보이지 않는다. 외무부 국제 프레스센터의 일본 담당자 니우르카 엘레나 씨에게 전화번호부에서 찾아봐달라고 부탁했지만 나오지 않는다.

"물어볼게요." 라고 엘레나 씨는 학교 이름과 곤살레스의 이름을 확

옛 수도원을 학교로 개축한 마누엘 히스베 중학교는 대학 학부도 겸한다.

인하고는 이내 교육부에 물어봐주었다.

"아하, 마누엘 히스베 대학은 '미크로 우니베르시다드'였어요."

고개를 갸웃거리자 엘레나 씨는 보충설명을 해주었다.

"미크로 우니베르시다드란 모든 시군구별로 한 개의 대학을 설치한다는, 현재 정부가 추진하고 있는 개혁입니다. 즉, 본부는 마리아나오 구에 있는 엔리케 호세 발로나 교육대학이지만, 마누엘 히스베 중학교가 대학이 되어 있는 거죠."

"엇, 중학교가 대학이 되어 있다구요?"

재빨리 마리아나오 구에 있는 마누엘 히스베 대학에 가보니 분명히 옛 수도원을 개축한 중학교였다. 하지만 아무리 설명을 들어도 도저히 실태를 잘 알 수 없었다. 그러자 통역을 맡은 미겔 바요나 씨가 거들어주었다.

"제 큰아들도 아바나 대학 사회 커뮤니케이션 학부 학생인데, 집이 있는 디에스 데 옥투브레 구의 미크로 대학에 다니고 있습니다. 일부러 베다도에 있는 아바나 대학까지 통학하지 않아도 되기 때문이죠."

그렇게 되면 아바나 대학은 필요 없어지는 것 아닌가?

"뭐, 현장을 살펴보시면 이미지가 떠오를 겁니다." 하고 바요나 씨는 서둘러 그 중학교로 안내해주었다.

대학이 되어 있다는 에우헤니오 마리아 데 오스토스 중학교에서 설명을 들어보았다.

"우리 중학교에는 397명의 학생이 재적하고 있는데, 수업은 월요일부터 금요일까지 있으며, 오후 4시 30분부터 5시 20분 사이에 끝납니다. 그래서 저녁 6시부터는 대학으로 바뀌는 거죠. 토요일도 아침 8시부터 낮 12~13시까지는 대학입니다."

사회 커뮤니케이션 학부 이외에도 심리학, 사서학, 법학, 사회문화학, 정보과학, 회계학, 공업수학 등을 배우는 총 258명의 대학생이 재적하고 있다고 한다. 때마침 방문한 것이 토요일 오전이어서 대학생들이 삼삼오오 등교하고 있었다.

즉 곤살레스 선생은 '중학'이라는 대학에 다니고 있는 셈이 된다.[12] 소수정원 학급을 실현하기 위해 이런 참신한 방식으로 신임교사를 양성하고 있었던 것이다.

학생들 사이에서는 의학이나 공학 등의 분야가 인기가 높아 의사나 건축가는 너무 많아지는 한편, 그밖의 기술자는 부족한 경향이 있다. 그래서 초등학교 때부터 장래의 직업선택을 위해 일에 대한 관심을 높이는 수업이 행해지고 있는데, 그 일환으로 1994~1995년에는 교사 지망생을 위한 전문고교도 신설되었다. 수업내용은 일반고교와 같지만 졸업한 다음에는 교직을 택하도록 교육대와 긴밀하게 연계되어 있다고 한다.[1] 제시카 마르티네스도 이런 제도개혁의 결과로 16살의 나이에 교단에 서 있었던 것이다.

로베르토 보스 중등교육국장은 이 제도개혁을 이렇게 설명한다.

"소수정원 교실의 실현을 향한 개혁에서 중요한 점은 이 개혁으로 교사양성을 위한 대학교육도 바뀌어서 종합적인 교육이 가능한 교사가 양성되었다는 점입니다. 1학년은 학부에서 공부하지만, 2~5학년은 실제로 중학교에서 15명의 학생을 맡아서 가르치는 동시에 자신의 전공과목을 배우는 거죠. 새로운 프로젝트는 발족한지 이미 5년이 지났으며 지금은 종합교사가 4,600명이나 졸업을 했습니다."

새로운 프로그램에서는 더욱 많은 시간을 학생들과 함께 보낼 수 있게끔 교육대생들은 2년 때부터 교단에 서 있게 된다.[12] 종합적인 교사의 육성, 그리고 현장이 대학이 된다는 이야기를 듣고 문득 깨달았다. 앞서 쓴 책『의료천국, 쿠바를 가다』에서 소개한 '종합의사'와 이 책의 종합교사. 그렇다. 의과대 학생들이 지구진료소를 대학삼아 배우고

에우헤니오 마리아 데 오스토스 중학교도 야간과 토요일에는 아바나 대학으로 변신한다. 사진의 젊은 여성은 때마침 등교하고 있던 '아바나 대학 학생'이다.

있는 의료교육과 똑같은 제도가 교사양성 현장에도 도입되어 있었던 것이다.

주1 — 또한 체육교사는 이것과는 별도의 코스로, 각 주(州)에 있는 '고등체육문화대학'의 지역 캠퍼스에 입학하게 된다.[3]
주2 — 교사자격을 갖고 있지 않지만 기존에 교육기관에서 일하고 있던 사람은 교육대학에 우선입학이 가능하며 경쟁률이 높은 입학시험을 치를 필요도 없다.[3] 이런 교사의 경우는, 통상적인 주간의 5년 코스와는 달리, 노동시간을 고려해서 수업시간이 조정되며, 수강연수도 6년으로 1년 더 길다.[2][3]
주3 — 안톤 세묘노비치 마카렌코(Anton Semyonovich makarenko, 1888~1939)는 러시아 교육자다. 원래 초등학교 선생님이었지만 고등사범학교를 졸업하고 장학관이 되었고, 근로활동을 통해 비행소년의 교정교육을 담당하는 소년원 원장이 되어 집단주의 교육을 실천했다. 당시 주류였던 아이들의 자발성과 개성에 주목하는 신교육운동과는 선을 긋고, 집단 안에서의 충성과 협동에 중점을 두었다.

칼럼2

칠레의 교육개혁에서 배운다

성과 없는 그룹학습

핀란드가 '사회적 구성주의 이론'에 토대한 학습으로 높은 성적을 올리고 있다는 사실에서 "그렇다면 문제는 간단하다. 비고츠키란 사람의 그룹학습을 당장에 도입하라. 그러면 단숨에 학력이 신장될 것 아닌가."라고 생각할지도 모르겠다. 하지만 문제는 그리 간단하지 않다. 사실 라틴 아메리카 각국에는 그룹학습이 이미 보급되어 있다. 칠판이나 분필을 사용하는 기존의 수업방식은 지루해서 잡담을 하거나 공책에 낙서를 하는 등 도저히 수업에 집중하지 않는다. 그래서 이것을 대체할 수업방식으로 각국에 도입되어 있지만 그것이 성적향상으로 이어지고 있지는 않다.

예를 들면 칠레의 2006년도 PISA 성적은 국제평균 이하이며, TIMSS에서도 다른 나라와 커다란 차이가 보이지 않는다.

칠레는 쿠바와는 정반대로 20년에 걸쳐서 시장제도를 교육에 도입하고 다양한 사회적 실험을 해왔다. 1996년에는 전국통일시험으로 학교를 등급 매겨 각 지역에서 성적이 우수한 학교 중 최대 25%까지 장려금을 주는 제도를 만들었다. 장려금의 90%는 수업시간별로 각 교사에게 나누어 지급되고, 나머지는 가장 뛰어난 수업을 한 교사의 몫으로 돌아간다. 성적을 올린 교사에게 금품을 제공하면 의욕도 생기고, 부모도 좋은 학교를 선택하고, 좋은 학교는 우수한 학생을 확보할 수 있으므로 학교도 교사도 노력할 것이라는 이유에서였다. 하지만 시장경쟁 원리에 의한 서열화의 추진은 학생의 학력향상으로는 이어지지 못하고, 애초에 예상한 경비절감도 달성하지 못했다.

개혁이 실패한 커다란 이유는 제1장에서 언급했듯이 사회적 격차가 벌어졌기 때문이지만, 교사양성 방법이 틀렸던 점도 크다.

현장에 도움이 되지 않는 강의와 교사에게 일임하는 교육현장

칠레의 단기 교육대학이나 교육학부에서도 아동심리학에 토대한 교육이론이 가르쳐지고, 마지막 학년에서는 교생실습도 한다. 하지만 쿠바와 달리 그 수업내용은 국가로부터의 간섭을 받지 않고 교육학 교수들이 정한다. 교사양성과 교육정책이 분리되어 있으므로 교수들은 현장에서 실제로 사용되는 교재내용을 잘 모르는 일이 있다. 수업내용도 추상적인 이론이 되기 쉬우며, 교실에서 가르칠 때에 별로 도움이 되지 않는다. 그래서 많은 학생들로부터 '교육이론이나 스페인문학은 많이 배우지만 기본적인 국어교육 방침을 잘 모르겠다'라는 불만의 소리가 나오게 된다.

이론이 우선시되어 수업진행 방식은 거의 가르치고 있지 않은 것이다. 그러므로 강의기법은 실제로 교사가 된 다음에 교단에서 스스로 익히는 수밖에 없는데, 각자 자기 스타일대로 하다보면 효과 없는 습관이 생기며 그렇게 된 것을 스스로도 깨닫지 못하는 일이 있다. 또한 자유방임주의 전통이 강한 칠레에서는 교장이나 교감도 신임교사의 수업에 관여하지 않는다. 거기에는 세 가지 이유가 있다.

첫째, 전통적으로 수업 체크는 장학관이 하면 된다고 여겨져왔다는 점이다. 하지만 피노체트 정권은 장학관 제도를 소홀히 하고 교육의 질적 향상을 위해서는 시장원리만으로 충분하다고 생각했기 때문에 관리자 역할밖에 하지 못하고 있다.

둘째, 교장들에게 현장을 지도할 능력도 여유도 없다는 점이다. 각 학교는 우수학생 쟁탈전으로 날을 새며, 교장에게는 수업지도보다 학교경영이 중요하고, 학교 건물의 치장이나 홍보, 자금조달 등에 쫓긴다. 성적향상이 선전이 된다는 건 알고 있지만, 구체적인 지시는 내리지 못하며 그저 명령만 할 뿐, 교직원들에게만 의존하고 있다.

셋째, 교직원노조가 '교실은 교사의 성역'이라고 주장하여 좋은 방안이 있더라도 교사의 방식에 교장이 끼어드는 것을 싫어한다는 점이다. 물론 교사에게 자유로운 재량권이 있는 것은 장점이다. 커리큘럼을 유연하게 변형해서 새로운 교재를 사용하는 등 '세계 최고의 수업'을 해주는 이상적인 교사상을 머릿속에 그리면서 기대한다. 실제로 모든 교사가 그렇다면 아이들도 행복할 것이다. 하지만 그것은 어디까지나 우수한 경우이며, 능력이 떨어지는 교사는 그렇게 할 수 없다.

통일적인 교육수준을 확보하기 위해 칠레에서는 국정교과서가 사용되고 있는데, 아무리 훌륭한 교과서라도 내용을 가르칠 수 있을 만한 역량이 교사에게 동반되지 않으면 개발에 편자 격이다. 그런데 초등학교 교사 4명 가운데 3명은 대졸이긴 하지만 대부분은 고교를 졸업한 후에는 자신이 담당할 수업과목의 내용을 배우지 않는다. 그러므로 수학이나 이과 지식은 고교수준에 머물러 있다. 중학교나 고교에서 탁월한 수업을 받았다면 지식도 깊어지겠지만 제대로 된 수업을 받지 않으면 빈약해진다. 그래서 현장의 교사가 교과서를 제대로 사용하지 않아 교재와 수업내용이 크게 빗나가게 된다. 교사의 능력에는 차이가 있는데 사용하지도 못할 수준 높은 교과서만 만들어내는 어리석음은 미국에도 있다. 미국에서는 수학수업에 새로운 커리큘럼이 도입되었지만 그것을 가르칠 수 있는 교사는 몇 되지 않으며, 내용을 이해할 수 있는 부모는 더더욱 적다고 한다.

또한 가리야 다케히코 도쿄대 교수의 『교육개혁의 환상』에는 캘리포니아주에서 아이들 중심주의의 그룹학습을 해봤더니 전미교육평가 테스트에서 최하점 가까이까지 떨어진 실패사례가 나온다. 이런 사례는 교사의 질이 받쳐줘야 한다는 그룹학습의 중요성을 깨우쳐준다.

3. 장애우를 배려하는 교육

세계의 흐름과 역행하는 특별한 장애우 관리

경제위기 속에서도 유아교육과 더불어 흔들림없이 충실해져갔던 것이 장애우 교육이다.

"전 세계에 있는 6억 명의 장애우 중에서 보살핌을 받고 있는 이들은 겨우 3%뿐입니다. 하지만 쿠바에서는 인도적인 차원에서 전원이 관리를 보장받고 있습니다."

2007년에 개최된 제45회 특수교육기념총회에서 루이스 이그나시오 고메스 당시 교육부 장관은 이렇게 발언했는데 혁명 이전에는 양호학교 8개교에 교사 20명, 학생 134명이 있을 뿐이었다.[6] 그것이 지금은 표 10과 같이 414개 시설에서 44,562명의 아이들이 공부를 하고 있다. 그것을 지탱하는 것은 14,955명의 스태프다. 시력, 청각, 신체·행동장애, 정신장애, 정신지체, 언어장애······. 다양한 어려움을 가진 아이들이 능력을 키워서[1][7] 사회 구성원으로 활동할 수 있도록 전문교육이 실시되고 있다. 그것도 유소년기부터 시작되어 모든 무니시피오에 있는 지도진단센터가[1][6] 4살 이하부터 각 가정에서[5] 장애 징후를 일찌감치 체크한다. 그 뒤에 성장상태를 지켜보고[2] 문제가 없다고 판단하면 일반학교에 진학하지만[1] 그렇게 않으면 센터의 소개로[7] 심리학자, 언어학자, 작업 요법사, 심리 요법사, 의사, 간호사 등의 전문 스태프가 갖춰진 '양호학교'에 다니게 된다. 단추를 다는 정도의 기본적인 기술에서 요리까지, 각자의 관심사와 능력에 맞게끔 장래의 자립을 향한 개별 커리큘럼을 배워간다.[5] 장애도가 더욱 심해서 병원이나 가정에서 나올 수 없다면 '이동교사'라고 불리는 그룹이 가정과 병원을 방문하여 특별수업을 한다.[2] 그야말로 빈틈없는 관리라고 말할 수 있다.

하지만 국제적인 주류는 되도록 장애 아동을 정상 아동과 함께 공부하게 하는 것이었다. 1994년 6월 7~10일에 스페인에서 열린 '유네스코 특별 니즈교육에 관한 세계회의'에서는 장애우도 구별하지 않고 일반 학교에 입학시켜야 한다는 '살라망카 선언'을 했다. 그렇게 하는 것이 본인에게도 바람직하고 교육비도 절감할 수 있다는 것이다. 하지만 아바나의 라틴 아메리카 특수교육 참조센터 소장은 "개별적인 양호학교 교육이야말로 최선의 방법"이라고 주장하며[2] 격리교육은 도움이 되지 않는다는 세계적인 상식과는 다른 견해를 제시한다.[3]

표10 양호학교 상황

구분	2001/02	2002/03	2003/04	2004/05	2005/06	2006/07
양호학교수	436	435	430	426	422	414
학생수	55,053	51,595	49,756	46,853	45,620	44,562
간호 스태프	14,481	14,612	14,479	14,412	14,642	14,955
교실 교사	8,672	8,886	8,885	8,902	9,094	9,614
스태프/학생수	3.8	3.5	3.4	3.3	3.1	3.0

주) Oficina Nacional de Estadísticas에서 지은이 작성.

아이들 하나하나를 배려하는 전원 기숙사형 양호학교

양호학교로는 시각장애 아동이 다니는 아벨 산타 마리아 학교와 선천성 장애와 사고 등으로 팔다리에 문제가 있는 학생을 위한 파나마 특수학교가 유명하다. 파나마 특수학교에는 초등학교 4학년부터 중학교 3학년까지 162명이 다니며, 132명의 스태프와 51명의 교사가 지도한다. 2~5명의 소수정원 교실이며 교육목표는 아이에게 무리한 기대를 걸지 말고 아이 자신도 분수를 알고 열심히 살아가는 것을 응원하는 것이다. 손이 없는 아이에게는 글자를 발로 쓰고 싶은지 입으로 쓰고 싶은지 본인의 의사를 확인하고 교사와 재활스태프가 그 능력을 높여간다. 모든 학교는 아바나에 있지만 국내에는 신체장애가 있는 아동용 학교가 그밖에 2개 더 있다.[2]

파나마 학교는 전원 기숙사 제도이며, 아바나 시내에 집이 있는 아이는 주말에 집에 돌아가지만 지방 출신의 아이는 일 년에 딱 두 번, 한여름과 12월에 집에 갈 수 있다.[2] 대신에 교직원이 아이를 '양자'로 삼아 '가정'을 만든다.[5] 덧붙여서 교직원이 아이의 양부모가 되는 것은 고아를 맡는 양호시설에서도 마찬가지다. 아이를 내팽개치고 망명해버린 부모를 대신해 1976년에 정부가 양호시설을 설립했는데 2004년에 시찰한 캐나다 그룹의 보고서를 일부 소개해보자.

"6~18살의 약 20명의 아이들이 있는 양호시설을 방문했는데 아주 청결하고 쾌적하다. 대학에서 전문교육을 받은 스태프는 아이들을 마음으로부터 사랑하고 있으며, 아이가 시설에 들어올 때부터 함께한다. 인사이동이 적고 멤버가 오랫동안 변하지 않으므로 18살을 넘어서도 양호시설 출신자들은 시설에 대해 진짜 가정과 같은 정을 품고 있다. 몇 살이 되든 고아들에게 '가정'을 제공하려고 정부는 최선을 다하고 있다."[4]

물론 양부모가 된 교직원은 힘이 들기 때문에 양호학교에서도 기본급여에 40페소의 수당이 더해진다. 그러나 시설이 모든 책임을 떠맡지는 않으며 보호자에게도 확실한 의무가 있다.

사회로 열려 있는 양호학교

특수교육에서도 위력을 발휘한 것은 앞 장에서 지적한 사회적 자본이다. 양호학교 내에서 보살피긴 하지만 학교는 사회에 열려 있다.

보호자는 되도록 학교를 방문해서 자원봉사자로서 돕는 일이 장려되고 있으며[5] 아바나 거주자에게는 아이들에의 대응법을 가르치는 '부모학교'도 정기적으로 열린다. 멀리 사는 부모도 특별한 행사 때에는 참가가 권장되며 그럴 때는 학교 근처에 묵고 여비와 식비는 학교가 부담한다. 이벤트는 사회적으로 의미가 있는 일로 여겨지고 있으므로 참가는 업무로 인정되어 그 날의 급료는 직장에서 지급된다.[2]

사회와 연결되어 있다는 점에서는 학생도 마찬가지다. 파나마 학교 학생도 피오네로, 혁명방위위원회 등 일반학교 학생과 똑같은 조직에 참가한다.[2] 그리고 양호학교는 어디까지나 통과지점에 지나지 않는다는 점도 잊어서는 안 된다. 평균 재학기간은 1.5년이며[4] 대부분의 학생은 전문교육을 받은 뒤에 일반학교로 옮겨간다. 진학한 뒤에도 2년 동안은 파나마 학교 교직원으로부터의 도움을 받을 수 있다. 전학을 간 아이는 자신의 체험을 후배와 공유하기 위해 모교에 자주 초청된다.[2] 특수교육 분야에서 비고츠키의 선구적인 연구는 제1장 제4절에서 소개했는데, 갑자기 정상아들과 함께 하지 않고 단계적으로 전학시키는 방식은 상당히 합리적이지 않은가.

다양한 치료를 통한 자폐아 관리

"우리 학교에도 자폐아 한 명이 3학년 때 양호학교에서 전학을 왔어요. 벌써 5학년이에요. 별 문제 없어서 한 명 더 전입시킬 예정이에요."

제1장에서 등장한 페드로 마리아 로드리게스 초등학교에도 그런 학생이 있었다. 로페스 교장에 따르면 자폐아를 위해 도라 알론소라는 학교가 최근에 문을 열었다고 한다.

도라 알론소는 마탄사스 주 출신의 쿠바를 대표하는 작가이자 저널리스트다. 소설, 단편, 시, 희곡 등 다양한 작품을 남겼는데 특히 유명한 것이 아동문학이며 작품은 다른 나라에도 번역되고 있다. 작품의 주요 테마는 자연을 사랑하는 농민이며, 1934년에 반 제국주의 조직인 호벤 쿠바에 가담하여 혁명운동에 몸을 던졌고 1961년 피그만 침공 때에는 종군기자로 일하기도 했다.

"도라 알론소는 유명한 작가인데 2001년 3월에 90살로 돌아가셨지요. 그래서 쿠바의 특수교육 40주년을 기념해서 2002년 1월 4일에 최초로 자폐아를 위한 학교를 개교하면서 피델이 이 이름을 붙였죠."

이니지아 캄포 발데스 교장. 2004년에는 산티아고 데 쿠바에도 위르암 소렐이라는 자폐아를 위한 학교가 생겼다고 말했다.

녹색으로 둘러싸인 도라 알론소 학교에서는 2~18살의 아이들 55명(남자 44명, 여자 11명)이 공부한다.

이니지아 캄포 발데스 교장(34살)은 학교명의 유래부터 설명을 시작했는데 나무에 둘러싸인 주변은 한가롭고 조용하다. "여기는 버스가 들어오지 않아 공기가 맑아요. 숲이 풍성하고 조용해서 아이들 교육에는 최적입니다. 이 지역에는 보육원부터 대학까지 모든 학교가 갖춰져 있으며 증상이 개선된 학생을 전학시킬 수도 있고, 전문 소아병원도 가까이에 있으며 자폐아 전문가도 있죠."라고 주변상황도 덧붙인다.

"자폐증은 3살부터 시작됩니다. 그 75%는 뇌의 장애지만, 커뮤니케이션 문제가 있어서 인간관계를 맺지 못하고 사회에도 잘 어우러지지 못합니다. 일주일에 한 번 말을 타는 히포 테라피와 원

텔레비전을 보는 네스톨 아도르아 바스케스(5살). "활발하지만 이전에는 도무지 얌전히 앉아 있질 못했지요. 그래서 그림과 텔레비전을 보여주면서 말을 가르치고 있어요." 자네트 소사 로드리게스 선생님은 늘 옆에 붙어서 지도한다.

예 테라피, 미라마르 구(區)에 있는 수족관에서 물고기와 함께 하는 체험을 시키고 있으며 장래의 가능성도 시험하기 위해서 가까운 전통의료 약초원에서 약초를 병에 넣는 일도 시키고 있습니다. 또한 처음에는 일주일에 한 번, 다음에는 두 번을 일반학교에 다니게 해서 정상아들과도 친해지게 하고 있죠."

호세 에르네스토 수알레스 마르티네스 소년은 이런 테라피 덕분에 증상이 호전되어 페드로 마리아 로드리게스 학교에 무사히 전학했는데 전학과정을 도와준 아호요 토란지도 씨에 따르면 그런 학생은 44명에 이른다고 한다.[8]

교실은 11개 있으며, 5~6명에 한 명의 교사가 붙어서 컴퓨터, 체육, 국어, 공작, 그림, 음악 등 다양한 수업을 한다. 여기는 음악 교실이다.

장애우도 대학에 진학할 수 있고 사회적 자립을 촉진

　이렇게 양호학교를 졸업한 뒤에는 더 진학할 수도 있다. 다만, 직업학교에는 그냥 입학할 수 있지만 대학진학은 다른 학생들과 똑같이 고교 졸업이라는 필수조건이 붙는다.[5]

　2005~06학년도에는 4,300명 이상이 고등교육 수준의 특수교육을 받고 3,400명이 대학에 입학했다. 이런 젊은이들은 교육용 소프트웨어 등을 활용함으로써 컴퓨터도 잘 다룬다고 한다.[6] 하지만 캄포 교장에 따르면 도라 알론소 학교의 최고연령은 18살이다. 그때까지 회복 가능성이 보이지 않아 전학을 가지 못한 아이는 어떻게 될까? 문득 솟아난 의문을 입에 담았더니 통역이 채 끝나기도 전에 교장이 대답했다.

　"18살이라는 대목에서 뭘 물으시는지 바로 알았어요. 여기 오시는 분들은 모두 똑같은 질문을 하시거든요. 18살이 넘은 아이는 아직 한 명뿐이며, 지금은 어느 정도 회복된 상태여서 이곳의 정원 관리작업을 맡기고 있답니다. 하지만 그밖의 예는 아직 없습니다. 아직 생긴 지 얼마 안 된 학교니까요."

　듣고 보니 그건 그렇다.[8]

장애우의 사회참여를 지탱하는 사회조직

　그렇다면 성인이 된 장애우들은 어떻게 하고 있을까? 아바나의 알라요 나란호 구(區)에 유기농업을 성공시킨 정신병 환자를 위한 커뮤니티

센터가 있다는 말을 듣고 찾아가보았다. 농장을 안내해준 이는 후안 마누엘 히메네스 오란다 씨와 부인인 레티시아 마리아 게라 클리엘 씨였다. 이들 부부는 1990년대 후반부터 쓰레기장이었던 이곳을 농장으로 전환하는 프로젝트를 시작해서 2005년부터는 유기농업 기술의 하나인 퍼머컬처(오스트레일리아의 빌 모리슨 교수가 약 30여 년 동안 이론과 실천연구, 개발했던 영속적인 농업의 개념으로 지속농업과 비슷한 개념. — 옮긴이) 기술도 도입하기 시작했다.

"보세요. 망고, 만다린, 레몬, 오렌지 등 34종류의 과수가 심어져 있습니다. 여기는 아바나에서도 가장 가난한 지역 가운데 하나인데 이전에는 쓰레기가 널려 있었죠. 먼저 땅의 힘을 북돋우기 위해 작두콩이라는 콩과 식물을 심어서 토양의 유실을 막는 일부터 시작했어요. 드디어 6년째인데요, 앞으로는 이곳을 식량의 숲으로 바꾸고 싶어요."

하지만 아바나 여기저기에 있는 다른 유기농 농장과 약간 다른 점은 10여 명의 정신병 환자들이 함께 일하고 있다는 것이다.

"환자들은 모두 복지부에서 급료를 받고 있어요. 원예 테라피로 마음의 병을 고치려고 마음먹고 있고 병이 나아가는 사람도 있지요. 완치되어도 여기가 좋아서 계속 일하고 싶다며 남아 있는 사람도 있어요."

밭에서 일하는 정신병 환자들. 보기에는 극히 정상이다. 모두들 자신의 페이스대로 열심히 밭일을 하고 있다.

　정신과 의사이기도 한 클리엘 씨에 따르면 생산된 과일과 허브, 약용 식물은 원칙적으로 판매되지 않고 지방의 진료소와 병원, 공동체에 기부된다고 한다. 말하자면 농장은 어디까지나 사회복지 정책의 일환인 것이다. 쿠바에서는 시간이 아주 천천히 흐르지만 채산성과 관계가 없는 만큼 이 농장의 분위기는 한층 더 여유롭다. 농장의 종업원과 접촉하는 클리엘 씨의 눈매도 다정하다.[9] 쿠바는 라틴 아메리카의 특수교육 관계자를 대상으로 수많은 국제회의를 개최하고 있으며[1] 양호교육에서는 높은 평가를 받고 있지만 학교를 나온 뒤에도 일자리가 확보되어 있는 편이 훨씬 의미 있지 않을까? 성인의 고용대책은 어떻게 되어 있을까? 새로운 의문이 솟아났다.[9]

칼럼3

쿠바의 인공내귀

호세 카를로스 소년이 전혀 귀가 들리지 않게 된 것은 생후 7개월째였다. 신생아 때에 청각에 부작용이 있는 항생물질인 겐타마이신을 사용한 것이 원인이었다.

"쓸 수 있는 방법은 다 써봤지만 장애의 진행은 막을 수 없었죠. 첫 아이였기 때문에 남편에게도 저에게도 고통스러운 일이었어요."

소년은 전문 양호교육 보육원에 다녔고 그 뒤, 셀로 지역에 있는 농아학교에 입학했다. 하지만 어머니 야시미 고린 곤살레스 씨가 남동생과 차별하지 않고 키웠기 때문에 어떻게 해서든 동생과 같은 학교에 다니게 하고 싶다고 하여, 초등학교 3학년에 플라자 데 라 레볼루시온 구에 있는 올마니 알레나도 학교로 전학했다. 일반학교에 전학할 수 있었던 것은 언어 요법사인 루이사 아메리카 톨레도 씨로부터 독순술을 배웠기 때문이었다. 30년 이상의 교사경험이 있는 베테랑인 마리아 델 카르멘 선생의 학급에서 소년을 받아주었다.

"이런 특수 케이스는 경험이 없었으므로 엄청난 도전이었어요. 그래서 '카를로스가 잘 해낼 수 있을지 없을지는 여러분 모두에게 달려 있어요' 라고 학생들에게 먼저 설명했죠."

등교 첫날부터 카를로스는 모두에게 환영을 받고 격려받았다.

"아주 사교성이 좋은 아이였으므로 동급생과도 금방 친해지고 인기 있는 아이가 되었어요."

선생과 부모, 급우들의 격려로 6학년까지 진급한 시점에서 소년에게 기회가 찾아온다. 인공내귀 수술을 받은 것이다.

인공내귀란 보청기로 음성을 증폭해도 들리지 않는 환자용으로 내귀의 달팽이관 제8청각 신경을 전기적 충격으로 직접 자극하는 전자장치다.

"7개월 전에 수술을 받았는데 이젠 이름을 부르면 대답을 해요. 아직은 음성을 식별하는 단계지만 매일매일 좋아지고 있습니다. 아주 행복해요."라고 어머니는 감사한다.

청각기능을 회복하려면 수술 이후에도 다양한 관리가 필요한데, 이런 제도 만들기는 쿠바의 장기다.

카를로스 소년을 초등학교에서부터 돌봐주고 있는 언어 요법사 야네리스 아르난데스 씨는 "경과는 양호합니다. 저희들은 낙관적이며 열의를 갖고 응원하고 있습니다."라고 말하고 있으며, 얀도리스 듀란 선생도 자주 교실을 찾아온다.

"학교끼리 제휴하고 있으므로 중학교에 진학해도 초등학교 급우가 함께 공부합니다. 그래서 같은 반 학생과 카를로스에 대해 잘 알아두어서 내년에 대비하는 거죠."라고 델 카르멘 선생은 듀란 선생의 방문 이유를 설명한다. 듀란 선생은 내년에 카를로스 소년을 담당할 중학교 선생이다. 카를로스 군은 이제 곧 자연음이나 음악뿐만 아니라 부모나 친구의 말도 완전히 알아들을 수 있게 될 것이다.[2]

인공내귀 실험은 1957년에 처음으로 실시했는데 시제품의 첫 이식수술은 1978년, 일본에서의 첫 수술은 1985년이므로 아직은 신기술이다. 하지만 장치만으로도 미국 달러로 15,000달러나 하며 전극을 설치하는 복잡한 외과수술과 수술 후의 재활경비를 합치면 미국 달러로 6만 달러나 든다. 하지만 쿠바에서는 카를로스 소년처럼 인공내귀 수술을 받은 아이들이 아바나에서만도 23명, 전국에는 120명 이상이 있다.[2] 2006년 5월 10일에는 카를로스의 참석 아래, 제1회 국제청각장애우회의가 열렸는데 세계적으로 보아도 수술 횟수 면에서는 단연 두드러지며[1] 시술 후의 아이들을 관리, 모니터하는 지원 그룹도 개설되어 있다.[2]

  연수입이 달러로 환산해서 200달러에도 미치지 못하는 쿠바에서는 6만 달러는 큰돈이지만 정부가 모든 경비를 부담하고 있으므로 치료비는 무료다. 일본에서도 수술환자는 4,000명을 넘어 드문 일이 아니지만 보험을 들어도 수술과 입원만으로도 120만 엔이 든다. 장애우를 둔 부모에게 쿠바의 충실한 장애우 대책은 역시 고마운 것이라고 말할 수 있을 것이다.

4. 워킹 푸어를 낳지 않는 쿠바식 정리해고

설탕의 섬에 밀어닥친 정리해고 쓰나미

뭐니뭐니 해도 쿠바, 하면 설탕이다. 조금만 교외로 나가면 지평선 끝까지 펼쳐진 사탕수수밭을 볼 수 있다. 콜럼버스에게 '발견' 되어 스페인의 식민지가 된 이후 설탕은 지금까지 쿠바를 상징해왔다.[2] 17세기에 생산이 시작된 이래 설탕은 토지 이용에서부터 생활문화나 습관, 정체성에 이르기까지 쿠바의 모든 것에 그림자를 드리우고 있다. 아프리카에서 노예를 실어온 것도 사탕수수를 수확할 노동력을 확보하기 위해서였고 전화나 전신, 철도 등의 첨단기술을 가져온 것도 설탕이었다. 당시의 번영상을 보여주는 각지에 남아 있는 멋진 건축물도 설탕이 가져온 부의 산물이다.[1]

'설탕 없이 국가 없다.' 쿠바에는 이런 말이 있는데, 1970~1980년대에 걸쳐서는 글자 그대로였다. 1969년에 맺어진 무역협정으로[1] 소련과 옛 동유럽 국가들이 국제시장의 5배 가격인 1파운드당 40센트에 설탕을 사주었으므로 매년 30억 달러나 되는 외화를 벌어들였다.[2] 설탕과 바꿔서 소련산 석유도 값싸게 살 수 있었고 그것을 재수출할 여유가 있는 해까지 있었다.[1] 설탕은 그야말로 쿠바의 달러박스였으며[2] 사탕수수는 쿠바의 서쪽 끝과 청년의 섬 지역을 제외하고 전국에서 재배되고 있었다.[1]

중부 마탄사스 주의 사탕수수밭에서 사탕수수를 수확하는 노동자.

하지만 그처럼 유리한 시장은 소련붕괴와 더불어 상실되었다.[2] 남은 것은 수입부품이 없으면 작동할 수 없는 대형 트랙터와 연료, 화학비료, 농약 등에 의존하는 대규모 국영농장이었다. 그러므로 연료와 비료가 부족해지자 생산량은 1992~1993년에 약 300만 톤으로 39%나 급락했다. 외화를 벌어들이지 못하면 투자도 할 수 없다. 그것이 자연스럽게 생산량의 저하를 부른다. 애가 탄 정부는 악순환으로 기능을 상실한 국영농장을 1993년에 소규모 협동조합(UBPC)으로 해체한다.[1] 그것과 함께 공장개혁도 필요할 터였다. 대부분의 제당공장은 낡은 것이라 효율이 떨어졌으므로[2] 1990년대 들어와서도 생산비용이 국제시장 가격보다 50~70%나 더 높았다.[1]

그런데 이 부문의 개혁은 늦게 시작되었다. 1994년 4월에 정부는 대대적인 정리해고 계획을 발표하는데 5개의 부처를 폐지하고 6개의 부처는 통폐합, 각 부국(部局)은 984곳에서 570곳으로 정리하지만[3] 설탕부만은 손대지 않고 그냥 두었던 것은 단지 설탕부의 뛰어난 중앙집권적 체질 때문이라고 말할 수 있었다.[3]

마침내 본격적으로 정리해고에 착수할 수 있었던 것은 4년 뒤인 1998년에 울리세스 로살레스 델 토로 새 장관이 취임한 뒤였는데, 설탕부 직원은 1,300명에서 400명 이하로 73%나 감원되고, 출장지방사무소 직원의 절반이 정리해고되고, 부에 소속된 관계공사도 192곳만을 남기고 289곳이 정리되었다. 남은 공사도 보조금 의존을 포기하고 생산성에 따른 봉급제도를 도입하여 수익을 올리도록 장려되었다. 1998~2002년에는 비록 한시적이지만 비효율적인 45개 공장의 조업을 중지하기도 했다. 하지만 성과는 오르지 않고 이 10년 동안 평균 생산량도 38%나 떨어지고 생산국으로서의 세계 랭킹도 3위에서 10위까지 떨어지고 만다.[1]

생산량 감소와 더불어 힘들었던 것은 국제시장에서 설탕가격이 반값 이하로 폭락한 것이다. 생산량과 반대로 소비량은 연 2.2%로 올라가고 있었지만, 콘시럽 등 설탕 이외의 감미료가 시장을 압박하여 비축량이 1,200만 톤이나 늘어나 있었다. 이런 생산과잉으로 파운드당 가격은 1989년의 13센트에서 2002년에는 6센트까지 하락했다.[3] 게다가 옛 소련붕괴 대책에 몰두하는 사이에 다른 경쟁국가에 결정적으로 추월을 허용했다.

최대의 라이벌은 브라질이었는데 쿠바의 생산량이 1989~2002년에 걸쳐서 56%나 감소하는 사이, 같은 시기에 브라질은 생산량을 두 배 이상으로 늘렸다. 2002년 브라질의 설탕 수출량은 1,160만 톤으로 쿠바의 전 생산량의 세 배 이상이나 되었다. 중국, 타이, 인도, 오스트레일리아의 생산량도 쿠바의 두 배 이상이 되었다.[2] 경쟁에서 이기려면 파운드당 약 20센트가 드는 현재의 생산비용을 국제시장가격 이하인 4센트까지 끌어내려야만 한다. 마침내 쿠바는 대대적인 정리해고에 돌입하게 된다.[2]

표11 각 주별 제당공장 정리해고 상황

(곳, 톤)

주	설탕생산		설탕·당밀생산		휴업화		합계	
피날 델 리오	2	8,300	1	2,000	2	6,000	5	16,300
아바나	5	20,000	1	3,000	9	27,200	15	50,200
아바나 시	0	0	0	0	1	5,000	1	5,000
마탄사스	6	27,600	2	6,000	13	45,000	21	78,600
비야 클라라	11	35,800	2	6,500	15	39,400	28	81,700
시엔푸에고스	7	26,900	0	0	5	15,600	12	42,500
상크티 스피리투스	3	20,900	2	6,200	4	8,200	9	35,300
시에고 데 아빌라	6	53,000	0	0	3	13,500	9	66,500
카마구에이	7	42,300	2	12,600	5	24,100	14	79,000
라스 투나스	4	30,800	1	7,400	2	19,500	7	57,700
올긴	6	27,000	1	8,000	3	20,100	10	55,100
그란마	6	25,300	0	0	5	14,100	11	39,400
산티아고 데 쿠바	6	21,400	1	4,600	1	1,800	8	27,800
관타나모	2	3,600	1	2,500	3	6,000	6	12,100
계	71	342,900	14	58,800	71	245,500	156	647,200

주) José Alvarez, F. Pérez-López의 문헌에서 지은이 작성

공장의 절반을 폐쇄하고 사탕수수밭은 3분의 1로

예전에 쓴 책 『200만 도시가 유기채소로 자급 가능한 이유―도시농업 대국 쿠바 리포트』에서 "설탕공장에는 40만 명이나 되는 사람이 일하고 있다. 정부는 비효율적인 제당공장을 폐쇄하는 것도 검토했지만, 최종적으로는 실업의 아픔을 거울삼아 정리해고를 실시하고 있지 않다."라고 쓴 적이 있다.[5] 하지만 이것은 잘못이다. 아니, 그 뒤에 상황이 바뀌었다는 것이 좀 더 정확하다.

2002년 4월 10일, 최고 의사결정기관인 장관위원회는 사탕수수의 생산면적과 제당공장을 거의 절반으로 줄이는 대신에 설탕 부산물의 생산량을 늘리고 효율성을 높이라고 설탕부에 지시했다. 다음 달인 5월에 열린 제당업 노동자 집회에서 카스트로는 규모를 축소하면 첫 해에만 2억 달러의 경비가 절감될 수 있다는 점을 지적하고 "행동할 것인가, 그렇지 않으면 붕괴에 직면할 것인가."라고 말했으며[1] 이듬해인 2003년 2월에도 "수입보다 생산하는 편이 경비가 더 드는 것을 생산하려고 노력하는 것은 어리석다."라고 언급하면서 산업 합리화를 촉구하기도 했다.[3]

표12

내용	공장수	생산력(톤)	전 생산력 대비
설탕생산	71	342,900	53.0
가축사료용 당밀생산	14	58,800	9.1
계	85	401,700	62.1

주) José Alvarez, F. Pérez-López의 문헌에서 지은이 작성

설탕부가 세운 정리해고 계획은 국내수요 70만 톤을 포함해서 연간 생산량을 400만 톤으로 맞추는 것으로[1][2][3] 사탕수수 재배에 공헌한 19세기의 저명한 과학자 이름을 따서 알바로 레이노스라고 명명되었다.[3] 156개 공장 가운데 가장 효율적인 공장에 생산을 집중하고 5개는 관광용 박물관으로 전환하고 5개는 미래의 수요증가에 대비하여 조업 중지 상태로 두지만 나머지 61개는 폐쇄·해체해버린다는 무시무시한 내용이었다. 하루 평균 처리능력이 3,000톤 이하인 공장을 폐쇄하면 나머지 85개 공장의 생산량은 4,726톤으로 현재의 4,149톤보다 15% 정도 높아진다.[3] 같은 이유로 사탕수수밭도 등급을 매겨 우량농지만 작물을 심을 수 있도록 한정하고 34톤/헥타르의 평균수확을 54톤으로 높일 목표를 세웠다. 200만 헥타르 이상인 밭 가운데 설탕용 70만 헥타르와 당밀용 12만 7,000헥타르를 합친 82만 7,000헥타르만 남기고 나머지 137만 8,000헥타르는 다른 품종으로 전환키로 한 것이다.

그 가운데 거의 절반은 삼림으로 전환하고 나머지는 작물을 재배하기로 했다.[1][3] 엄청난 방향전환이지만 이런 전면적인 쇄신정책은 거의 성공한다. 생산량은 2002년 360만 톤에서 2003년 200만 톤으로 격감했지만 생산성은 향상되었다. 54톤의 생산목표를 달성한 협동조합 수는 2002년에는 708개 중에서 64곳뿐이었지만 2003년에는 4배 가까운 250곳으로 늘어났던 것이다.[1]

대화를 통해 이해를 구한 뒤에 정리해고

하지만 문제는 이런 쇄신정책에 따라 제당산업에 종사하는 노동자도 25% 이상이 정리해고되었다는 점이었다.

"설탕산업에는 약 42만 명이 고용되어 직접적으로는 150만 명 이상의 생계가 걸려 있었으므로 영향은 엄청났죠."라고 전국설탕노동자조합의 미겔 토레도 씨는 지적한다.[2]

소규모 공장이 많은 중부지역이 특히 타격을 입었다. 예를 들면 마탄사스 주에는 21개의 공장이 있었지만 6개밖에 남지 않았고 주 단위에서는 가장 생산량이 많고 28개나 공장이 있었던 비야 클라라 주에서도 11개로 절반 이하가 되고, 여기에 생산이 계속되는 카마구에이 주도 7만 9,000톤이 4만 2,300톤으로 반감되었다. 국내에는 169개의 무니시피오가 있는데 그 중 100개에 공장이 들어서 있었고 그밖에 25개 무니시피오에는 공장은 없었지만 사탕수수는 기간산업이었다.[3]

한없이 펼쳐지는 사탕수수 밭에 우뚝 솟은 높은 굴뚝과 공장을 중심으로 둘러싼 관리시설과 종업원의 주택, 진료소와 상업시설. 이것은 '바테이'라고 불리는 쿠바 특유의 커뮤니티인데 대부분은 몇 세기나 되는 역사를 자랑한다.[1] 원래는 쿠바 원주민인 타이노 족이 종교의식을 거행하는 광장을 의미하는 말이었지만 제당업의 발전과 더불어 공장 주위에 형성된 집락을 바테이라고 부르게 되었다. 대부분의 공장은 다른 산업이 없는 농촌에 있으므로 바테이를 중심으로 발전한 마을이 무니시피오의 행정 소재지가 된 경우가 많다. 그야말로 지역경제의 생명줄인 셈인데 무니시피오의 중심에 있던 29개 공장 가운데 7개가 정리해고로 폐쇄되고 말았던 것이다.[3]

아바나에서 동쪽으로 50킬로미터, 산타 크루즈 델 노르테에 있는 카밀로 시엔푸에고스 제당공장도 폐쇄가 결정된 곳 가운데 하나였다.

공장의 역사는 오래되었고, 이전에는 미국 최대의 메이저 기업인 허쉬 초콜릿 사 소유였고, 그 뒤는 공장을 14개나 소유하고 있었던 설탕 대부호 훌리오 로보의 소유로 되어 있었다. 혁명 후에는 국유화되었지만 역사가 상당히 오래 되었던 만큼, 기술은 낡았다. 사탕수수 원액에서 설탕을 정제하려면 원료당을 표백해서 불순물을 제거하고 설탕 결정을 추출하는 공정을 되풀이해야 하는데, 그 여과공정에 '골탄법(骨炭法)'이라는 19세기 기술을 국내에서 유일하게 사용하고 있었던 것이다. 여과에 사용하는 뼈는 영국에서 수입하고 있었는데 비용이 늘고, 스페어 파트나 연료, 화학비료, 농약 등의 자재부족에 더하여 공장에 딸린 농장의 생산도 떨어져 수확시기마다 1,000만 페소 이상의 적자를 내고 있었다. 그래서 폐쇄후보 맨 윗줄에 올라 있었다.

"물론 반대했었죠. 하지만 결국은 올바른 결정이라는 합의에 이르렀습니다."

이렇게 말한 이는 그 공장의 에두아르도 곤살레스 인사관리팀장이다. 정리해고가 결정되자 정부는 곧바로 13개 주의 156개 모든 공장에 검토위원회를 만들었고, 카밀로 시엔푸에고스 제당공장에도 공장장과 노조 3명의 대표로 구성된 위원회가 결성되었다. 그리고 논의를 시작하기에 앞서, 설탕부와 전국설탕노동자조합은 정리해고가 왜 필요한지를 자세히 쓴 보고서를 준비했다.[2]

옛 소련시대에는 우선가격으로 판매가 가능했고 변동하는 국제시장 가격의 영향도 받지 않았지만 2002년에는 전년보다도 10만 톤이나 수출이 늘었음에도 불구하고 조세수입은 1억 2,000만 달러나 줄었다. 파운드당 6센트라는 시장가격으로는 도저히 이익을 올릴 수 없으며 상황이 이 지경이 된 이상 부득이하다면서, 국가가 직면한 힘든 상황을 지적했다.[1]

"공장폐쇄의 필요성은 노동자들도 이해하고 있었습니다. 하지만 모두가 걱정했던 일은 장래가 어떻게 될까, 하는 것이었죠. 임금과 일, 그리고 가족 말입니다. 아버지와 아들이 함께 일하고 있는 조합원도 많았으니까요." 라고 곤살레스 씨는 상황을 설명했다.

"그래서 제1차 회의 이후에도 앞으로의 진로상담에 응하기 위해 위원회는 1,750명이나 되는 모든 종업원과 만났습니다. 아프거나 다쳐서 쉬고 있다면 집까지 찾아갔죠. 필요가 있다면 두 번, 세 번, 심지어 많게는 여섯 번씩 서로 이야기를 되풀이해서 나누고, 한 사람 한 사람의 불안과 의문에 답하여 마침내 합의에 이르렀습니다."

서로 이야기를 나누는 것은 모든 공장에서 진행되었다.[2] 아바나 남동부 아르테미사 근교에 있는 에두아르도 가르시아 라반데로 제당공장도 해체되었는데, 공장장에 따르면 3,000명의 바테이 주민과 다섯 번이나 집회를 열었다고 한다.

"모두가 걱정하고 있었던 것은 물, 전기, 교통, 구급차 등의 복지혜택이 앞으로도 계속될 것인가, 하는 점이었죠. 그래서 모든 복지 서비스는 지금처럼 계속한다고 설명했습니다."

로살레스 설탕부 장관도 노동자들의 최대의 관심사가 복지혜택에 있다고 2000년 국회에서 보고하고, 앞으로 설탕부 이외의 조직이 운영하게 되더라도 진료소와 식량에서 장례에 이르는 모든 복지 서비스는 결코 중단되지 않을 것이라고 확실하게 약속했다.[1]

쇄신정책은 모든 직장에서 철저히 설명되었고, 정부와 조합, 그밖의 큰 조직은 노동자 전원이 참가하는 회의를 8개월에 걸쳐서 계속 열었으며, 정리해고와 그것이 가져올 영향에 대해 서로 논의했다. 연횟수는 7,850회에 이르며 모두 94만 2,000명이 참가했다고 한다.[1][2]

심지어 설탕관계자민이 아니라 아바나에 있는 인도니오 마세오 양복공장에서도 노조가 회의를 개최했고 농업협동조합과 전국 소규모 농민조합에서도 회의가 열려 폭넓은 논의가 계속되었다. 사회주의 국가인 만큼, 특정산업의 정리해고를 나 몰라라 하지 않고 같은 노동자로서 모두가 동료들의 미래를 염려하고 있었던 것이다.

공장을 폐쇄할 때에 다섯 번에 걸친 회의가 개최되었는데, 그 중 제3차 회의는 전국설탕노동자조합이 개최했다. 특히 제4차 회의는 정리해고의 영향을 거울삼아 혁명방위위원회와 공동개최되어 설탕장관과 국가평의회 부의장도 현장을 찾아와 노동자의 불안에 답했다.

노동조합 중앙 본부의 페드로 로스 서기장은 "중요한 것은 본인책임으로 자활하라고 일방적으로 정리해고 통보를 받은 노동자가 단 한 명도 없었다는 점입니다."라고 서로 대화를 나누는 것의 중요성을 지적한다. 장래의 업무에 대한 최종적 결정 통지의 내용을 이해하지 못하겠다면 전국설탕노동자조합에 호소할 권리도 있었다.

"결과적으로 실직한 노동자는 10만 명 이상이었지만, 선처를 바란다고 노조에 호소한 사람은 겨우 다섯 명뿐이었습니다."라고 설탕노동자

조합의 마누엘 코르데요 조합장도 상호 이해가 이루어진 이후에 정리해고가 행해졌음을 강조한다.[2]

정리해고로 오히려 급료가 상승, 공부하면 급료를 받는다

"심지어 정리해고 당한 노동자와 커뮤니티는 오히려 이익을 받는다는 것을 깨달았죠."라고 페드로 로스 서기장은 정리해고의 장점을 지적한다. 그 이익이란, 실직자 전원의 임금이 보장된 것이었다.

"회의는 국가의 제안을 그대로 받아들이게 하기 위해 소집된 것이 아닙니다. 실직 후의 임금은 직장회의에서 논의하여 정했으니까요. 설탕 노동자는 기본급에 더해서 몇 개월의 수확기에는 보너스도 받고 있었으므로 최후의 수확기의 평균 보너스를 계속 받을 수 있게 하자는 제안이 나왔고 그것이 채택되었습니다."라고 미겔 토레도 씨는 교섭결과를 자랑한다. 처음에 정부측이 제안한 안은 급여의 60%를 보장한다는 내용이었지만 그래서는 먹고살 수 없다는 조합원들의 목소리를 받아들여 노사교섭이 이루어진 것이다. 그리고 직업을 바꾸더라도 전국설탕노동자조합 회원 자격은 없어지지 않는다.

"414명은 이전의 사탕수수 농장을 재편성한 국영농장에서 소를 키우거나 채소를 생산하는 일에 종사하게 되었고, 368명은 다른 설탕공장에서 일하는 것을 선택하고, 326명은 새로운 농업공사에서 일하기로 했고, 26명은 조기퇴직, 31명은 같은 지역의 다른 업종으로 이직했습니다."라고 카밀로 시엔푸에고스 제당공장의 곤살레스 인사관리팀장은 말한다. 그리고 나머지 600명은 '업무로서의 학습'을 선택했다.

업무로서의 학습이란, 재취업을 위한 훈련과 교육을 받는 것에 임금을 지불하는 제도다. 제당업에 종사하고 있던 노동자 전원은 학교에 다니든 새로운 일에 취직을 하든 이전의 급료를 보장받게 되었던 것이다.[2] 새로운 제도는 2002년 10월에 아바나 주의 아르테미사에서의 집회에서 1만 명 이상이나 되는 노동자와 그 가족을 앞에 두고 카스트로가 3시간에 이르는 연설을 한 데에서 시작되었다.[1][2]

"사회주의는 끝났다고 말하는 사람도 있다. 하지만 그들은 자본주의 국가에서는 시행을, 아니 꿈을 꾸는 것조차 불가능한 일에 착수하고 있는 국가를 여기서 발견하게 될 것이다. 고용창출이다.

아바나 시내 보예로스 구의 제당공장 굴뚝은 남아 있지만 공장은 조업을 중단했다. 그러나 바테이라고 불리는 주변의 마을 사람들은 극히 평범한 삶을 꾸려가고 있었다.

그렇다, 가장 확실한 고용형태의 하나가 최초로 실시되고 있다. 미래가 없었던 많은 젊은이들을 위해서 가능한 모든 종류의 고용이 창출되고 있다. 이런 고용계획은 젊은이들의 지식, 존경, 자존감, 그리고 장래전망을 넓히는 기회를 제공한다. 지금이라는 시대는 확실하게 역사에 남게 될 것이다."

카스트로는 말을 잇는다.

"각 공장은 대학이 될 것이다. 다시 한 번 말하겠다. 중학교와 직업훈련학교가 있는 모든 마을이 대학이 될 수 있는 것이다. 그것은 통상적으로는 있을 수 없는 일이고, 꿈이라고 생각할지도 모르겠다. 하지만, 문학이든 일반교양이든 전인적인 교육이든, 전문적 기술지식뿐만 아니라 과학, 예술, 인문학에 관한 모든 지식을 포함하여 세계에서 가장 교양이 높은 국가가 되는 것. 그것이 우리의 목표다."[2]

교육부의 마리아 호세파 비자 성인교육국장도 이런 새로운 계획으로 실직자가 생기지 않고 문제가 해결되었다고 보충한다.

"피델이 아르테미사의 집회에서 말한 프로그램, 말하자면 학습하는 일에 급료를 지불하는 방법을 활용한 덕분에 노동자들이 실직하지 않고 문제를 해결했습니다. 아바나에는 토레도라는 제당공장이 있는데 전원이 자격증을 따는 과정을 이수하고 지금은 설탕과는 관계 없는 정보산업 등에서 일자리를 얻었습니다."[4]

덧붙여서, 학습하는 일에 급여를 지불하는 정책은 카스트로의 전매특허가 아니라 '워크페어'라 불리며 스웨덴에서도 실시되고 있다. 스웨덴이 심각한 실업과 빈부격차 문제를 회피할 수 있었던 것은 정리해고로 일자리를 잃은 사람들에게 양질의 무료교육을 제공하는 제도를 구축했던 것이 크다고 한다. 미국도 종래의 제각각이었던 복지정책을 개선하여 교육훈련이나 재취업에 중점을 둔 복지정책 워크페어로 전환했다. 단, 미국에서는 훈련용 근로체험 프로그램이라 불리며 충분한 훈련도 받지 못한 채 생사에 관련된 위험한 작업에 근무시키거나 부당하게 낮은 임금과 가혹한 노동조건으로 혹사당하는 경우가 너무 많아 지나친 중노동에 손들고 자립을 포기하고 일부러 노숙자가 되는 것을 택하는 사람도 많다고 한다. 워크페어라고 다 같이 말해도 서로 다른 정책운용으로 성과는 엇갈리며, 제도만 도입한다고 해서 만사가 해결되지는 않는 것이다.[6]

자신들끼리 공장 내에 학교를 만들다

쿠바에서 다시 학생이 된 노동자들은 초졸, 중졸, 고졸, 기술, 대학원 기술 코스로 학력수준과 연령에 따라 원하는 과정을 선택한다.

"누구나 수강할 수 있고 나이제한도 없습니다. 혁명 이전에는 학교에 다니려면 돈이 들었고 대부분의 노동자들은 시간적으로도 금전적으로도 공부할 여력이 없었지만, 지금은 공부를 함으로써 돈을 받을 수 있습니다."라고 말하는 것은 카밀로 시엔푸에고스 공장의 전 노동자인 미사엘 폰세카 씨다.

노동자들은 수업을 위하여 공장을 해체하면서 얻은 자재로 사용 가능한 것은 모두 재활용하고 자신들끼리 부지에 새로 교실을 지었다. 벽에 페인트를 다시 칠하고 사탕수수의 부산물인 바가스(사탕수수에서 설탕을 짜낸 찌꺼기로서 단열재, 펄프 연료로 쓰인다. — 옮긴이)로 책상을 만들고 도서관도 개조했다. 16~19살로 중졸 코스를 수강하는 약 100명과 고졸 코스의 120명도 있지만 대부분은 30~45살로 학생으로는 약간 나이가 들었다.

"그래서 처음에는 재입학을 두려워하던 사람도 몇 명 있었어요. 다시 공부를 하는 것은 힘든 일이라고 생각하고 있었던 거죠. 하지만 일하면서 공부할 수도 있고 선생님도 아주 좋아요."라고 알베르토 알폰소 씨는 말한다. 수업시간은 오전 또는 오후 4시간이므로 일하면서 들을 수 있다. 호아킨 알마구엘 씨는 오전에는 수업을 받은 다음, 전기기사로 6~7시간 일하고 있다.

"새로운 일을 하는 데에 필요한 기술을 취득하는 취업준비 코스는 물론, 영어, 지리, 수학 등의 과목도 있습니다."라고 학교를 운영하는 마리오 빅토르 로드리게스 씨는 말한다. 교사는 52명인데, 마리오 씨처럼 지방 학교에서 전직한 교사가 있는가 하면, 교사가 되는 교육을 새로 받은 노동자도 있다. 마를레네 코르델로 씨가 그런 사람인데, 이전에는 공장에서 포장작업과 경비원을 하고 있었는데 지금은 컴퓨터 코스를 수강하고 있다. 산타 크루즈 델 노르테의 성인교육 책임자인 디오스다도 폰세카 씨에 따르면 이미 성과가 보이고 있다. "4개월 전과는 양상이 달라요. 딱 잘라 말할 순 없지만 모든 가정에서 문화가 확장되고 있다는 느낌이 들죠. 거실에서 과학과 지리, 수학에 대해 이야기하고 있는 것이 들려오니까요." (2)

마탄사스 주의 호베야노스 근교에 있는 훌리오 레제스 공장도 100년 전에 세워졌는데 1995년에 주업을 중단하고 재활용 가능한 기계부품을 가동 중인 공장으로 옮기기 위한 해체작업이 한창이다. 이 공장에서도 전직 보일러 조업기사는 해체작업에 관여하면서 나머지 시간에 수학, 과학, 역사, 컴퓨터를 공부하여 자신의 학력을 고교 1학년에서 3학년으로 올렸다. 그리고 이전의 급여 398페소를 전액 받으면서 농업 전문가가 되는 것을 목표로 하고 있다. 또 다른 노동자는 3년 만에 회계학 학사학위를 따려고 풀타임으로 공부하고 있기도 하다.(1)

에두아르도 가르시아 공장에서도 일부 해체된 공장의 옆에 있는 건물에 2002년 10월부터 새롭게 교실이 만들어져 400명 이상이 장래 회계학, 농학, 정보기술, 기계학, 그밖에 전문분야를 배우는 기초가 될 일반코스를 수강하고 있다. 대부분은 중학교를 졸업한 뒤에 4년간 배움으로써 취득할 수 있는 '중급기술자' 자격취득을 희망하고 있지만 원한다면 대졸 자격을 얻을 때까지 재적할 수 있다.

농업을 선택한 사람도 있다. 35명은 가까운 공장에서 일하며 455명은 다른 공장으로 전직했는데, 12명은 커뮤니티 안에 만들어진 유기농 채소밭인 오르가노포니코에서 일하고 있다. 수알레스 공장장은 2003

년 1월에 세워진 새로운 농·축산업 공사(公社)를 경영하고 있으며, 사탕수수 농장과 공장 노동자를 재고용하고 있다. 사업은 시작부터 호조를 보이고 있으며, 생산된 과일, 채소, 닭과 오리, 돼지고기의 일부는 관광상품으로 국영기업에 판매되고 있다.(주1)

전 국민 누구든지 원한다면 대학에 간다

설탕부에서 실시한 조사에 따르면 공장폐쇄와 사탕수수 생산중지로 영향을 받은 21만 3,000명 이상 가운데 58%는 기존 직업에 머물고, 20%는 풀타임 학생이 되고, 10%는 설탕 이외의 농업생산으로 옮겨가고, 8%는 은퇴하거나 다른 업종으로 옮겨가고, 4%는 정당(精糖)공장을 해체하는 정규직 노동자로 일하고 있다.(1)

설탕 노동자들의 교육코스는 2002년 10월에 시작되어 84,000명이 입학했는데(2)(3) 참여자는 그 뒤에도 늘어나 다음 해인 2003년 12월에는 당초 예상을 웃도는 12만 2,000명이 등록했다.(1) 그중에서 54%는 풀타임으로 공부하고 있으며 14,000명은 대학과정에 입학했다.(2) 고교과정을 마치고 더 배우고 싶다면 각 무니시피오에 설립된 362개의 새로운 대학 가운데 하나에 입학하여(1) 산업, 전기, 기계, 농업, 회계학, 사회학의 6과정 중에서 선택할 수 있는 것이다. 정부는 이를 위해 2003년에 3억 800만 페소의 예산을 편성했다.(2)

"프로그램은 교육부, 설탕부, 고등교육부, 사회노동부가 연계해서 실시하고 있습니다. 배움으로써 급료를 받는 〈라 모라리아 에스투디오〉, 일이 있을 때에는 일을 해서 급료를 받고 일이 없을 때에는 공부하는 〈라 푸에데 사후라〉, 일을 그만두지 않고 공장 안에서 1주일에 하루만 공부하는 〈에스투디오 푸에라 오라리오 라보랄〉, 마찬가지로 일을 마친 후에 공부하는 방법, 노동자가 사는 공장 주위의 가정에서 공부하는 〈포블라시온 델 바테이〉 등 다섯 종류가 있습니다. 졸업 후에 자격노동자가 되든지 중급기술자가 되든지, 대졸을 목표로 할 것인지는 자신이 선택할 수 있습니다."라고 교육부의 마리오 호세파 성인교육국장은 말한다.[4]

어떤 설탕부 직원은 "이코노미스트로서 저는 그것을 투자라고 봅니다. 이전에 그들은 적자를 보는 업무에 종사하면서 임금을 받고 있었어요. 하지만 지금은 훨씬 도움이 되는 일을 하고 있죠."라고 말하고 있는데 설탕감산은 경제정책으로서는 정답일 것이다. 물론 지금도 설탕이 중요하다는 사실은 변함이 없으며 역사적, 문화적으로도 자취를 감추는 일은 없을 것이다. 하지만 더 이상 경제적으로는 주역이 아니게 되었다. 설탕에 집착하지 않고 관광업, 니켈산업, 에너지, 생명공학, 제약업, 텔레커뮤니케이션 등의 인프라에 투자함으로써 경제를 다각화한 것이다. 설탕가격은 하락하고[1] 수확량도 2001~02년은 360만 톤, 다음 해인 2002~03년은 220만 5,000천 톤, 2006~07년에는 110~120만 톤으로 격감하는데[3] 국가경제는 관광업과 가격이 상승한 니켈 등으로 지탱되어 성장하고 있다.[1]

이런 전개는 역사적으로 보면 역설적이다. 혁명 이전에 쿠바 설탕의 최대 매입처는 미국으로, 1959년 미국의 쿠바로부터의 설탕 구매량은 290만 톤이나 되었다. 하지만 카스트로는 혁명전쟁이 한창일 때부터 경제를 지배하는 대표산업이 설탕이지만 해외투자가나 대지주가 조정하는 국제시장에 취약하기 때문에 노동자를 불안정한 노동환경에 두게 하는 모노컬처(단일작물생산) 경제를 비판하고 있다. 이 구상이 바뀌게 된 것은 옛 소련과의 협정이 맺어졌기 때문이다. 말하자면 설탕산업의 정리해고는 혁명의 원래 계획이었지만 옛 소련의 존재에 의해 반 세기 정도 미뤄졌다고 말할 수 있다.[1]

컴퓨터 클래스를 수강하고 있는 카밀로 시엔푸에고스 공장의 전직 노동자 헤수스 아블레우 씨는 배우는 이유를 이렇게 말한다.

"호세 마르티는 '교육받는 것이 자유로워지는 것이다'라고 말했습니다. 우리는 그 말에 이끌려서 공부를 하고 있는 거죠."[2] 이 발언이 상징하듯이, 정리해고 대책으로서의 학습은 전 국민의 교육과 문화수준을 높이는 '만인을 위한 대학'으로 확장되어간다. 고령자도 정년퇴직자를 위해 신설된 대학 중 한 곳에 입학할 수 있다.[2]

2003년 2월에 아바나에서 개최된 국제교육회의에서 카스트로는 이런 연설을 했다.

"교육은 평등, 사회복지, 그리고 사회정의를 추구하기 위한 특별한 열쇠다. 바로 그렇기 때문에 더욱 심화된 혁명으로서 교육의 높은 목적이 모색되고 있음을 알아주었으면 한다. 우리 인민의 장래는 그야말로 지식과 문화에 토대한다. 세계경제가 커다란 위기에 있는 와중에, 쿠바는 많은 면에서 전진하고 있다. 최근 실시한 것 가운데 가장 대담한 일은 고용의 형태를 띤 학습이라는 결정이

었다. 바로 그런 원칙이 있기 때문에 70개나 되는 제당공장을 폐쇄할 수 있게 된 것이다."⁽²⁾

전국설탕전문가협회의 티르소 사엔스 회장도 카스트로의 지적에 보충하여 "우리가 '일로서의 학습'이라고 부르는 전진은 '사상투쟁'으로 가능해졌습니다. 사상투쟁이 없다면 정리해고는 도저히 시작할 수 없는 일이었겠죠."⁽²⁾라고 말하며, 마리아 호세파 성인교육국장 역시 같은 지적을 한다.

"2002년 3월에 피델은 새로운 종합적인 학습 코스(쿠르소 인테그랄)에 대해 이야기하고 있습니다. 설탕산업의 개혁이 가능했던 것도 이미 사상투쟁으로 경험이 있었기 때문입니다."⁽⁴⁾

그렇다면 사상투쟁이란 무엇이며, 국장이 말하는 제당업 정리해고에 앞선 체험이란 무엇이었을까?

주 – 모두가 기꺼이 농업으로 옮겨간 것은 아니며, 그 공장에서는 절반이 해체된 공장을 지켜보면서 "이렇게 되는 것은 슬픈 일이에요. 여기서는 모두 자기 일에 애착을 갖고 있었으니까요. 그들은 농민이 아니라 공장 노동자라구요."라는 한탄의 소리도 들려온다.⁽¹⁾

칼럼4

사탕수수 노동자

미국의 설탕소비량은 1861년에는 28만 톤이었지만 1897년에는 250만 톤으로 약 9배로 늘어났다. 이것은 당시 세계 소비량의 거의 3분의 1에 해당하는 엄청난 양이었으므로 미국은 쿠바의 설탕에 자본을 투하한다. 이런 미국자본으로 인헤니오라고 불리는 소규모 제당공장은 1880년대에 근대설비를 갖춘 거대공장으로 변모해간다. 1859년에는 약 2,000개 있던 공장이 10년 뒤에는 1,200개로, 다시 1894년에는 400개로 줄어들었으므로 엄청난 변모다. 이런 통합으로 인헤니오 시대에는 하나였던 공장과 농장이 분리된다. 당시 설탕 수출지의 94%가 미국이었는데, 1898년에 미서전쟁에 승리하자 미국의 쿠바 경제지배는 한층 가속화된다. 미국은 쿠바의 수입관세를 20%, 미국에서 쿠바에의 수입관세를 25~40%로 설정했으므로 부는 일방적으로 미국으로 흘러갔다. 설탕가격은 월 가의 자본가가 조정하고 설탕경기는 인위적으로 만들어졌다.[1]

아바나 시내의 보예로스 구에 있는 마누엘 마르티네스 프리에토 제당공장에서 일하고 있던 시스토 프란시스코 미라바르 코레아 씨(68살)는 당시 생활상을 회고한다.

"혁명 이전에 공장주는 마누엘 아스풀이라는 사람이었고, 나는 이 공장의 노동자였지요. 당시 공장의 정직원은 128명으로, 8시간씩 교대제로 24시간 계속 쉴 새 없이 공장을 가동시키고 있었습니다. 그런데 당시엔 실업자가 넘쳐나고 있었으므로, 정직원이 가끔 쉬거나 출근을 하지 않았을 때를 위해서 70명의 실업자가 대기하고 있었습니다. 실업자는 6대의 버스를 타고 찾아와서는 공장 문 밖에 서서 아침 7시에 사이렌이 울려도 정직원이 출근을 하지 않으면 교대하는 거죠. 뭐, 기껏 해야 서너 명뿐이었지만요."

하지만 실업자들은 서로를 배려했다.

"어느 날, 1번부터 4번까지가 일거리를 얻었다면 다음에는 5번부터 6번이 하는 식으로 일거리를 서로 나누었죠."

그는 지금 식으로 말하면 프리터(자유[free]와 아르바이터[arbeiter]를 합성한 신조어로 일본에서 1987년에 처음 사용됐다. 15~34세의 남녀 중 아르바이트나 파트타임으로 생활을 유지하는 사람들을 가리키는 말. — 옮긴이)였는데 70명의 동료로 노조를 만들어 평등하게 일자리를 나누고 있었던 것이다.

"혁명이 있은 다음부터는 그야 물론 좋았죠. 실업자 노조도 없어졌습니다. 아무튼, 이전의 사회적 격차는 엄청난 것이었습니다. 예를 들면 저기에 멋진 집이 보이죠?"라며 한 귀퉁이에 있는 건물을 가리킨다.

"저기는 공장주의 남동생 것, 그리고 그 뒤쪽의 저택은 사촌형제의 것이었습니다. 사무소에서도 높은 자리는 아들이 물려받고 다른 사람들은 출세가 불가능했죠. 그리고 그런 격차는 노동자 사이에도 있었습니다."

가난한 그는 당연히 학교에도 다닐 수 없었고 혁명 전에는 까막눈이었다.

"건너편에 녹색 건물이 보이죠?"라고 다시 다른 건물을 가리킨다.

혁명 전의 일이라면 1주일이라도 말하고 싶다는 시스토 프란시스코 미라바르 코레아 씨(오른쪽, 68살)와 업무상 동료였던 호세 사메 고메스 씨(74살).

"저기가 예전에 노동자를 위한 학교였습니다. 혁명 후에 매일 선생님께 가르침을 받아서 마침내 읽고쓸 수 있게 되었지요."

그는 글눈을 뜬 뒤로도 일하면서 공부를 계속해 중졸 수준까지 습득했다. 혁명은 워킹푸어 신분에서 탈출하는 커다란 기회가 된 것이다. 하지만 오랜 세월 일해온 공장은 그 뒤에 정리해고로 폐쇄되었다. 하지만 주변의 커뮤니티에는 변함이 없고 극히 평범하게 많은 사람들이 살아가고 있다. 거리가 없어지지 않은 것도 혁명의 성과라고 그는 강조한다.(주)

"공장폐쇄도 서둘러 진행하지는 않았죠. 먼저 2000년부터는 흑설탕을 백설탕으로 정련하는 작업만 하게 되었는데 공장은 계속 가동했습니다. 2002~03년에 걸쳐서 서서히 일을 줄여서 그 사이에 일하고 싶은 노동자에게는 다른 일을 알선해주고, 그밖에 배우고 싶은 노동자는 공부를 하게 했던 것입니다."

이미 퇴직한 그의 연금은 많지 않지만 적어도 불행해 보이지는 않았다.

"지금은 은퇴해서 유유자적하며 연금생활을 합니다. 그러니 시간은 얼마든지 있지요. 혁명 이전의 일을 말하라면 1주일이라도 말할 수 있습니다. 또 오세요." 그렇게 말하고 그는 미소지었다.

주 — 1980년대 후반부터 설탕부와 공산당은 제당업 정리해고의 영향을 받은 커뮤니티를 지원하는 사회적 커뮤니케이션 프로그램을 계획하고 아바나 주의 엑토르 몰리나에서 시범적으로 실시한 다음, 이것에 토대해서 전국 커뮤니케이션 플랜을 시행하고 있다. 설탕부는 공장이 폐쇄되어도 교통, 교육, 의료 서비스 이외에 지방야구팀 등의 문화활동과 레크리에이션 활동도 종래대로 지원하기로 하고 있다. 그러나 정리해고된 노동자에 대한 충격완화 정책을 높이 평가하면서도 커뮤니티가 장기적으로는 정리해고의 영향을 받아 약간의 예외를 제외하고는 해체된 공장의 바테이가 유령마을화되기도 했다고 지적하는 논문도 있다.(5)

Ⅳ. 탈 워킹푸어 사회를 찾아서

글로벌화로 인해 더욱 커진 격차 속에서 젊은이들이 미래에 대한 꿈과 희망을 갖고 살아가려면 어떻게 해야 할까. 실직한 젊은이를 사회복지사로 고용하고 정보화 사회에 뒤떨어지지 않도록 컴퓨터 교육을 충실히 시키면서 모두가 높은 교양을 익히면 될 것이다. 이런 시나리오를 쓴 이들은 반세기 전에 혁명을 일으켰던 이들과 똑같은 젊은이들로, 아바나 대학 학생을 중심으로 한 청년들이었다. 격차와 무지가 낳는 테러와 전쟁을 일소시키기 위해 읽고쓰지 못하는 사람이 없게 한다. 무모한 야망을 품고 전 세계적으로 식자력 향상을 지원하고 있는 쿠바가 평화를 추구하는 배경에는 반 세기도 더 전에 일본의 한 도시가 경험한 대참사가 있었다.

아메리카 대륙에서 가장 오랜 전통을 자랑하는 아바나 대학 캠퍼스에서 이야기를 나누고 있는 학생들.

1. 사회와 이어지는 종합교육

아이들의 흥미와 관심을 키우는 종합교육

　풍부한 사회적 자본과 지역 주민들이 참가하는 육아. 고학력의 비결이 여기에 있다고 앞에서 말했다. 그리고 교육은 정리해고 노동자의 고용 등 지역과 사회와도 깊숙이 연관되어 있다. 이런 시점에서 보면 우리나라에서는 볼 수 없는 독특한 수업이 초등학교부터 있다는 사실도 깨닫게 된다. 페드로 마리아 로드리게스 초등학교의 로페스 교장은 "모든 아이들이 시르쿨로 데 인테레사(취미 동아리)도 하고 있고 호세 마르티 피오네로 활동에도 참가하고 있어요."라고 말한다.[14]

　교장이 말하는 '시르쿨로 데 인테레사'란 아이들의 흥미와 관심을 높이는 과목이다. 호세 마르티 피오네로란 '작은 탐험가'라는 뜻으로, 소련을 모델로 만들어진 6~14살의 초·중학생이 소속되는 보이 스카우트, 걸 스카우트 조직이다. 1961년 4월 4일에 만들어졌으며, 1966년에는 학교와도 깊은 연관을 가진 거대한 조직으로 발전하여 현재는 150만 명이 소속되어 있다.[2][5]

　7~8월의 여름방학에는 여름학교나 캠핑이 있는데, 이것을 개최하는 것도 피오네로다. 캠핑비용은 무료이며 토·일요일은 생일잔치를 열거나 하이킹을 가거나 해변으로 소풍을 간다. 2003년에 트리니다드에서의 캠핑 상황을 시찰한 미국의 보고서를 살펴보자.

"캠핑수업은 독특하다. 농업수업에서는 사탕수수는 물론, 그밖에 콩, 커피, 씨앗이나 흙에 대해서도 배운다. 바다수업에서는 낚시부터 보트, 다이빙까지 있다. 수예 등 각 지역의 전통공예나 자동차 수리도 체험한다. 다양한 체험을 쌓음으로써 아이들은 자신이 좋아하는 것을 찾아낸다. 아이들은 공부 이외의 활동을 마음껏 즐기고 있었다. 우리의 시찰에는 공립학교에서 네 명의 교사가 참가하고 있었는데 버스에 타자 두 명이 눈물을 흘리고 있었다. 왜 우느냐고 물었더니 그들은 대답했다. '우리가 교사가 되었을 때 꿈꾸던 것을 여기서는 시행하고 있잖아요. 하지만 미국 학교에서는 그것을 실천할 수가 없어요.'[9] 라고."

페드로 마리아 로드리게스 초등학교의 예술교실. 스포츠, 교육, 민속공예, 독서, 환경, 수학, 농업, 역사 등 다양한 동아리가 있다.

피오네로 캠핑장이 아바나 교외의 타라라 해변에 최초로 만들어진 것은 1975년의 일이었으며, 1978년에는 526개나 되는 비치 하우스가 만들어져서 옛 소련에 있는 같은 시설보다도 더 널리 펴져 있다.⁽²⁾

피오네로 궁전에서의 직업체험

취미 동아리도 농업이나 문학에서 예술까지 206가지 분야를 커버한다. 일주일에 한 번은 피오네로 궁전을 방문해서 전문가들로부터 너욱 심화된 실습을 받는다. 국내에는 이런 궁전이 59개가 있는데⁽²⁾ 저널리스트 구도 리쓰코 씨는 그 한 군데의 풍경을 이렇게 묘사하고 있다.

"아바나 시내의 체 게바라 피오네로 궁전에는 179종류나 되는

옛 호세 마르티 캠핑장. 1990년부터는 체르노빌 원전사고 아이들을 치료하는 시설이 되었다.

클래스가 마련되어 아이들을 '작은 노동자'로서 지도하고 있었다. 금속가공 클래스에서는 실제로 마을을 달리는 버스에 사용되는 부품을 만들고 있었다.

'우리가 만들면 다른 나라에서 사오지 않아도 되니까 우리나라를 살리는 데에 도움이 될 거에요.'

소년은 자랑스럽게 말했다. 아이들은 피오네로 활동을 통해서 사회를 조금씩 알게 됨과 동시에 자신들도 사회의 일원으로서 공헌할 수 있음을 실감한다."[12]

즉, 피오네로나 시르쿨로 데 인테레사(취미 동아리)는 본격적으로 아이들을 사회와 연결시키는 준비활동인 것이다.

체 게바라 피오네로 궁전이 세워진 것은 1979년. 1980년대 중반에는 하루 두 번씩 돌아가면서 1,717개의 취미 동아리에 3만 명의 초·중학생을 수용할 수 있을 만큼 커졌다. 현재는 개축 중이다.[15]

교칙을 스스로 관리하는 아이들

　학교의 엄격한 규율도 보호자와 피오네로가 밀접하게 연계하고 있음으로써 유지되고 있다. 학교위원회는 숙제를 제대로 하는 것부터 출석, 진급 등 모든 문제에 관여한다. 학교를 빼먹거나 등교거부를 하면 위원회 대표가 이유를 알아내기 위해 모르는 가정일지라도 부모를 찾아가서[2] 문제가 있다면 상담한다.[7] 이처럼 지역 주민들이 참가하여 더욱 완벽하게 만드는 것이 피오네로다. 활동내용은 성적, 진급, 출석에까지 미치며 교칙을 어기거나 아이들끼리는 해결할 수 없는 학생이 있다면 리더가 그것을 이야기하고 주위에서 압력을 가하게 된다.[2] 지각도 엄금이며 6학년생인 담당자가 교문에서 지각한 학생을 체크하고 지각 공책에 기록한다. 담당자는 학생에게 지각한 이유를 물으며, 여러 번 지각하면 교장에게도 이야기가 전해져 부모와 상담을 하게 된다.[13]

　도쿄대의 가리야 다케히코 교수는 가장 중요한 것은 기초교육이고 그것이 탄탄하게 다져진다면 거기서 더 나아가려고 과욕을 부리지 않는 것이 좋으며, 학생이 주인공인 교실이나 아이의 자주성 등의 발상은 그럴듯하게 들리지만 사실은 위험하다고 경고하고 있다. 그리고 아이들 중심주의 교육사상은 미국의 교육학자인 존 듀이가 유복한 가정 출신의 학습의욕이 높은 아이를 대상으로 실시한 실험에 뿌리를 두고 있으며, 자발적으로 배우려 들지 않는 아이는 내팽개쳐버린다고 염려하고 있다.[17]

　쿠바가 예의범절에 엄격한 것은 '아이는 어른보다 무조건 착하다'라는 미국에서 태동한 낭만주의와는 정반대의 교육관을 갖고 있기 때문이다. 2002년의 신학기에 교단에 서게 된 초등학교 긴급교사 졸업식에서 카스트로가 한 말은 그것을 상징하고 있다.

> "나에게 있어 교육이란 가치관을 싹틔우기 위해 존재하는 것이다. 많은 사람들은 연대감, 관대함, 용기, 형제애 등을 미덕으로 칭찬하지만 아이들은 대부분 이것과는 상반된 본능을 갖고 이 세상에 태어난다. 생물로서의 본능을 양심이 극복하도록 담보하는 것이 교육이다. 그것은 작은 동물을 인간으로 바꾸는 것에서 시작된다. (줄임) 여러분은 이 인간사회에서 가장 중요한 사명을 짊어지고 있다. 가족은 여러분들의 손에 그 가장 소중한 최대의 보물, 희망을 위탁하는 것이다. 혁명은 여러분에게 가장 무거운 사회적 책무, 가장 고귀하고 가장 인도적인 일을 맡기고 있다."[8]

초등학교부터 연대감을 키우는 노동교육

사회성을 익히기 위해 학교 건물의 청소나 화단관리 돕기를 시키는 노동교육 수업도 있다. 초등학교에는 6년 동안 총 5,680시간의 수업이 있는데, 그 가운데 480시간(8.5%)이 목공이나 재봉 등 '노동교육'에 할애되어 있다. 앞서 〈들어가며〉에서 소개했던 초등학교의 '학교 채소밭'도 노동교육의 일부로 농작물 재배를 통해 동식물과 자연계의 구성을 배우거나 농민들과의 연대감을 갖는 것이 기대되고 있다.[3][5] 1990년대 중반부터는 자연생태나 사회도덕을 합친 새로운 과목인 '우리가 살고 있는 세계'도 도입되었다.[11] 3, 4학년이 되면 피오네로의 야외 체

험학습이 시작되며⁽¹²⁾ 5, 6학년이 되면 여기에다 정치나 도덕 등의 수업도 추가된다.⁽¹⁰⁾

중학생이 되면 노동교육은 총 5,799시간의 수업 가운데 280시간(4.8%)이 되며 초등학교보다는 적지만 그럼에도 역사 수업시간의 절반에 해당하며 그밖에 문과계 수업과목과 비교해도 상당히 많다.⁽⁵⁾ 그리고 '농촌학교 프로그램'도 시작된다.⁽⁶⁾

농촌 기숙학교에서 땀흘려 농사를 체험하는 중고생

농촌학교란 농작업을 하는 전원 기숙사형 기숙학교다.⁽⁶⁾ 작업의 대부분은 감귤류 플랜테이션에서의 수확노동 등인데 학생들은 두 반으로 나뉘어 절반이 오전 중에 작물과 가축을 돌보면, 나머지는 교실에서 공부를 하고 오후에는 교대한다. 일하는 것을 통해서 책임감과 윤리관을 키우고 서로 협력하여 일을 진행시키는 것을 배워간다.⁽³⁾ ⁽¹¹⁾ 이전에는 중고생의 대부분이 부모 곁을 떠나 이 기숙사에서 단체생활을 하고⁽⁶⁾ 특히 대학 진학을 희망하는 고교생은 농촌학교 입학이 의무시되어 있었다.⁽⁵⁾

농촌학교 프로그램이 정식으로 시작된 것은 1971년이며, 1970년대 말에는 농촌의 기숙학교에 약 50만 명이나 되는 학생이 재적하기에 이르렀으며⁽²⁾ 1981~1982년에는 중학생만 해도 28만 8,846명 중에서 34.9%가 이 농촌학교에 입학하고 있다.⁽⁶⁾ 다만 도시의 학교에서는 적절한 노동을 찾을 수 없었기 때문에⁽²⁾ 그 대신에 1년에 45일을 농촌에서 일하는 것이 요구되었다.⁽³⁾

아침에는 펜을 쥐고, 오후에는 땅을 갈아라

　노동과 학습, 수작업과 두뇌노동을 함께 편성한다는 발상은 쿠바에서 국민적 영웅으로 존경받는 호세 마르티의 사상에서 유래한다.⁽⁶⁾ "아침에는 펜을 쥐고 오후에는 땅을 갈아라." 이것은 마르티가 한 말인데, 마르티는 "남자든 여자든 대지의 지식을 배워야만 한다. 건조하고 간접적인 책에서 배운 공부를 직접적이고 결실이 많은 자연에 대한 지식으로 바꾸는 것이 긴급한 과제다."라고 말하고 있다.⁽³⁾

　발상의 근원이 누구이든, 이것이 구체화된 것은 혁명 이후이며 노동과 학습의 연계는 도시와 농촌의 격차를 메우는 주된 수단으로 혁명 초기부터 중시되어⁽⁶⁾ 1962년에는 일찌감치 대학에서의 연구와 노동이 통합되어 학생과 교사가 농업에 참가하고 있으며, 1966년에는 2만 명이나 되는 중학생과 교사가 농촌에 일하러 가고 있다.⁽⁶⁾⁽¹¹⁾

도시와 농촌의 교류 실패와 농촌 중학의 재검토

　노동교육은 지금 식으로 말하면 '현장학습'이라는 혁신적인 방법이라고도 말할 수 있다. 하지만 반(反)쿠바파로부터는 "아이들의 노예노동"이라고 묘사되고⁽³⁾ 칼럼에서 묘사하듯이 혹평받는 일도 많다.

　비교적 중립적으로 분류되는 라비니아 가스페리니 씨도 다음과 같이 말하며 염려하고 있다.

　　"명백하게 연령에 적합한 노동이라면 지성과 사회성, 책임을
　　서로 나누는 기회가 될 것이다. 하지만 원치 않는 노동을 강요하

고 만다면 학생의 반감만 사는 것으로 끝날 위험도 있다. 공부와 노동을 연관시킨다는 생각은 본래 목적을 상실할 위험성도 있는 것 같다."

분명히, 어느 시기까지는 농촌학교는 쿠바교육의 성과로도 여겨져 왔다.[5] 하지만 각 학교를 지역의 농업개발 플랜과 연계시켜 학교와 지역농업, 농촌과 도시의 학생을 잇는다는 생각은 결과적으로 실패하고 있다. 중학교 때부터 기숙사에 들어가는 것은 너무 빠르다는 학생과 가족들의 우려의 목소리도 높아서 요즘은 고등학교부터 입학시키게 되었다.[5]

하지만 지금도 각 분야의 교육에서 노동이 중시되며 커리큘럼의 중심으로 건재하다는 것은 분명하다.[5] 예를 들면 1992년 여름부터는 경제위기로 부족한 물자를 보충하기 위해 초등학생도 처음으로 활동에 참가했다. 저학년은 농사가 아니라 공원청소나 재활용품 수집 등을 했는데[6] 이런 활동은 그 뒤로도 계속되어 2001년에는 '유엔 글로벌 500상'을 받았다.

레닌고교의 파스 교감도 "교내 청소, 스스로 배식하기, 배터리 교환 작업 등 다양한 노동교육이 한 달에 48시간 있습니다. 72헥타르의 농장에서 농사도 짓고 있습니다."라고 말한다. 교내에 있는 농장인 오르가노포니코에서는 채소를 기르고 있다. 레닌 고교생 같은 간부 후보생까지 왜 농사일을 해야만 할까?[16] 카스트로는 노동교육에 대해 되풀이해서 말하고 있는데, 여기서 그 이유를 엿볼 수 있지 않을까? 다음에 인용한 글은 지금으로부터 30, 40년도 더 전의 연설인데, 지금 보아도 낡기는커녕 더더욱 의미심장하다.

"우리는 읽고쓰기뿐만 아니라 다른 사람들을 위해 어떻게 일하고 최선을 다해야만 하는지도 가르쳐야 한다. 그러면 학생들은 알게 될 것이다. 일생을 통해 단 한 번도 셔츠에 땀을 적시지 않고 사는 사람이 있다는 것을. 자신의 주위에서 무슨 일이 벌어지고 있는지를 전혀 이해하지 못하는 사람들이 있다는 것을."

"여러분은 농기구를 손에 들고 일을 해야 한다. 왜냐하면 여러분이 미래에 기사가 되어 책임 있는 업무에 종사할 때 노동이란

레닌고교의 오르가노포니코. 전체 면적은 72헥타르나 된다. 왼쪽은 로드리게스 농업 담당 교감, 오른쪽이 파스 교감.

무엇인가 아는 것이 많은 도움이 되기 때문이다. 또한 여러분이 내리는 지시로 행해지게 되는 힘든 업무까지도 알아두어야 하기 때문이다."

"기술자와 인텔리는 인민의 실생활에 밀착해서 양성되어야 한다. 왜냐하면 혁명에 의해 교육을 받고 대학에 진학한 젊은이들조차도 삶의 실제 체험에 뿌리를 둔 지식이 없는 경우가 있을지도 모르기 때문이다."

"학생에게 일을 시킨다는 생각에 알레르기 반응을 보이는 사람들이 가끔 있다. 그렇게 하면 학력이 낮아진다는 것이다. 하지만 그렇게 말하는 교사는 진정한 교육을 거의 모르는 것이다. 왜냐하면 그들은 인간 형성의 본질을 무시하고 있으며, 우리가 단순한 기술자가 아니라 보다 훌륭한 시민을 양성하는 데에 관심을 갖고 있다는 사실을 잊고 있기 때문이다."

"단순노동만 하는 것은 잔혹하고 비참한 일이다. 하지만 지적 노동에만 종사하는 인간도 어딘가 뒤틀려 있다. 이것은 부자연스럽고 참으로 이상한 일이다. 모든 사람이 육체노동과 동시에 지적 노동을 하는 사회를 추구하는 이유는 바로 그것이다. 미래에는 모든 사람이 물질적 생산과 정신적인 콘텐츠, 서비스 창조에 참여할 수 있다고 우리는 생각한다."

"가장 중요한 것은 학습과 노동을 잇는다는 원칙이다. 왜냐하면 기술자나 인텔리, 지적 교육을 받은 모든 사람에게 동반되는 난점의 뿌리에 이 문제가 있다고 생각할 수 있기 때문이다. 자본주의는 지적 생산과 육체노동 사이에 격차를 만들어내고, 그럼으로써 경박하기 짝이 없는 인간을 낳고 있다. 나는 마르크스가 가장 염려한 것 가운데 하나가 이런 지적 노동과 육체노동의 잔혹한 분리라는 문제였다고 생각한다. 태어난 순간부터 완전히 생산으로부터 격리된다면 어떻게 될까? 보육원, 초중고, 대학을 졸업할 때까지 생산노동을 한번도 접해보지 않는다면 어떻게 될까? 그렇다, 그것이 역사적인 교육제도다. 인류가 현재까지 알고 있는 교육제도다. 자본주의의 유리된 인간교육 제도다. 자기 이름을 쓰지 못하고 덧셈을 하지 못하는 아이는 상상할 수 없다. 그렇다면, 마찬가지로 사회참여를 일체 체험하지 않고 성장하고, 서비스 활동을 전혀 모르는 채로 키워지는 인간이 있다는 것에도 놀라 마땅하다. 이것이, 우리가 배움과 노동을 합치는 것이 혁명의 기본원칙이라고 생각해야 하는 이유다."[1]

주 — 피오네로는 열심히 공부하고 학교를 사랑하고 어른을 존경하는 윤리관을 키우는 데에는 도움이 되지만, 자칫 균형이 깨지면 위험한 관료조직이 될 수 있는 위험성을 품고 있다고 말할 수 있다. 옛 소련과 미국의 아동교육을 비교연구한 유리 브론펜브레너(Urie Bronfenbrenner) 교수는 저서 『유년기의 두 세계』(In Two World of Childhood)에서 옛 소련에서는 아이가 너무 열성인 나머지 아버지까지 규탄하고 있는 예를 들면서 경고하고 있다.[2]

칼럼5

인기 높은 농업 전문학교

실천을 중시하는 소수정원 교육

아바나 교외의 보예로스 구에 있는 비예나 레볼루시온 학교는 농업, 특히 축산업으로 특화된 전문학교다. 카스트로가 참석한 가운데 1962년에 문을 연 이래 수많은 농업계 인재를 배출해왔다. 제4장에 등장한 레닌고교의 농업 담당 교감인 로드리게스 씨도 이 학교 졸업생이다.

"전문과정은 농업, 축산업, 임업, 농업기계로 나뉘는데 농업과 관련된 모든 것을 배웁니다. 수업 내용은 일반고교와 같지만 일반고 학생이 3년 동안 배우는 내용을 2년 만에 배워야 하죠. 그리고 3학년이 되면 전문기술을 배우고, 4학년 때는 실제로 농업공사에서 일하면서 공부를 합니다. 학교는 전원 기숙사제로, 농가와 같은 생활시간을 여기서 체험합니다."라고 호르헤 살바도르 로페스 케스타 씨는 실천적인 수업을 중시하고 있음을 강조한다. 같이 있던 후안 라파엘로 코에요 박사도 이렇게 덧붙인다.

"1, 2학년은 1주일에 하루 농가에서 일하고 3학년이 되면 각 코스로 나뉘는데, 거의 절반을 농업공사에서 일하고 4학년은 모든 시간을 공사에서 일하게 되어 있습니다."

노동을 통한 체험실습은 농업에서도 중시되고 있다. 학교 규모도 크다. 재학생 2,100명, 캠퍼스는 90헥타르에 이르며 소, 말, 양, 닭, 오리 등을 키우고 가축 사료용 작물도 생산한다. 자급용 곡류, 작물도 생산하고 있는데, 그것은 미래의 식량위기에 대비하기 위해서라고 한다. 2,000명 이상이나 되는 학생이 있지만 여기서도 소수정원으로 세심한 교육이 이루어지고 있다.

"우리 학교도 이전에는 한 학급이 40~48명이었지만 지금은 30명입니다. 실습에서는 더욱 소수정원으로, 예를 들면 트랙터 작업은 2명, 착유 작업은 2~6명, 밭갈기 작업은 1~2명이며, 최대 정원은 15명입니다. 인터넷 시대에 대비하여 컴퓨터 교육을 충실하게 함과 동시에 교사수를 늘렸던 거죠."라고 로페스 씨는 실습 풍경을 찍은 비디오를 보여주면서 설명한다.

연구와 교육의 긴밀한 연계

흥미로운 것은, 학교에서 교수증원을 할 때 학교 졸업생이 선생이 되고 있다는 점이다. 로페스 씨에 따르면 교수진은 270명인데 그 가운데 68명이 일반 대학강사이며, 98명은 '대학'에서 배우고 있다고 한다.

"학생들 가운데 일부는 졸업 후에 그대로 마이크로 대학에 진학하지만 사회에서 몇 년 동안 일한 뒤에 입학하는 학생도 있습니다. 그리고 졸업 후에는 중급기술자나 학사, 석사, 박사 학위도 취득할 수 있습니다. 우리 학교는 강사진을 학내에서 육성하고 있는 것으로 유명합니다. 오랫동안 우리 학교에서 교편을 잡고 있는 강사도 많고, 졸업생이 강사가 되어 있으므로 젊은이들에게 일종의 모범이 되어 있습니다."

로페스 씨는 연구의 중요성도 지적한다.

"교육뿐만 아니라 연구도 중시하고 있죠. 연구를 하지 않으면 좋은 교사라고 말할 수 없어요. 학내에는 연구소가 있으며 25헥타르의 농지에서 실험을 하고 있고 가축용 의약품도 연구, 생산하고 있답니다."

쿠바에서는 학생들이 수업의 일환으로써 생산하는 바이오 농약과 의약품이 실제로 판매되고 있는 경우도 많은데, 여기서도 가축용 의약품이 해외로 수출되고 있었다. 실천적인 수업을 통해서 학생들은 수업이 실제로 사회에 도움이 되는 일을 체감해간다.

농업을 좋아하는 학생만이 입학한다

마이크로 대학과는 별개로 본래의 대학도 있다. 아바나 농업대학이 그것인데, 이전에는 아바나 대학 농학부였다가 단과대학으로 독립했는데 여기로도 10~20%의 학생이 진학한다고 한다. 학생들에게 "대학에 가고 싶은 사람?" 하고 물어보니 대부분의 학생이 손을 들었다. 어떤 여학생은 "농업은 정말 멋진 일이에요."라고 기쁜 듯이 말한다.

"예전에는 전국의 학생이 아바나로 올라왔지만 1988~1989년에 걸쳐 각 주에 전문학교를 설치했으므로 우리 학교는 아바나 시와 아바나 주 출신의 학생을 받고 있습니다. 해마다 550여 명이 입학하는데 그 가운데 45%는 여학생이죠."라고 로페스 씨가 설명하고 있는데 라파엘로 박사는 농업에 관심이 없는 학생은 받아주지 않는다고 한 마디 한다.

"우리 학교는 중학생 때부터 '시르쿨로 데 인테레사(취미 동아리)'에서 농업을 배워온 학생을 선택합니다. 그 동아리 활동을 하지 않은 학생은 입학할 수 없습니다."

도시농업과 유기농업도 급속히 발전하고 있으므로 농업관련 전문직의 수요는 높다. 라파엘로 박사는 "우리 학교가 안고 있는 커다란 과제는 지망자가 너무 많다는 거죠."라고 즐거운 비명을 지른다.

"농촌 젊은이들은 원래 동물이나 가축을 좋아해서 농업에 대한 관심을 높은 데다가 지금은 도시농업도 발전하고 있습니다. 아바나 교외에도 많은 도시농가가 있고, 거리에서도 농업공부를 할 수 있습니다. 초등학교부터 농업교육에 힘을 쏟은 결과, 도시 학생들 사이에서도 농업이 인기가 높습니다."

심지어 졸업 후의 일자리도 확실하게 보장되어 있다.

"1975년의 교육개혁 이래, 정부는 전국통계를 보고 몇 명의 기술자가 필요한지를 계획적으로 결정하고 있습니다. 인민권력(지방의 행정사무소)이, 어떤 전공의 전문가가 몇 명 필요한가를 결정하는 것입니다. 우리 학교는 교육부 소속인데, 농업부와 밀접하게 연계하여 학생들은 나라가 필요로 하는 내용을 배웁니다. 즉, 우리 학교를 졸업한 기술자들에게는 장래 확실하게 일자리가 보장된다는 것입니다."

비예나 레볼루시온 학교 캠퍼스에는 농장이 한없이 펼쳐져 있다.

　초중학교에서 수학, 국어, 과학 등 철저히 기초학력을 익히고 학력이 있는 학생이 흥미가 있는 전문과정을 배우고 그것을 살린 직업을 갖게 된다.

　우리는 성적이 부족해서 어쩔 수 없이 농업 고등학교에 입학하는 학생도 있지만 쿠바는 다르다. 농업을 좋아하는 학생이 전문학교에 입학하고, 더욱 심도 깊게 공부하고 싶은 학생이 대학에 진학한다. 참으로 합리적인 제도다.[1] 덧붙여서 우리나라는 대부분의 학생이 일반학교에 진학하지만 유럽에서는 전문학교에 진학하는 학생이 더 많다. 넓고 얕은 총론을 배우기보다는 흥미를 가진 분야를 배우고, 그리고나서 대학으로 진학하는 것이 유럽에서는 일반적인 방식이며 전문학교 진학률이 높은 나라일수록 경제도 발전하고 있다는 통계도 있다. 일반고 진학률이 높은 것은 대개 개발도상국인데, 국제적으로 보면 우리는 여전히 개발도상국형 교육제도를 답습하고 있다는 말이다.[2] 반면 쿠바는 개발도상국이면서도 이미 유럽형 교육제도를 도입하고 있다.

2. 격차 없는 공정한 경쟁사회를 찾아서

사회복지사 학교의 설립과 실업자의 일소

경제의 일부 자유화와 글로벌화의 영향으로 소득격차를 피부로 느끼며 미래에 대한 희망도 꿈도 상실해가는 젊은이들. 쿠바가 1990년대 후반에 직면한 상실감은 지금의 우리가 놓인 상황과 어딘가 비슷하다. 어떻게 하면 침체된 사회에 다시금 활기를 불어넣을 수 있을까. 이 가장 골치아픈 과제의 답은 쿠바의 젊은이들이 스스로 생각해냈다. 공산당 청년동맹이 머리를 맞대고 논의하여 그중에서 제안된 것이 사회복지사 양성학교를 설립하고 국민의 교양을 높이기 위해 전국에 대학을 설치하며, 인터넷 시대에 대비해 컴퓨터 교육을 실시한다는 아이디어였다. 여기서 '제2의 교육혁명', '사상투쟁'이라고 불리는 일련의 개혁이 시작된다.

첫 번째인 사회복지사 양성이란 일자리가 없는 젊은이들에게 10개월 정도 연수를 시켜서 그들과 같은 처지의 젊은이들과 고령자 등, 격차사회의 영향을 받은 사람들을 돌보는 프로그램이다.[5] 재학중일 때부터 급료가 지불되고 졸업 후에도 사회복지사로 일자리가 보장된다.[7] 급료는 최고 400페소로 쿠바의 일반적인 수준에서 보면 상당히 높으며[5] 일하면서 대학에서 공부할 기회도 얻을 수 있다. 그때까지 무의미하게 시간을 보내고 있던 젊은이들에게 커뮤니티의 과제

해결을 지원한다는 중요한 사회적 역할이 주어진 것이다.[7]

아바나의 플라자 데 라 레볼루시온 구에 있는 몬카다 진료소의 킨텔라 부원장은 사회복지사에 의한 노인 보호관리의 중요성을 강조한다.

"우리 병원이 맡고 있는 주민의 24%가 60살 이상이므로 노인들이 건강하고 행복해질 수 있도록 의사, 간호사, 사회복지사, 전문 간병인으로 구성된 특별팀을 조직하고 있습니다."

일본에는 독거노인이 있다고 말해주자 킨텔라 부원장은 잘사는 나라로 알고 있는데 왜 그런 일이 있느냐고 놀라면서 "쿠바에서는 그런 일은 없습니다. 사회복지사들이 가족처럼 노인들을 돌봐주니까요. 그들은 메디코스 데 알마(영혼의 의사)라고 불리며 노인들의 아들딸 역할을 하고 있습니다."라고 말한다.[15]

코히마르에 만들어진 사회복지사 양성학교에서는 실직중인 젊은이들이 급료를 받으면서 공부하고 있다.

사회복지사 양성학교 교장으로 전 아바나 대학의 루벤 살도야 철학역사 학부장이 취임했는데, 학교 설립의 계기는 젊은이들이 만들었다. 그때까지 정부는 배급에 의한 저렴한 식량의 제공과 무상의료와 무상교육을 통해 대부분의 사회문제가 해결되고, 남은 문제가 있다 해도 혁명방위위원회나 쿠바여성연맹 등 대규모 조직으로 해결할 수 있다고 생각하고 있었다. 실제로 경제위기 중에도 막대한 사회복지 예산을 편성했다.

하지만 사정은 예상을 빗나갔다. 달러 해금과 부분적인 시장경제 도입으로 학교 중퇴의 증가, 싱글마더, 연금생활자인 노령자의 저소득 등 격차문제가 생겨나 있었다. 이것을 명백하게 밝힌 것은 대학생들이었다. 2000년 9월에 아바나의 가장 가난한 가정들의 실태를 조사한 그들은 충실한 사회보장정책만 마련되어 있으면 문제가 없을 것이라는 견해를 뒤엎는다. 하지만 쿠바는 딱딱한 상하관계로 이루어진 사회이므로 무니시피오, 주(州) 등, 아래로부터 올라가더라도 결말이 나지 않는다. 학생들은 중간단계를 생략하고 조사결과를 직접 국가 지도부에 보고했다. 혁명정권 지도부는 사태의 심각성을 깨닫고 당장에 움직인다. 그 달에 대응책의 하나로 사회복지사의 긴급양성을 제시했던 것이다.

사회에서 가장 소외되기 쉬운 사람들에게 눈높이를 맞춤으로써 사회복지정책은 한 발짝 더 전진한다. 예를 들면 아바나의 마리아나오 지역에서는 인민위원회와 쿠바여성연맹, 그밖의 커뮤니티 조직이 싱글마더의 실태조사를 실시했다. 29명 전원이 사회보장을 받고는 있었지만 전 남편으로부터 지원이 있는 것은 26%에 지나지 않았고, 절반은 그밖의 친척이나 가족으로부터도 지원을 받고 있지 못했다. 대부분 일을 하고 있었지만 안정된 직장이 아니었고 보육시설의 개선을 절실히 바라고 있었다. 그래서 각 기관이 연계하여 그녀들의 일자리를 찾느라 분주했다. 그 결과 3명은 새로운 직장을 위한 고용훈련을 받게 되었고 8명은 새로운 일자리를 찾았다. 일자리는 대부분 지역의 고령자를 위한 서비스 제공이었다.[2] 킨텔라 부원장이 말하는 노인들을 가족처럼 돌보는 '영혼의 의사' 중에는 이런 사람들이 있다.

만인을 위한 대학에서 교양을 높인다

도쿄대학의 사이토 마나부 교수는 세계에서 가장 열심히 공부하던 일본 아이들이 지금은 가장 공부를 하지 않게 된 것을 다양한 수치를 들어서 실증하고, 고도성장의 끝과 더불어 고수입과 지위에 학력이 연계되는 이른바 '학력신화'가 붕괴된 것이 그 이유라고 지적한다. 생각해보면 메이지시대만큼 일본인이 열심히 공부를 한 시대는 없었는지도 모른다. 에도시대의 신분사회가 붕괴되고 학력만 갖추면 어떤 가난한 가정의 아이라도 출세를 꿈꿀 수 있었기 때문이다. 하지만 지금 일본에는 어른들뿐만 아니라 아이들조차도 꿈이 없다. 사이토 교수는 아이의 학력저하 이상으로 심각한 것은 어른의 교양붕괴라고 보고, 그 근저에는 배움에 대한 니힐리즘(허무주의)과 시니시즘(냉소주의)이 있다고 분석한다.[10]

사이토 교수의 우려를 뒷받침이라도 하듯이, 쿠바 정부 역시 교양의 상실이야말로 위기의 본질이라고 판단한 듯, 전 국민의 교양향상 대책에 착수한다. 2000년 10월 2일부터 텔레비전 2채널에서 '만인을 위한 대학' 교육방송이 시작된다. 쿠바의 국영방송에는 광고가 없으므로 방송시간은 주에 394시간으로, 전체 방송시간의 63%나 된다. 775명의 교수진으로 이루어진 43개 코스가 개설되어 누구나 최고의 철학자와 교수의 강의를 받을 수 있게 된 것이다. 심지어 제3장 제2절에서 언급한 대학의 무니시피오화도 진행된다. 2002년 여름에 카스트로는 "지금 우리들은 복수의 대학에 대해서 이야기를 하고 있는 것이 아니다. 왜냐하면 국가 전체가 하나의 대학이 될 것이기 때문이다."[6]라고 말하며, 2년 후인 2004년 2월에는 "달성 불가능한 꿈, 대학이 된 국가를 두 눈으로 보게 되는 일이 지금은 현실이 되었다."[7]라고 말하고 있다.

감옥 안에도 대학을 만들다

카스트로는 프랑스 월간지 「르몽드 디플로마티크」 편집장인 이냐시오 라모네와 100시간 이상 대담을 했는데, 거기서 교양에 그토록 공을 들이는 이유를 다음과 같이 말하고 있다.

"많은 사람들은 교육의 결정적인 요소를 금전이라고 생각하고 있다. 하지만 그렇지 않다. 사회의 교양수준이야말로 결정적이다. 혁명 후에는 수천 명의 부르주아 계급과 그들을 동경하는 사람들, 교육을 받은 교양인들이 쿠바를 등지고 마이애미로 향했다. 혁명은 밑바닥으로부터 80만 명이나 되는 전문가를 키워냈다. 하지만 우리들은 거기서, 교양과 문화수준이 높은 가정 출신자일수록 좋은 학교에 진학하고 있다는 것을 발견했다. (줄임) 혁명 이래 우리는 교육제도를 전면적으로 개혁했다. 문맹은 퇴치되고 학교에 다니지 못하는 아이는 없어지고, 대학입학도 성적과 시험에 토대하게 되었다. (줄임) 하지만, 이런 후에조차도 부모의 교육수준이 여전히 크게 영향을 미쳐왔다. 즉, 최저 수준의 소득과 최소한의 교육밖에 받지 못한 가정 출신의 아이는 좋은 학교에 입학할 수 없었다. 즉, 이것은 몇 십 년이나 계속되는 경향이 있는 것이다. 만약 그대로 사태를 방치한다면 이런 아이들은 결코 주요한 사회적 지위에는 오르지 못할 것이다. (줄임)"

카스트로는 자신의 경험에서 승자 그룹과 패자 그룹이 세대간에 고스란히 계승되어버리는 문제의 심각성을 지적한다.

"이것을 수정해야 마땅하며, 지금, 근본적인 교육혁명을 행하고 있다. (줄임) 어떤 사회적 이유에서 배우지 못하고 정규직도 되지 못했던 중졸의 17~30살의 모든 젊은이들에게 공부를 하라고 계속 설득하고 있다. (줄임) 4,000명 이상이 입학했는데 그들은 가장 혁명적인 인민이 되었다. 왜냐하면 프로그램을 통해 다시 태어났기 때문이다. 일자리와 사회적 지원 없이 어떻게 그들이 헤쳐나갈 수 있겠는가."라고 사회복지사 양성에 대해서 이야기하고 있다.

유아사 마코토 씨는 자신의 저서 『반(反)빈곤』에서 달리 선택의 여지가 있다면 자기책임론도 성립하겠지만, 그런 선택지를 박탈당한 상태에 놓여 있는 것이 빈곤이라는 아마르티아 센(1933~, 인도의 경제학자. 사회적 선택이론(공리)과 후생 및 빈곤 지표, 기아문제에 대한 실존분석 연구 등을 통해 기아와 빈곤 문제에 초점을 맞춘 경제학의 틀을 확립하는 데 공헌하여 1998년 노벨경제학상을 받았다. — 옮긴이]의 잠재능력 개념을 이용해서 워킹푸어 자기책임론에 반론을 펴는데, 카스트로도 이와 마찬가지로 빈곤이 개인의 자기책임이 아니라는 것을 수학적 근거를 들어서 제시한다.

"나는 범죄로 수감된 20~30살의 모든 죄수의 주변상황을 조사하라고 의뢰했다. 믿을 수 없는 일이지만 감옥에 있는 그들 중에서 전문가나 인텔리의 자제는 불과 2%였다. (줄임) 바로 그렇기 때문에 학교를 중퇴하고 실업중인 젊은이들을 위해서 '일로서의 학습'이라는 새로운 개념이 적용되어 11만 3,000명 이상의 학생이 학교에 입학하게 된 것이다. (줄임) 몇 백 개의 컴퓨터 동아리와 8,000명 이상의 학생이 재적하는 정보과학대학도 신설했다. (줄임) 모두 과학 부문인데, 이 대학에는 60만 명 이상의 학생들이 재학하고 있다. (줄임) 그 가운데 9만 명 이상은 이전에는 학교에도 다니지 않고, 일도 하지 않았던 젊은이들이었다. 대부분이 불리한 사회적 환경 출신이었는데 지금은 훌륭한 연구성과를 올리고 있다. 고등교육부 산하에 958개 대학센터와 169개 모든 무니시피오에 캠퍼스가 있으며 의료연구대학 1,352곳이 지구진료소와 혈액은행 내에 있고, 옛 사탕수수 센터에도 84개의 대학이 있으며 감옥에도 18개나 있다."

감옥 안에까지 대학이 있다니 놀랍기 짝이 없다. 마리아 호세파 성인 교육국장도 "감옥 안에서도 공부를 할 수 있으며, 예를 들면 자유의 몸이 되어 출소할 때는 범죄자는 법학사가 되어 있는 것이죠. 투옥되었을 때에는 사회의 짐일지라도 출소할 때에는 사회에 도움이 되는 사람이 되는 거예요. 얼마 전에도 음악가 실비오 로드리게스의 감옥 콘서트를 열었죠."라고 말하고 있다.

뉴욕 시립대학 특별교수인 조크 영은 『배제형 사회』(2007)에서 몇 년 사이에 미국에서는 사회의 안전을 생각하여 '무관용(제로 톨러런스)'을 기본개념으로 여기는 지경이 되어 사회 전체가 관용을 잃어버리고 있다고 지적한다. 치안악화의 근본원인은 격차로 인한 사회를 향한 절규임에도 불구하고, 미국은 죄를 저지른 사람을 도마뱀 꼬리자르기 식으로 단속함으로써 대응하고 있는 것이다.

글로벌화를 지향하며 컴퓨터 교육을

시민도 '사상투쟁'에 적극적으로 참가한다. 자원봉사자 시민들은 칠이 벗겨진 벽을 다시 칠하고, 부서진 기자재를 수선하고, 생물·화학 물리실험실에 비품을 갖추면서 모든 초·중학교를 개선해갔다. 수리를 하면서 소수정원 교실도 만들어지고 모든 교실에 텔레비전, 비디오, 컴퓨터도 설치되어 컴퓨터 학습도 시작된다.[5]

2003년 신학기 초를 맞아 카스트로는 이렇게 말했다.

"유치원과 초·중학교 모든 학교 건물에는 46,290대의 컴퓨터가 있다. 농촌에는 2,368개 학교에 태양열 패널로 전력을 공급했다. 그중 93개 학교는 학생이 단 한 명뿐이다. 이것은 한 명도 빠짐없이 아이들을 교육하겠다는 혁명의 노력의 증거다. 문서, 화상(畫像), 표계산 소프트웨어, 프리젠테이션용 멀티미디어, 홈페이지 작성 등 다양한 문제의 해결을 가르치고 있다. 다른 과목에서도 교재로 활용되어 초등학생과 양호교육용 41개 과목과 중학생용 37개 과목용의 새로운 교육 소프트웨어는 모든 교과를 가르치는 데 한몫을 하고 있다. 소프트웨어는 대화형 비디오, 음성이 삽입된 영상, 전문사전, 베테랑 교사의 해설, 연습과 교육용 게임 등 멀티미디어를 활용하고 있다. 그리고 가르치는 것은 19,227명의 컴퓨터 교사이며 그중 13,805명은 신규채용이다."[4]

그해에 카스트로는 77살이었다. 팔순 가까운 노인이 아이들 앞에서 멀티미디어와 프리젠테이션 활용을 열심히 설명하고 있는 모습을 떠올려보면 저절로 미소가 지어진다. 하지만 카스트로가 이렇게까지 컴퓨터에 집착하는 이유는 무엇일까? 그의 속내는 1999년 9월에 그룹77에게 보낸 메시지에서 읽을 수 있다. 그룹77이란 1964년에 설립되어 현재 132개 개발도상국이 가입한 단체인데 2000년에 아바나에서 총회가 개최되었을 때 카스트로는 다음과 같은 논리를 전개했다.

"세계화는 역사적인 과정이며 그 흐름은 바꿀 수 없다. 과학기술의 진보로 거리는 짧아지고 지구상의 어디에 위치한 나라와도 직접 대화하고 정보를 전송하는 일이 가능해지고 있다. 기술의 성과로 모든 인류가 크게 발전하고 빈곤을 근절하고 격차 없이 행복하게 살 수 있는 가능성이 세계화 속에 숨겨져 있다. 그렇지만 이 세계는 그것이 가진 가능성을 구현하기까지는 아직 까마득히 멀었고, 그것은 방약무인한 시장이나 방만한 민영화를 진행시키는 신자유주의 하에서 전개되고 있다. 세계 인구의 19%밖에 되지 않는 OECD 가입국이 상품과 서비스 무역량의 71%, 해외 직접투자의 58%, 인터넷 이용자의 91%를 차지하고 있다. (줄임) 지식과 이미지가 서로 교류하는 빛나는 세계는 우리들 각국과는 인연이 멀고, 여전히 손이 닿지 않는 곳에 있다. 인터넷을 이용하는 데에는 읽고쓰기를 빠뜨릴 수 없으며(줄임), 인터넷 자료의 80%는 영어로 되어 있으므로 그 언어도 감당할 능력이 있어야만 한다. 그룹 77 각국이 이것을 달성하기는 정말 힘들 것이다. 인터넷 이용자의 50% 이상은 세계 인구의 5%도 되지 않는 미국과 캐나다이다. 그리고 미국에는 다른 어떤 나라보다도 많은 컴퓨터가 있다.

이런 극단적인 격차는 연구개발의 열악함에서 비롯된다. 전 세계 연구개발비의 84%는 불과 10개국이 점유하고 있으며 세계는 글로벌한 네트워크에 접근 가능한 인민과 접근이 가능하지 않은 인민으로 나뉘어 있다. (줄임) 우리의 문화 정체성의 생존이라는 측면에서 보면, 정보의 글로벌화 계획에 참여하여 멈출 줄 모르는 '두뇌유출'에 종지부를 찍는 일이야말로 다음 세기의 전략적인 명제이다."[1]

히로세 준 씨는 「세기(世紀)는 피델의 것이 된다」라는 논문에서 "카스트로의 이미지에서 보자면 국민국가와 국가주권을 어떻게든 유지해야만 하므로 세계화의 거센 물결에 대해 내셔널한 방파제를 쌓아야 한다고 얼마든지 주장할 수 있을 것이다. 하지만 상식과는 정반대의 주장을 한 것이야말로 피델이 진정한 진보파인 이유다. 위키피디아도 없던 1999년 9월에 이미 73살이었던 고도(孤島)의 리더 입에서 이런 주장이 일찌감치 나왔다니 놀랍기 짝이 없다."[14]라고 감상을 말하고 있다.

앞서 나왔던 이냐시오 라모네와의 인터뷰에서도 국민국가 재건을 주창하는 것의 반동성을 분명히 지적하며 "현재, 자본주의는 존재하지 않는다. 존재하고 있는 것은 독점뿐이다. 신자유주의나 세계화 따위는 허울좋은 부의 독점 시스템에 지나지 않는다." 라고 딱 잘라 말하고 있다. 즉, 카스트로가 반(反) 세계화를 주창하는 것은 그것이 진정한 세계화가 전면적으로 이루어지는 것을 방해하고 있기 때문인 것이다.

지적재산으로 글로벌화 속에서 살아남는다

사회학자이자 아바나 대학 교수인 호세 벨 라라 교수는 『쿠바, 21세기의 현실과 전망』이라는 책에서 글로벌 경제 속에서도 쿠바가 선진국과 어깨를 나란히 할 수 있는 충분한 경쟁력을 갖고 있다는 낙관적인 21세기 전망을 그려내고 있다. 교수가 그것의 근거로 제시한 것은 수준 높은 과학기술력이다. 쿠바에는 200개 이상의 과학연구센터가 있어 활발한 연구 프로젝트가 진행되고 있으며 인구 1,000명당 13.4명의 기술전문가와 1.8명의 과학자는 EU의 그것에 버금간다. 생명공학 분야에서는 500개나 되는 국제특허를 갖고 있는데, 그중에서도 제3세대 생명 공학에서는 국제시장에 나와 있는 36개 주요 제품 가운데 13개가 쿠바 산이다. 24종의 백신과 49종이나 되는 유전자 조작 의약품도 있으며, 그 중 4개는 세계지적소유권기관[주]으로부터 상을 받았다.

2003~2004년에 설립된 정보과학대학도 전자상거래 개발에서 성과를 올리고 있다. 의사, 기술자 등의 인재와 음악, 예술 등의 문화는 귀중한 수출품이며 헬스 투어리즘, 에코 투어리즘, 그리고 유기농 작물도 관광객을 매혹시켜 많은 외화를 벌어들인다.[8] 교수의 낙관을 뒷받침하듯이 미래를 짊어질 아이들의 학력도 해마다 높아지고 있다. 예를 들면 카스트로는 소수정원 교실과 컴퓨터를 수업에 활용한 결과, 시범학교에서 많은 성과가 나왔다고 자랑하고 있다.

> "가가린 학교에서는 2002년 10월의 학기초와 다음 해인 2003년 5월을 비교했더니 수학시험 정답률이 31.9%에서 65.7%로, 국어는 57.9%에서 77.3%로 올라갔다. 호세 마르티 학교에서는 같은 기간에 수학은 30%가 54.3%로, 국어는 57.2%가 70.1%로 올라갔다."[3]

다른 사람을 위해 나라에 최선을 다한다는 공유철학

21세기는 분명 환경과 생명산업, 정보, 그리고 문화의 시대가 될 것이다. 그렇다면 이들 분야에 힘을 쏟는 쿠바는 국가의 생존전략으로서 상당히 정확하게 정곡을 찌르고 있다고 생각할 수 있다. 하지만 여기서 하나의 역설이 생긴다. 호세 마르티는 사람은 교양을 갖춰야만 비로소 자유로워질 수 있다고 말했다. 하지만 교양과 현실을 분석, 비판하는 힘이 길러졌기 때문에 현실적인 모순에도 눈길이 가는 법이다.

구도 리쓰코 씨는 "선진국에 버금가는 교육수준을 갖고 있으면서 자유롭게 해외여행이나 유학도 가지 못하고 고소득을 얻을 수 있는 직업을 가질 기회도 거의 없다는 사실에서 같은 라틴 아메리카의 가난한 나라가 아니라 미국이나 유럽의 동세대 젊은이들과의 격차를 느끼고 있다."라고 예리하게 지적한다.[18]

국민에게 무료로 수준높은 교육을 실시하고, 의사나 연구자와 같이 전 지구적으로 통용되는 기술을 가진 인재를 육성한다면 세계시장에서는 여기저기서 끌어가려 할 것이다. 특히 쿠바와 바로 코앞에 있는 미국은 그야말로 자유를 기치로 내걸고 전 세계에서 우수한 두뇌를 끌어모음으로써 발전해온 나라라고 말할 수 있다. 2001년 전미 대학의 과학기술 분야 박사학위 취득자 35%가 외국인이다. 요즘은 과학기술 논문수나 산업기술 특허건수에서 EU에 뒤지고 있기는 하지만[12] 유능한 인재에게 매력적인 나라임에는 여전히 변함이 없다.[11] 카스트로가 아무리 이념적으로는 글로벌화를 긍정한다 해도 현실경제나 교육에 대한 예산투자가 국가 단위로 움직이고 있는 이상, 두뇌유출이 된다면 가장 피해를 입는 것은 국가다. 인재유출에 대항하기 위해서는 내셔널리즘을 강화해야만 하며 그것이 다시 압제와 고통을 낳는다.

'텔레멘터리 2008 행복의 지표·세계가 주목하는 쿠바의료' (2008년 3월 10일 아사히 TV 방송)라는 프로그램을 취재하여 현지 상황을 잘 아는 나카노 겐타 씨가 "쿠바에는 멋진 일도 많이 있지만 동시에 문제도 많습니다. 제 또래의 젊은이 가운데 망명한 사람들이 주변에 여러 명 있습니다. 그들 중 대부분은 정보가 없는 가운데 멋도 모르고 해외를 동경하여 망명하고 있지만요." 라고 말하듯이 망명자가 많다는 것은 사실이다.[17]

그런데 쿠바를 대표하는 과학자 콘셉시온 캄파 박사는 "인구 당 박사의 비율은 미국과 비교해도 상당히 높은데, 두뇌유출은 다른 라틴아메리카 각국보다도 훨씬 낮아요. 그것은 과학기술연구가 사회를 위해 존재해야 한다고 생각하고 있기 때문이죠. 예를 들면 모든 사람들에게 도움이 되는 백신을 발명하는 것이 중요하지, 박사가 되는 것을 목적으로 공부하는 것이 아니기 때문이에요." 라고 말한다.[16]

그런데, 글로벌화가 진행중인 가운데 지식 주입형 교육이 아니라 기업이나 고용으로 이어지는 창조력의 육성에 힘을 쏟아야 한다는 의견

쿠바를 대표하는 과학자 콘셉시온 캄파 박사는 쿠바의 두뇌유출은 적다고 말한다.

도 많다. 주목받는 핀란드가 그 대표일 것이다. 하지만 창조력이라고 해도 너무 추상적이어서 쿠바의 생명공학 약품과 같은 구체성이 보이지 않는다. 홋카이도 대학의 야마구치 지로 교수는 일본인은 북유럽 모델을 너무 동경하는 경향이 있는데 제조업만으로 그만큼의 고용을 낳을 수 있다고는 생각할 수 없으며, 스웨덴에서도 능력이 높아도 취직을 못 하는 문제에 직면하여, 일본식 공공사업을 통한 소득재분배 방식에 관심을 갖고 있다고 언급하고 있다. 이것은 중요한 지적이다. 영국의 사회학자 필립 브라운은 고학력자도 취직을 못 하는 문제를 '기회의 덫'이라고 부르고 있는데, 1970년대에는 20%였던 고등교육기관 진학률이 2000년대에는 60%까지 뛰어올라 학력 인플레가 일어나고 있다.[19] 즉, 교육내용만을 손질해봤자 사회구조 전체가 변하지 않으면 고학력 격차문제는 해결되지 않는 것이다. 모든 사람이 공부를 잘할 수 있는 것도 아니며, 로스쿨, 영어점수, 각종 자격증 등등 얼마나 발버둥을 쳐야 안정된 직업을 얻을 수 있을지 전전긍긍하지만 앞이 보이지 않는 노력만큼 고통스러운 일은 없다.

　미국화하는 오늘날의 사회풍조에 대한 반발 때문인지 지금 쿠바는 '미국화하지 않는 생활방식'의 상징으로 은근히 인기를 얻고 있다. 원래 정열적인 남쪽 섬나라인 만큼, 누구나 개성을 살린 무상교육을 받을 수 있고 여유로운 슬로 유기농업으로 자급한다. 인터넷 블로그에도 그런 이미지가 배어 있다. 개성, 여유, 슬로 등의 키워드는 어설픈 이상주의형 인텔리일수록 매혹되기 쉽다. 하지만 쿠바라고 해서 경쟁이 없는 건 아니며, 굳이 말하자면 초등학교 입학 전부터 기회평등을 담보한 다음 노력하는 '격차 없는 경쟁사회'라고 말할 수 있다. 예를 들면 내가 취재 때마다 도움을 받는 세토 구미코 씨는 아바나에 살고 있는데, 대학입시의 혹독함을 다음과 같이 말한다.

"대학입시는 고교졸업 후에 딱 한 번밖에 칠 수 없고 재수는 불가능해요. 입학 후에도 낙제하면 기회는 두 번뿐이며 첫 번째는 낙제한 시험을, 두 번째는 그 해의 대상과목의 모든 내용을 수강해야만 하죠." 사회인 대학은 여러 번 응시할 수는 있지만 그것도 연령제한이 있어서 31살까지라고 한다.

"하지만 머리를 쓰는 일은 힘들어 하고 몸을 움직이는 것을 더 좋아하는 아이들에게는 트로피카나의 댄서를 지향하게 하는 등, 참으로 다양한 장래의 선택지를 나라가 마련하고 있지요."라고 보충한다.

앞에 나온 나카노 겐타 교수도 "군인과 의사, 변호사와 환경미화원은 일본 이상으로 사회적 지위가 다르고, 급료 차이도 있다. 하지만 직업 내용으로 사람을 깔보거나 하지는 않으며 모두가 똑같은 인간으로 평등하게 대우받는다는 점에서는 차별이나 편견이 다른 나라보다 적다. 환경미화원도 즐겁게 일을 하며, 차의 화물칸에 서서 통근하는 노동자들도 활기가 넘친다. 최저생계가 보장되어 있으므로 예술가가 되는 사람도 많으며 음악가는 1만 명이 넘는다. 능력별로 벌어들이는 수입은 다르지만 하고 싶은 일을 할 수 있는 사회라는 느낌이 든다."고 말하고 있다.[17]

전 세계적으로 선진국은 정치적으로는 민주주의, 경제적으로는 자본주의라는 두 다리로 서 있지만 민주주의의 '평등'과 경제의 '자유'

는 애시당초 화합하지 않는다. 이 모순을 양립시키는 이론적 근거가 되어온 것이 존 롤즈의 저서 『정의론』이었다. 롤즈는 기회균등을 대전제로 깔면서도 성공한 누군가의 영향이 나라 전체에 미친다면 약간의 격차는 인정될 수 있다는 2단구조로 이 모순을 극복하려 했다. 이것은 트리클 다운(대기업의 성장을 촉진하면 덩달아 중소기업과 소비자에게도 혜택이 돌아가 총체적으로 경기를 활성화시키게 된다는 경제이론. — 옮긴이)으로 알려진 이론인데, 그야말로 쿠바가 하려는 것과 똑같다. 교육이라는 측면에서 보자면 미국이 학력과는 무관한 부유층, 부유층 밑에서 고소득을 올리며 일하는 인텔리층, 글로벌화로 몰락해가는 중산층, 단순노동으로 생계를 꾸려가는 저학력층 등으로 분화되고 있는 한편, 쿠바는 선거로 선택되어 국가전략을 구축하는 지도차층, 생명공학 제품의 개발을 포함해 나라에 외화를 벌어들이는 지적 엘리트층, 두터운 층을 이루고 있는 중산층으로서 나라를 지탱하는 기술자층, 고령자·싱글마더·지적 장애인 등 인간으로서의 최소한의 삶의 존엄을 보호받는 계층으로 이루어져 있다.

국민 대부분을 차지하는 노동자들이 예를 들면 '자격노동자'가 되는 '약간의 노력'을 하기만 하면 그럭저럭 먹고살 수 있는 것도, 인재유출 영순위이고 최고수준의 능력자인 캄파 박사나 세계적으로 저명한 음악가들이 그들의 능력과 수입 면에서 약간의 손해를 감수하고, 해외원조를 나간 의사들이 벌어들인 자금을 나라에 되돌리고 있기 때문이다. 하지만 왜 그들은 자유 없는 쿠바를 버리고 해외로 망명해버리지 않는 것일까.

참고로, 캄파 박사 등 지도자 계층이 사회적 약자를 대하는 시선은 참으로 다정하다. 앞에 나온 유아사 마코토 씨는 빈곤문제의 어려움이 '잘 보이지 않음'에 있다고 말하며, 빈곤문제에 몰두하는 데에는 풍요 속에 숨어 있는 빈곤을 '재발견'하는 눈이 사회에 있느냐 그렇지 않으냐에 달려 있다고 강조하는데,[13] 쿠바를 이끌어가는 지도자층에게는 그런 안테나가 있다.

하지만 캄파 박사는 카스트로보다 12살 정도 젊으며 직접 혁명을 경험하지도 않았다. 아무리 어릴 적부터 카스트로의 연설을 듣고 게바라가 혁명의 아이콘이라고는 해도 사람의 인생관은 그리 간단히 바뀌지 않는다. 심지어 쿠바는 백인, 흑인, 혼혈 등 다양한 인종으로 구성되어 있다. 스페인어는 중남미 공통어이므로 언어 때문에 타국에서 살지 못할 것도 없다. 아무리 외딴 섬나라라 해도 일본 이상으로 국가, 또는 단일민족으로 묶기 힘들다. 즉, 국가주의라는 이데올로기가 아니라 극히 자연스럽게 이 나라를 '조국(파트리아)'으로서 사랑하며 하나로 묶어주는 뭔가 공통된 강렬한 사회체험이 혁명정권을 지탱해온 1950년대 후반부터 1960년대 세대, 그것도 지도자층에 있었던 건 아닐까.

주 – 세계지적소유권기관(WIPO=World Intellectual Property Organization)은 1969년에 스톡홀름에서 서명된 '세계지적소유권기관을 설립하는 조약'에 토대하여 전 세계적으로 지적재산권의 보호와 촉진을 목적으로 1970년에 발족한 유엔 전문기관이다.

칼럼6

쿠바로부터 배울 수 있는 미디어 리터러시

필자가 쓴 책을 읽고 실제로 현지를 방문한 사람들은 "약간 표현이 과장되어 있다. 사상적 편견도 느껴진다."고 비판하기도 한다. 반미적이며 쿠바에 너무 치우쳐 있다는 것이다. 하지만 중립적인 시선으로 진실을 아는 것은 간단한 듯하지만 뜻밖에 어렵다.

아바나 대학에서 교편을 잡았던 경험이 있는 신도 미치히로 씨는 다음과 같은 코멘트를 나에게 보내왔다.

"쿠바 정부는 거짓발표를 하지는 않지만 대개 정부자료에는 부정적인 현상은 억제되어 표현되어 있으며, 그것을 찬찬히 읽어볼 필요가 있습니다. 모든 제도는 역사적인 것이므로, 많은 자료를 꼼꼼히 읽고 머릿속에서 역사적으로 재정리하여, 그때의 사회 전체 속에 위치지어보는 것이 중요합니다. 인터넷에서의 자료검색도 검색어를 치는 순간부터 무의식적으로 기대를 심어버려 자신이 그리는 상에 합치하는 자료를 많이 취득하여 더더욱 기대상을 굳히는 경향이 있으므로 위험합니다."

참으로 함축적인 조언이며, 이 책이 그런 경지에 있을지는 정말 자신이 없다. 하지만 주제를 교육에만 한정해서 보더라도 발신자에 따라 이 정도로 정보가 차이가 있는지 놀랍다. 예를 들면 「마이애미 헤럴드」지에 실린 다음 기사를 읽어보자.

미국의 학생이 수학, 과학과 국어를 배우고 있을 때, 쿠바의 아이들은 카스트로나 체 게바라, 셀리아 산체스(쿠바혁명 때 산에서 카스트로를 도운 여성혁명가이자 카스트로의 첫 번째 부인. — 옮긴이) 등 혁명 영웅의 노래나 시를 배울 것이다. 교직원은 성적뿐만 아니라, 학생의 정치나 종교활동도 기록한다. (줄임) 초등학생들은 피오네로에 참가하는데, 그것은 군대색을 띠며 마을의 어른들을 감시하는 보이 스카우트의 공산주의 버전이다. (줄임) 카스트로는 권력을 장악했을 때, 새로운 인간이 모델이 되는 사회를 만들어내는 자신의 꿈에 교육이 열쇠가 될 것이라고 생각했다. (줄임) 새 정권의 초대 교육부 장관은 소련을 방문하여 교육, 육체노동과 정치적 이데올로기를 녹여넣은 아이디어를 갖고 돌아온다. 반공산주의적인 문학작품은 판매금지 처분을 받고, 학생들은 카스트로의 긴 연설을 읽고, 분석하고, 쓰는 것을 시작했다. (줄임)

어떤 보육원과 유치원에서는 신을 믿는지 그렇지 않은지를 교사가 유아에게 묻는다. "있어요."라고 대답한 아이는 "눈을 감고 사탕을 신에게 부탁해보렴."이라는 말을 듣는다. 눈을 뜨게 하고 손이 비어 있으면 "다시 눈을 감고 이번에는 피델에게 부탁해보렴."이라고 말한 다음, 그 아이의 손에 사탕을 올려놓는다.

"자, 이걸 보렴. 신 따위는 존재하지 않지? 있는 것은 피델뿐이란다." (줄임)

초등학교 1학년 교과서는 1961년의 피그만 침공사건을 다룬 〈히론〉이라는 시로 아이들에게 반미 사상을 각인시킨다.

"4월은 참으로 아름다운 달이야. 4월에는 꽃이 피지. 그리고 히론의 달이야. 예전에 4월에 양키들이 우리를 침공했지. 많은 악인들을 보냈지. 자유로운 쿠바를 파괴하고 싶었기 때문이지. 인민은 그것을 쳐부수었어. 이 싸움을 지휘한 사람은 피델이야." (줄임)

중고생들은 45일동안 농촌학교 하기작업 합숙을 간다. 여기서는 하루의 절반을 농장에서 일하고 그 뒤에 수업에 참가한다. 1년 내내 일하면서 배우는 기숙학교에 다니는 학생도 있는데, 거기서는 주말에만 집에 돌아갈 수 있다. 농촌학교의 배후에 있는 사상은 농업을 배우면서 학생들의 연대감과 팀

워크를 깊게 하는 것이다. 하지만 현실은 초라한 노동이며 아이들이 조숙해지는 기회로 이어지고 있다.

지금은 마이애미에서 살고 있는 아바나 공업고등학교의 전직 교사 에밀리아 루비아 씨는 임신, 절도, 흡연, 가까운 시내로의 일탈 등이 일상다반사라고 말한다. "학교 건물은 목조이고 바닥은 시멘트가 드러나 있고 식사도 열악한 것이었어요. 6명의 교사와 여러 명의 스태프가 있었지만, 300명의 아이를 10명이 감시하고 있었죠. 호기심이 넘치는 15살 아이들은 거의 모두가 섹스를 하고 있었어요. 피임약이 있기에 그것은 간단했죠." (줄임)

"딸은 농촌학교에 가고 싶지 않다고 했어요. 아이들은 자기들 멋내이고, 소녀와 소년은 천으로 칸막이를 친 방에서 잡니다. 몇 천 명이나 되는 소녀가 임신했습니다. 교사들에 의해서요."라고 야넬리스 씨는 말한다. (줄임)

"야넬리스 씨의 16살 딸은 성적이 좋았지만 가족이 망명을 계획하고 있었기 때문에 고교에는 진학할 수 없었습니다. 홀로 떨어진 그녀는 집에 틀어박혔죠. 학교 관계자는 그녀의 친구의 부모들을 불러서 앞으로 일절 그녀와 관계하지 말라고 통고했습니다." (줄임)

한편 〈들어가며〉에서도 소개했던 영국발 기사를 읽으면 이렇다.

올긴 주에 있는 농촌학교, 셀리아 산체스 만둘레이 고등학교의 교사인 마우로 페냐 테아포조 씨는 농촌학교의 프로그램에 대해 이렇게 말한다. "학교는 커뮤니티입니다. 학생들은 공부뿐만 아니라 농장에서 가축을 돌보고 한 주에 3번, 2시간을 밭에서 일합니다. 급식용 식재료를 생산하기 위해서이며, 직접 요리도 하고 정리도 돕습니다. 밤에는 숙제를 하고 뉴스를 보고 그것에 대해서 토론합니다. 부모들은 매주 수요일에 찾아오며 가족과 주말을 함께 보내기 위해 금요일에는 수업도 일찍 끝납니다."[4]

도대체 어느 쪽이 진실일까? 「마이애미 헤럴드」 기사에는 아바나에 있는 독립교원협회 대표인 로베르토 데 미란다 씨의 발언도 나와 있다.

"젊은이들에게 끔찍한 상처를 입히는 이 제도가 지향하는 것은 그릇된 국가주의를 만드는 일이다. 그것은 기괴한 발상이며 40년간이나 작용하고 있는 거짓이다. 젊은이들은 거의 공부를 하지 못하며 공산주의적인 인간이 될 준비만을 강요당한다. 너무나도 많이 개입당하므로, 젊은이들은 이 제도를 거부하고 있다. 공산주의를 믿고 있는 젊은이는 한 명도 없다."[2]

쿠바에는 이 협회 이외에도 정부의 교육제도에 반대하는 주요 단체가 두 개 있다. 독립도서관 프로젝트와 피날 델 리오 주의 시민을 위한 가톨릭교도 센터가 그것이다. 독립교원협회는 1996년 6월에 설립되었고 독립도서관 프로젝트는 1998년 2월에 아바나 국제 북페어에서 카스트로가 "쿠바에는 판매금지 서적이 없으며 그보다는 수입할 만한 돈이 하나도 없을 뿐이다."라고 설명한 것이 계기가 되어 탄생했다.[1]

혁명 이전에는 무니시피오 도서관이 23개밖에 없었지만 혁명 후에 카스트로는 도서관 증설에 힘을 쏟는다. 현재는 학교나 대학 도서관을 제외하고도 약 400개의 무니시피오 도서관이 있으며, 빌릴 수 있는 서적류는 이전의 10배나 되고, 해마다 600만 명이 공립도서관을 이용하여 시민들의 교양 중심지가 되었다. 또한 매년 전국 30개 이상의 도시에서 국제 북페어가 열려서 전 세계의 책들이 모여든다. 2004년 북페어에서는 500만 권 이상의 책이 팔렸다고 한다.

하지만 문제는 이것이 검열되고 있는지 여부이다.

오레곤 주립대학의 켄 위노그란드 교수는 캘리포니아 대학의 사서학 연구원 론다 노이게바우어 씨의 조사를 토대로 카스트로의 "살 만한 돈이 없을 뿐이다."라는 발언이 보다 진실에 가깝다고 분석한다.

독립도서관은 검열되지 않는 '진실한 정보'를 제공한다면서, 부시 대통령의 연설이나 쿠바의 인권 침해에 관한 미 국무부 보고서나 미국의 삶의 정보 등을 공개하고 있다. 하지만 노이게바우어 씨가 2000년에 '독립도서관 프로젝트'를 조사해본 결과, 아바나의 미국 이익대표부 직원과 연관이 있음이 판명되었다. 반체제 정보를 흘리는 대신에 매달 자금을 제공받고 있었던 것이다.

계속해서 노이게바우어 씨는 "미국은 과거에 반 체제파에게 몇 백만 달러나 되는 자금을 제공해왔는데, 그것은 쿠바 정부의 불안정화를 통해서 결국 '정권교체'를 하기 위해서입니다. 저외 연구를 통해 '구바의 노서관 진구 캠페인'도 미국의 중요한 외교정책 전략이며 다양한 반체제 그룹에게 자금제공을 함으로써 '열린 시민사회'를 만든다는 추악한 시도임이 입증되었습니다."라고 지적한다.

전미도서관협회는 독립도서관 설립을 '추악한 사기'라고 규탄하고 있으며 캐나다 도서관협회도 쿠바 정권의 전복을 목적으로 하는 강대국에 의한 부도적하고 위법적인 내정간섭이라고 단언하고 있다.[3]

3. 전국 식자교육 캠페인

"읽고쓸 줄 모르는 사람은 인류의 유산을 강탈당하고 있다"

1960년 9월에 카스트로는 유엔총회에 참석하여 전 세계를 향해 이렇게 털어놓았다.

"혁명정부는 세워졌다. 겨우 20개월밖에 지나지 않았다. 하지만 지금 우리나라에서는 농촌과 도시에 25,000호나 되는 새로운 주택이 지어지고 50개나 되는 새로운 도로가 건설되고 있다. 국내 최대의 군사기지에서는 지금 몇 만 명이나 되는 학생이 공부를 하고 있다. 그리고 내년부터 우리 인민은 모든 비식자자들에게 읽고 쓰기를 가르친다는 의욕적인 계획을 세우고 있다. 교사, 학생, 노동자, 즉, 모든 인민이 이 목표를 향해 최선을 다해 준비하고 있다. 그리고 몇 개월 뒤에는 아메리카 내에서 단 한 명의 비식자자도 없다고 말할 수 있는 최초의 국가가 될 것이다."[3]

당시 비식자율은 아바나는 11%였지만 농촌은 41.7%나 되었다.[2] 하지만 카스트로의 주장은 대담했다.

"우리는 문맹과 싸울 예정이다. 어떻게 싸우느냐고? 목표를 제시하여 인민을 동원하는 것에 의해서다. 혁명과 우리 인민의 힘으로, 우리나라가 몇 세기동안 단 한 번도 이겨보지 못한 싸움에서 승리하고, 이 목표를 얼마나 달성할 수 있는지를 세계에 보여줄 예정이다.[1] 우리는 왜 단 1년 만에 문맹을 근절한다고 공언하는가? 그것은 혁명이 전력으로 업무를 추진하고 있기 때문이다……. 1년이면 충분할 것이다……. 그렇다, 1년 만에 그런 일을 해낼 수 있는 것이 바로 혁명이다."[3]

카스트로는 전국식자력향상위원회와 지방식자력향상위원회를 조직했고 이미 입문서와 지도서를 인쇄하고 교사도 준비하기 시작한 상태였다.[3] 이 시도의 선구자 역할을 했던 것은 혁명군 자체였다. 카스트로는 1959년 1월에 아바나로 진군하는데 그를 따르던 대부분의 병사가 비식자자였다. 그래서 나중에 국방부 교육국이 되는 반란군 문화국이 급히 창설되어, 그 지휘 아래 모든 본부와 캠프, 경찰서가 식자력 향상 센터가 되면서 병사들의 식자교육이 1959년 2월부터 본격적으로 시작되고 있었던 것이다.[2]

하지만 비식자자를 근절하려면 먼저 실태파악이 우선이었다. 1960년 11월, 설문지 한 장을 손에 든 자원봉사자들의 전국조사가 시작되었다. 대부분의 농민은 나서서 조사를 받으려고 하지 않았지만 천신만고 끝에 다음 해인 1961년 8월까지 98만 5,000명의 비식자자를 찾아냈다. 당시 인구는 약 700만 명이었는데, 그 가운데 약 100만 명이 비식자자임을 알았던 것이다.[3] 문맹퇴치가 혁명정권의 최초의 도전과제가 되었는데[2] 왜 그것이 필요한지를 카스트로는 특유의 선동으로 실로 명확하게 언급하고 있다.

"빈곤, 기아, 그리고 대지주 제도는 농촌의 남녀노소를 고통스럽게 해온 재난이다. 하지만 인민이 당한 모든 물질적, 도덕적 고난 중에서 문맹만큼 굴욕적인 것은 없을 것이다. (줄임) 읽고쓰지 못하는 사람에게 이유를 물어보면 언제나 대답은 똑같다. 학교가 하나도 없었기 때문에, 교사가 한 명도 없었기 때문에 읽고쓰기를 배우지 못했을 뿐이라고. 바로 그렇기 때문에 우리는 식자력 향상 운동을 시작해야만 한다. 읽고쓰기를 못하는 단 한 명의 인민이 있는 한, 여기에 있는 누구 한 사람도, 어떤 교사도 마음 편하게 있을 수 없다. 왜냐하면 그것은 치욕이기 때문이다. 읽고쓰기를 하지 못하고, 그 권리를 자각하지 않으면 국민은 그 국가를 완전히 활용할 수 있는 국민이 될 수 없다. 바로 그렇기 때문에, 우리는 누구나 그 권리를 알아야 마땅하며 문맹을 뿌리뽑아야만 한다. (줄임) 인류에게는 문화라는 훌륭한 유산이 있다. 그 유산을 갖기 위해 부자일 필요는 없다. 어떤 보잘 것 없는 사람이라도, 노동자의 자식이라도 이 유산을 소유할 수 있다. 그리고 몇 천 년 동안에 걸친 몇 백만 명이나 되는 사람들의 성과를 손에 쥐는 데에는 단 한 가지만이 필요하다. 그렇다, 읽을 줄 알아야만 하는 것이다.

교육을 미덕으로 삼고 무지를 수치로 여기는 것이다. (줄임) 읽고쓰기를 배우고 가정에 책이 있는 사람이라면 누구나 그 보물을 소유할 수 있다. 진실과 지성의 보물창고가 아닌 이기적인 금전을 축재하는 사람보다도 스스로가 훨씬 더 행복하다고 여길 수 있다. 그러므로 읽고쓰기를 못하면 그 인간은 인류가 만들어온 막대한 정신적 부를 강탈당하고 있는 것이다."

비식자자 근절을 위해 10만 명의 중고생을 농산촌에 동원하다

100만 명을 불과 1년 만에 읽고쓸 수 있게 한다. 무모하다고도 여겨지는 이 운동을 시작하면서 혁명정권이 전제로 삼은 것을 보면, 실로 단순한 다음 2가지 원칙이 있었다.

1. 비식자자가 있다면 읽고쓰기를 가르칠 수 있는 사람도 당연히 있을 것이다.
2. 읽고쓰기를 할 수 있는 사람은 그것을 할 수 없는 사람을 가르쳐야 한다.

그리고 학생 1~2명당 1명의 교사가 붙는 것이 이상적이라 보고, 현실적인 목표로 학생 4명당 교사 1명이라는 계획을 세웠다.[3] 그리고 "알면 가르치자. 모르면 배우자."를 슬로건으로 삼아 1961년을 '식자력 향상의 해, 교육의 해'로 선언한다.[2] 당시 실직중이던 1만 명의 교사가 우선 동원되었다.[2] 하지만 대부분의 학생은 농촌, 그것도 두메산골에 있다. 8개월 이상 집을 떠나 농촌에서 일할 25만 명의 교사를 어떻게 하면 확보할 수 있을까.[3] 1961년 1월에 카스트로는 해결책을 제시한다.

"국내의 모든 중고등학교를 4월 15일에 잠정 폐쇄하고 초등학교 6학년 이상의 학생들 중에서 자원봉사자를 모집할 것이다."

즉, 공장 노동자나 현직 교사를 동원해도 부족한 나머지 10만 명을 12~18살의 학생으로 확보하려 한 것이다.[3] 카스트로는 그런 발상에 이르게 된 경과를 나중에 회상하고 있다.

"처음에는 자격이나 여유가 있는 교사와 노동자를 동원하려 했다. 엄청난 수의 인민, 즉 노동자와 교사가 발벗고 나서주었다. 하지만 압도적 다수의 비식자자는 농촌에 있었다. 그리고 교사가 가장 없는 곳도 농촌이었다. 자원봉사자들은 대부분 매일 직장에 나가야 하는 노동자들이다. 하지만 비식자자들 대부분은 농촌, 주로 산촌에 있다. 이 문제를 어떻게 해결하면 좋을까? 교사를 산으로 보내면 된다. 그것이 학생, 즉 고교생과 중학생, 사범학교 학생 등 모든 학생에게 호소하는 아이디어가 생각난 순간이었다.

우리 젊은이들에게는 힘이 없었던 것인가? 젊은이들이 혁명의 힘, 문화의 힘을 보여주고 있지 않았던 것인가? 아니다. 그런 젊은이들 모두에게 호소할 수 있는 것이 혁명 아닌가. (줄임) 그리고 농산촌으로 나가는 것은 교실에서는 얻기 힘든 경험이다. 결코 시간낭비가 아니다. 그것이 우리가 그들을 동원한 이유다. 그리고 정부의 호소를 들은 젊은이들은 모두 그것에 호응했다. 정부가 호소만 한다면 그들이 호응해줄 것을 알고 있었던 것이다."[4]

마탄사스 주에는 혁명 전에 미국인과 쿠바인 부자들이 소유하고 있던 리조트 땅, 바라델로가 있다. 1961년 4월 15일, 이 바라델로 비치의 호텔과 별장에 1,000명이나 되는 학생 자원봉사자 제1진이 찾아온다.

학생들은 정치부터 농촌의 영양, 위생 상태 등에 이르는 세세한 지시와 1주일에 이르는 철저한 훈련을 받았다. 먼저 배운 것은, 낮에는 농민과 함께 일하는 것이었다. 나이많은 학생들로부터 신뢰를 얻으려면 함께 땀을 흘리면서 공감을 얻을 수밖에 없다고 생각한 것이다.[1] 또한 식자운동은 강제는 아니었으므로 교실을 열어도 읽지 못하는 사람들이 그것을 부끄러워하여 다니는 것을 주저할 경우까지 고려되었다. 두드러지지 않고 함께 어우러질 수 있는 어린 학생들을 보낸 배경에는 이런 배려도 작용했다.[2] 학생들이 살게 된 농가에는 침대와 등불도 없었기 때문에 그물침대와 랜턴이 지급되었다.[3]

두 권의 책, 즉 지도서와 학습서와 함께 한 켤레의 신발, 두 켤레의 양말, 올리브 그린 색 베레모, 그리고 두 벌의 셔츠와 바지, 견장과 모포를 짊어지고 학생들은 두메산골을 향해 흩어져간다. 낮에는 학생인 농민들과 더불어 밭에서 일을 하고 해가 지면 시골길을 랜턴 불빛에 의지해 걸어가서 랜턴 불빛 아래서 글자를 가르친다. 이 랜턴은 나중에 학생 자원봉사자의 상징이 되었다.[3]

5월에서 6월로 시간이 지나면서 교사가 좀 더 필요하다는 것을 깨닫자 바라델로의 교사양성소는 한 번에 약 12,000명의 학생을 훈련할 수 있을 정도로까지 확충되어 8월까지 10만 5,664명이나 되는 젊은이가 교사양성 프로그램에 참가한다.[3] 심지어 절반 이상은 여성이었다.[4]

여름이 끝날 때에는 주로 도시에서 가르치는 성인 식자력 교사 17만 8,000명[3]과 공장노동자 30,000명도 동원되고 혁명방위위원회, 소규모 농민협회, 쿠바여성연맹 등의 많은 단체도 참여한다.

9월에는 아바나 리브레 호텔에 전국 각 주와 무니시피오 등에서 온 800명 이상의 각 식자력위원회의 위원과 각 조직의 대표들이 모여서 진행상황을 점검했다. 하지만 결과는 좋지 않았다. 비식자자의 4분의 3 이상이 공부를 시작하긴 했지만 인정시험에 합격하여 까막눈을 벗어났다고 여겨진 사람은 11만 9,000명뿐이었다.

초조해진 혁명정권은 더욱 적극적인 대책을 세웠다. 학생들이 자원 봉사를 계속할 수 있도록 원래는 9월부터 시작하는 신학기를 다음 해 1월로 미루고 교사 참가도 의무화하여 대부분의 학교가 8개월 동안이

플라야 히론 박물관에 전시되어 있는 당시 사용된 랜턴과 제복.

나 폐쇄된다.⁽ᵏ⁾ 특별 캠프도 설치하고, 진도가 늦은 학생은 캠프장에서 교사와 하루종일 공부를 하며 일하고, 캠프에 올 수 없는 사람에게는 전담 교사가 따라붙었다. 학생들은 장학금을 약속받고 교사는 더욱 힘을 기울이고 커뮤니티도 서로 경쟁을 했다. 가족이 모두 시험에 합격한 집은 붉은 깃발을 내걸 수 있고 모든 집에 깃발이 올라가면 그 마을은 커다란 깃발을 내걸고 '비식자자 근절선언'을 할 수 있었다. 11월 5일에 아바나 주의 마을인 멜레나 델 수르에 최초로 깃발이 올라갔다. 11월, 12월로 시간이 지나면서 캠페인에 가속도가 붙었다.[2]

성공한 카스트로

12월 22일, 카스트로는 혁명광장에서 자랑스럽게 전국 비식자자 근절을 선언한다. 연인원 26만 8,420명이나 되는 자원봉사 교사가 노력한 보람이 있어서 70만 7,212명이 초등학교 1학년 수준의 읽고쓰기가 가능하게 되었던 것이다.[3] 23.6%나 되었던 비식자율은 단숨에 3.9%로 떨어져서 어떤 라틴 아메리카 국가보다도 낮아졌다.[2][3] 아바나 등의 도시에서는 9.2%가 1.4%로 떨어졌을 뿐이지만 오리엔테 주에서는 35.3%가 5.2%로 7분의 1이 되었다. "450년에 걸친 무지를 파괴했다."고 카스트로는 성과를 자랑한다.[2]

"이것은 가난한 사람들에게 직접적인 혜택이 될 것이다. 하지만 그것은 동시에 국가에 있어서도 중요하다. 교육 없는 국가 발전은 있을 수 없다. 혁명이 계획하고 있는 과학과 경제의 일대 프로젝트를 추진하는 데에는 빠뜨릴 수 없다. 빈곤을 근절하고 생활 수준을 향상시키는 데에는 이것이 불가결하다."[4]

하지만 경제발전을 주창하면서도 그 캠페인이 경제적 효율성을 무시하고 실시되었음을 실증하는 아주 좋은 기록이 식자교육 박물관에 남아 있다. 카스트로와 함께 사진에 찍힌 사람은 읽고쓰기를 갓 마친 106살의 늙은 농부 아낙이다. 100살이 넘은 노인에게 교육투자를 하는 것은 무의미하다고 생각할 수 있지만 혁명은 그 일을 해냈던 것이다. 읽고쓰기를 배운 그녀는 117살까지 살았다.[2]

정치색과 군사색을 동시에 띠고 있는 캠페인

카스트로를 비판하는 사람들도 성과 자체는 부정할 수 없었다. 하지만 높이 평가하기에는 너무나 정치색, 군사색을 띠고 있다는 비판이 나왔다.[3] 예를 들면 캠페인에서 사용된 교육법은 규모는 다르지만 1960년대에 브라질에서 성과를 올린 파울루 프레이리의 그것과 비슷하다.[2][3] 프레이리도 사상적 교육을 통해 학생들의 각성을 촉구하려 했다. 하지만 프레이리의 온건한 방식과 비교하면 쿠바의 입문서『벤세레모스』는 과격할 정도로 직설적이다. 입문서는 총 15과로 구성되어 있는데 혁명, 우리의 지도자 피델, OEA(미주기구), INRA(농업개혁국가기관), 협동조합, 인종차별, 주거권 등으로 혁명이 추진하는 경제사회 개혁에 찬동하는 내용이었다.[3]

캠페인에서 활약한 아벨 프리에토 모랄레스는 그 이유를 다음과 같이 설명하고 있다. "텍스트 내용이 현실을 반영하고 있고, 읽을 수 있다면 실시하고 있는 개혁을 더 쉽게 이해할 수 있습니다. 그렇게 하면 비식자자들이 보다 더 자각할 수 있으리라 생각했기 때문이었죠."

입문서 제목인 '벤셀레모스'는 '우리는 승리한다', '우리는 정복한다'라는 뜻이다. 여기서 말하는 적이란 문맹을 가리키는데 군사색을 띠고 있다는 점에는 변함이 없다. 자원봉사 학생들은 '브리가다스'라고 불렸는데, 이것도 '여단(旅團)'이라는 군사용어이며 학생들이 마을에서 부른 노래에는 이런 가사가 붙어 있었다.

"제국주의를 자유로 쳐부수자! 우리들, 언어와 더불어 진실의
빛을 나른다."

군복 차림인 카스트로의 모습도 더해져, 쿠바혁명에 공산주의 군사혁명 이미지가 떠오르는 경향이 있는 이유는 이런 부분에도 있다. 하지만 식자운동은 혁명정권이 사회주의를 주창하기 이전부터 시작되었으며, 군사색 또한 당시 쿠바가 안팎으로 노골적인 위협에 노출되어 있던 것을 염두에 두어야 한다. 예를 들면 캠페인 첫날에는 CIA가 지원하는 무차별 폭격으로 아바나 교외에서 수많은 사상자가 나왔고, 그로부터 이틀 뒤인 17일에는 CIA가 조직한 반군이 플라야 히론에 상륙하여 피그만 침공이 시작되었다.[3] 많은 학교가 공격을 받고 교사와 학생이 죽거나 다쳤는데, 캠페인은 그런 긴장된 사회정세 속에서 전개된 것이었다.

학생 자원봉사 여단은 '콘라도 베니테스 브리가다스'라고 불렸는데, 자원봉사 교사였던 18살 흑인 청년에서 따온 이름이다. 베니테스는 캠페인을 준비하고 있었는데 1961년 1월 5일에 상크티 스피루투스 주의 남쪽 해안, 트리니다드 교외의 산 속에서 반군에 의해 농민 엘리오도로 로드리게스 리날레스와 함께 학살당한다.[3][4] 계속해서 12월에도 베니테스에 이어서 사망소식이 전해진다. 중부의 에스캄블라이 산악지대에서 마누엘 아스쿤테 도메네크가 반혁명 게릴라에게 죽음을 당한 것이다. 하지만 카스트로는 꺾이지 않고 "마누엘의 적을 토벌하자."라고 더욱 격려했다.[3]

연대의식의 확산으로 이어진 운동

전국에 펼쳐진 자원봉사자 모집 포스터에는 다음과 같은 격문이 씌어 있었다.

무차별 폭격으로 희생당한 소년이 죽기 전에 자신의 피로 문에 써서 남긴 '피델'이라는 글자. 카스트로는 이것을 보고 한없이 감격했다고 한다.

"젊은 남녀여, 청년식자력향상 여단에 참가하자! 글을 읽지 못하는 소작농 가족이 지금 여러분을 기다리고 있다……. 그들을 버리지 말자!"

동원에 강제성은 없었다. 하지만 많은 젊은이들은 목숨을 잃을 위험을 돌아보지 않고 열광적으로 농촌으로 달려갔다. 거기에는 카스트로나 게바라에게 감화되어 불공정한 사회를 개혁하는 운동에 참가하고 싶다는 젊은이들의 순수한 마음이 있었던 것이다. 당시 분위기를 카스트로는 이렇게 표현하고 있다.

"혁명은 왜 1년 만에 목표를 달성하기로 했는가? 왜 2년, 3년, 또는 10년이 아니었나? 그렇게 해서는 이렇게까지 많은 여단을 동원하지 못 하고 이렇게까지 의욕을 환기시킬 수 없음을 알고 있었기 때문이다. 비록 이 일이 쿠바에 부여하는 의미를 이해는 하더라도 이 힘든 업무를 달성하지 못했다면 쿠바 인민의 열의가 식어감을 알 수 있었을 것이다. (줄임) 하지만 정부는 언제나 대중, 인민을 신뢰해왔다. 그것은 단 한번도 틀렸던 적이 없었다. 전국 각지에 가 있는 젊은이들 숫자가 그것을 말해주고 있다."[1]

16살에 운동에 참가하여 시에라 마에스트라 산 속의 작은 마을에서 식자교육을 맡았던 아바나의 저널리스트 이레네 루이스 나르바에스 씨는 당시 경험을 이렇게 회상한다.

"저는 아이였어요. 그리고 그 경험을 통해 크게 성장했죠. 저는 그들의 공부를 도와주었지만, 반대로 제가 그들로부터 얼마나 많은 것을 배웠는지 그들은 모를 거예요."

시에라 마에스트라에는 반혁명단체가 있어서 너무 위험했기 때문에 공식적으로는 여성참가가 금지되어 있었다. 하지만 이레네 씨는 부모와 당국을 설득하여 이 두메산골로 가게 된다. 그리고 그 경험은 그녀의 인생을 바꾸었다. 8개월 뒤에 아바나로 돌아왔을 때에는 마을에서 했던 일의 의미도 이해할 수 있었고 아바나에서 마시는 커피도 완전히 의미가 달라졌다.

캠페인에 참가한 또 다른 학생인 레네 무히카 씨도 말한다.

"만약 인생에서 가장 중요한 단 한 가지 경험을 들라면, 그것은 식자력 향상운동이었다고 말하지 않을 수 없어요. 왜냐하면 저의 개인적인 신념에 가장 깊이 영향을 준 사건이었으니까요. 도시의 중류층 출신이었던 제가 이 세상에 존재하리라고는 단 한 번도 생각해보지 않았던 빈곤이라는 현실을 난생 처음 접했으니까요."

농촌을 향해 떠나는 학생들을 카스트로는 이렇게 일깨웠다.

"여러분은 가르칠 것이다. 하지만 여러분은 가르치는 동시에 또한 배우기도 할 것이다."

플라야 히론의 전투지 터에 세워진 박물관. 이 전차를 타고 카스트로는 전투현장으로 달려갔다.

그야말로 카스트로가 말한 대로였다. 캠페인은 도시와 농촌과의 격차를 해소했을 뿐만 아니라 도시의 젊은이와 농촌의 캄페시노(농민) 사이에 연대의식을 만들어냈던 것이다.

인력도 예산도 부족한 혁명정권에게는 대중동원이라는 방법밖에 없었던 것도 사실이다. 하지만 도시와 농촌, 남녀노소, 잘 사는 사람과 가난한 사람 등, 사회적인 계급과 배경이 다른 모든 쿠바 사람들이 비식자 일소라는 목표를 향해 단결하고 농밀한 경험을 서로 나눈 것이 그 밖의 다른 나라들의 식자력 향상운동과의 결정적인 차이가 되었다. 혁명이 내건 사회정의의 실현과 시민의 연대의식을 확산한데 더해, 캠페인의 역할은 매우 컸으며, 지금까지 살펴본 대로, 그 뒤의 교육정책에도 커다란 영향을 주었다.[3]

카스트로는 교육의 해를 축하하는 자리에서 이런 말을 했다.

"우리가 단 1년 만에 문맹을 근절한다고 말했을 때, 그것은 불가능한 것처럼 여겨졌다. 우리의 적은, 아마도 우리들 인민이 그려낸 목표를 재미있다는 듯이 비웃었을 것이다. 왜냐하면 이렇게 단기간에 목표를 달성하는 일은 참으로 어렵기 때문이다. 압제에 시달리며 살아온 민족에게는 불가능한 일이었기 때문이다. 분명히 세계의 모든 인민에게도 불가능한 일이리라. 단, 혁명 속에 있는 인민을 제외하고는. 그렇다, 오로지 혁명 속에 있는 인민만이 이 정도의 거대한 일을 달성할 수 있는 힘과 에너지를 갖고 있다. 물론 우리는 세계에서 쿠바만이 할 수 있는 유일한 나라라고 생각하지 않는다. 결코 그렇지 않다. 우리 인민처럼 떨쳐 일어나면 세계 모든 지역의 모든 민족에게도 그것은 있다. 인민이야말로 에너지, 용기, 투쟁정신, 지성, 그리고 역사를 의미한다."[1]

하지만 정말로 카스트로의 말대로, 그 밖의 나라에서도 단지 의식전환만으로 달성될 정도로 비식자자 근절이란 손쉬운 일일까?

주 — 학교폐쇄에 따른 아이들에 대한 영향을 줄이기 위해서 부모 이외의 자원봉사자가 모집되어 특별 '출석 플랜'을 실시한다. 이런 활동의 내용과 가치, 그리고 이 시기에 학교와 멀어져 있던 아이들에 대한 영향을 평가할 만한 기록은 전혀 없다. 정부는 당시 교육의 최우선 과제로 전국 식자력향상 캠페인을 선택했음을 명확하게 말하고 있다.[3]

4. 세계에 퍼진 쿠바의 식자교육법

현재도 전 세계적으로 비식자자 수는 8억이 넘는다

식자력 향상 운동은 쿠바에서는 반 세기도 더 지난 과거의 일이지만 다른 나라로 눈을 돌리면 여전히 현재진행형이다.[11] 교육은 기본적인 인권이며 개인의 자질향상과 사회개선에도 꼭 필요하다. 그럼에도 불구하고 1990년에 전 세계 성인 비식자자는 9억 6,000만 명, 비식자율은 세계평균 25%, 개발도상국에서는 34%에 이르렀다. 그래서 세계은행, UNDP(유엔개발계획), 유네스코, 유니세프가 공동으로 개최하여 태국에서 열린 '만인을 위한 교육세계회의'에서는 2000년까지 모든 아동의 초등학교 입학과 14살 이상에서 80%의 초등교육 수료, 그리고 성인 비식자자 수를 절반으로 줄이자는 '만인을 위한 교육세계선언'이 채택되었다.

하지만 10년 뒤에 세네갈의 다카르에서 열린 '세계교육포럼'에서는 상황에 진전이 보이지 않는다는 것이 재확인된다. 그래서 2001년 말 유엔총회에서 당시 유엔 사무총장 코피 아난은 2003~2012년을 '유엔 문해 10개년'으로 정하고 2015년까지는 비식자자 수를 절반으로 줄이자고 선언한다.[10] 더불어 유아사망률, 빈곤격차 등 여러 과제를 해결하는 데에 식자력이 반드시 필요하다고도 강조했다.[4] 하지만 수치를 보면 현재 유네스코의 전망은 참으로 어둡다. 2007년 성인 비식자자는 7억

8,100만 명이며 2015년에도 그 수치는 약 7억 6,500만 명에 머물 것으로 전망된다.

지역적으로 보면, 라틴 아메리카·카리브 해 지역의 비식자율은 12%로, 사하라 이남의 열대 아프리카의 40%나 남아시아의 45%보다는 낮지만 상황이 심각하다는 사실에는 변함이 없으며[4] 국내에서 점점 더 벌어지는 격차가 문제를 더욱 어렵게 하고 있다. 3,900만 명 정도로 추정되는 성인 비식자자 대부분 가난한 농민이나 원주민이다. 비식사율이 20%를 넘는 나라는 엘살바도르, 과테말라, 아이티 등이며 볼리비아나 에콰도르는 들어가지 않는다. 하지만 볼리비아에서도 도시 식자율은 91%지만 농촌은 72%이며, 에콰도르 역시 전국평균은 92%지만 원주민 마을에서는 72%에 그친다. 유네스코 통계연구소의 세사르 과달페 씨는 비식자자가 사회적 격차와 직결되어 있다고 지적한다.

"이런 나라들에서는 15~19살에 초등학교를 졸업할 수 있는 사람이 80%, 때로는 70% 미만입니다. 교육은 그것이 공정한 경우에만 질을 담보할 수 있습니다. 도시와 농촌, 저소득자나 원주민과 부유한 사람들과의 격차를 묻지 않을 수 없습니다."[6]

유네스코와 유엔의 라틴 아메리카·카리브 경제위원회가 2005년 2월에 제출한 공동연구 리포트에 따르면 앞으로 9년 만에 비식자자를 근절하려면 약 70억 달러가 든다.[4][8] 3~5살까지의 취학전 교육과 75%의 중등교육, 남녀평등 등의 교육목표를 달성하려면 1,500억 달러나 되는 돈이 든다고 한다.[4] 유네스코의 2008년과 2009년의 2년간 예산액은 6억 달러 정도이므로 매우 절망적인 금액이다.

쿠바의 프로그램으로 비식자자 근절을 시도하는 개발도상국

의외라는 생각이 들지만, 라틴 아메리카의 몇몇 나라에서는 지금 식자율이 급속도로 높아지고 있다. 예를 들면 베네수엘라의 차베스 정권은 1997년부터 식자력 향상 캠페인을 시작하여[1] 10만 명 이상의 젊은 자원봉사 교사를 모집했다. 그리고 불과 2년 만에 150만 명의 비식자자가 읽고쓰기를 배우고 2005년 10월에는 '비식자자 근절선언'을 하고 있다.[3] [8] [10] "그건 마치 빛을 향해 터널을 빠져나오는 것과 비슷했어요."라고 65살에 읽고쓰기를 배운 에우헤니아 토아 씨는 말한다. 하지만 배우고 있는 것은 베네수엘라뿐만이 아니다.[4]

볼리비아도 공식통계를 보면 962만 명 가운데 100만 명 이상이 비식자자다. 하지만 2006년 1월에 에보 모랄레스 정권이 들어서자[10] 식자력 향상 운동을 시작하여[12] 중부 코참바의 트라타 마을에서는 700명이 읽고쓰기를 배워서 최초로 비식자자 일소의 깃발이 내걸렸다.[12] 그해 말까지는 70만 명 이상이 공부를 마치고[10] 2008년에는 베네수엘라에 이어 비식자자 해방선언을 할 예정이다.[1]

니카라과에서도 2007년 1월에 산디니스타 새 정권이 들어서자 교육개혁과 비식자자 근절을 최우선 정책과제로 내걸었고, 미겔 데 카스티야 신임 교육부 장관은 "우리 정권 재임중인 2012년까지 비식자자를 근절한다."고 말하고 있다. 전국통계 센서스국에 따르면, 2005년의 비식자율은 인구 514만 명 중에서 20.5%로 100만 명이 넘는다.[11] 아무리 이들이 모두 친쿠바적인 사회주의 정권이라 해도 어떻게 이 정도로 밝은 전망을 그릴 수 있을까? 단지 정권이 우에서 좌로 바뀌었을 뿐인데 왜 급속히 식자율이 향상되기 시작한 것일까?

사실 그 배경에는 쿠바가 개발한 〈요 시 푸에도!〉, 직역하면 '나도 할 수 있어!'라는 이름의 획기적인 식자교육 프로그램이 있다.

예를 들면 이 프로그램으로 읽고쓰기가 가능해진 볼리비아의 로사 로페스 씨는 30개국 600여 명이 참가한 아바나에서 열린 국제식자력 포럼에서 자신의 기쁨을 이렇게 털어놓았다. "이 프로그램은 우리에게 배울 기회를 많이 제공해 주었습니다. 쿠바와 베네수엘라의 원조로 두 메산골에까지 보급되어 있습니다……. 저는 제가 최초로 배운 볼리비아인 가운데 한 명이라는 것을 자랑스럽게 생각합니다. 그리고 앞으로도 계속 배울 것입니다."

마찬가지로 아델라 리베라 씨도 즐겁고 아주 유익한 프로그램이라고 입에 침이 마르게 칭찬한다. "텔레비전과 비디오를 이용해서 이 정도로 배울 수 있을 줄은 꿈에도 상상하지 못했어요. 정말이지, 믿을 수가 없어요."

리베라 씨는 젊지만 프로그램은 나이도 별로 문제가 되지 않는다. 온두라스의 델피나 드봉 아세베도 씨는 76살에 처음으로 편지를 읽었던 흥분을 이렇게 말한다. "먼저 신께 깊이 감사드립니다. 그리고 배움이 참으로 힘든 나 같은 늙은이를 가르쳐주신 나의 가장 사랑하는 선생님, 당신께도 감사를 드립니다."[9]

이 프로그램은 멕시코에서도 성공을 거두고 있다. 멕시코 중서부에 있는 인구 390만 명의 미초아칸 주 비식자율은 12.6%나 되었다. 그 주의 호세 마리아 모렐로스 교육과학연구소의 앙헬 엘레디아 메나 교수는 이렇게 푸념한다.

"1940년대 이후, 계속 비식자자를 근절하지 못했던 것은 아무리 가르쳐도 배운 것을 잊어버려서 도중에 좌절해버리고 말았기 때문이다."[6]

하지만 쿠바의 프로그램으로 배운 농민인 벤야민 아발카 씨(55살)의 학습의욕은 높다.

"저는 축구팀 코치여서 선수들의 포지션을 글로 써야 할 필요가 있습니다. 점점 쓸 수 있게 되었는데, 아직 정규 신청서까지는 쓰지 못해서 공부를 더 할 예정입니다."

이 프로그램이 도입된 이후 그 주에서는 세 곳의 무니시피오가 '탈비식자자 선언'을 하고, 리자로 카르드나스 주지사는 2005년에는 비식자율이 8.5%로 떨어질 전망이라고 말하고 있다.[4]

텔레비전과 비디오를 활용해서 석 달 만에 읽고쓰기를 완성

불과 석 달 만에 읽고쓰기를 쉽게 익힌다. 이 참신한 프로그램을 개발한 사람은 아바나에 있는 라틴 아메리카·카리브 교육연구소(IPLAC)의 레오넬라 이네스 렐리스 디아스 박사(61살)다. 유네스코는 읽고쓰기를 습득하는 데에 1인당 160달러가 드는 것으로 추정한다. 하지만 〈요시 푸에도〉는 텔레비전과 비디오 등을 이용하여[8] 그것의 약 3분의 1의 비용으로 만족스러운 수준의 학습성과를 올릴 수 있다.[5][8]

이네스 박사는 시청각 교재를 활용하기에 이른 경과를 설명한다.

"쿠바에서 식자력 향상 캠페인이 실시된 것은 1961년입니다. 비식자자를 근절하기 위해서 교사아 아이들끼지 농촌으로 갔지요. 하지만 그것은 20세기의 일입니다."

박사가 먼저 캠페인부터 이야기를 시작한 것은 자신이 11살의 나이로 참가했기 때문이다.

"하지만 21세기는 정보와 커뮤니케이션 기술이 발달했으므로 식자력 향상 운동에도 신기술을 사용해야 합니다.[14] 현지의 상황이나 사용할 수 있는 자원에 따라 다르지만 학습기간은 하루에 30분씩 두 번, 일주일에 5일뿐이에요. 그 이상은 없어요.[3][9]"

예를 들면 텔레비전에서는 각각 30분짜리 65회의 레슨으로 이루어지는데[8] 음성과 이미지가 조합됨으로써 종합적인 학습효과가 올라가며[9] 석 달이면 기본과정을 끝낼 수 있다.[8] 이것은 어디까지나 최저 수준이다. 주체는 텔레비전과 라디오지만 텍스트도 있으며, 지역 봉사자들이 팀을 짜서 레슨을 지도하고 그것을 보완한다.[3][9] 기본을 익힌 사람들은 제2단계인 〈요 시 푸에도 세기르(계속할 수 있어요)〉로 나아가 초등교육을 완성한다. 최초로 시험해본 베네수엘라에서는 이것에 7~8주가 걸렸지만, 지금은 시청각교재 활용법도 다양해져 4주 정도면 초등교육 수준에 도달할 수 있다고 한다.[9]

어떤 언어에도 범용성이 있어서 세계 28개국에서 활용중

프로그램은 전 세계로 급속하게 퍼지고 있다. "현재 28개국에서 사용되고 있죠."라면서 박사는 구체적인 나라를 열거한다.

중남미에서는 아르헨티나, 우루과이, 에콰도르, 엘살바도르, 그레나다, 콜롬비아, 세인트크리스토퍼 네비스(서인도 제도의 동부 리워드 제도에 있는 섬나라. 1983년에 영국으로부터 독립했다. ─ 옮긴이), 도미니카 공화국, 니카라과, 아이티, 파라과이, 파나마, 브라질, 프랑스령 기아나, 페루, 온두라스, 볼리비아, 멕시코 등이 사용하고 있으며, 아프리카에서는 앙골라, 감비아, 기니비사우(아프리카 서해안에 있는 공화국. 1974년에 포르투갈

"많이 알려져 있지 않지만 동티모르에는 테톤어라는 언어가 있습니다. 테톤어로는 로스 하우 베베(Los hau bebe)예요." 여러 나라 말로 '요 시 푸에도'를 써주는 이네스 박사.

로부터 독립했다. – 옮긴이), 적도 기니, 케냐, 나이지리아, 나미비아, 모잠비크, 남아공이, 그리고 아시아에서는 동티모르가 사용하고 있다. 이만큼 폭넓게 활용되고 있는 것은 습득하는 데 시간이 걸리지 않고 돈도 들지 않을 뿐더러 스페인어나 영어, 포르투갈어 등 인도·유럽어족 언어뿐만 아니라 원주민 언어에도 활용 가능하기 때문이다.[5]

"볼리비아, 동티모르, 뉴질랜드 등, 아무리 지리적·문화적으로 떨어진 나라의 상황에도 이 프로그램은 적용될 수 있지요.[8] 예를 들면 그레나다에서는 영어, 앙골라에서는 포르투갈어, 아이티에서는 크레올어인데 '요 시 푸에도'를 각각의 언어로 써보면," 이라고 박사는 펜을 들고 술술 써내려간다. "프랑스어로는 시 주 푸모아(Si je peuxmoi)이고, 크레올어로는 윈 웬 카파브(Win wen kapab), 아이마라어로는 히과 사타스 헤이과(Jiwa satas kiwa), 그리고 케추아어로는 아리 뇨카 아티니(Ari nuga atimi)가 됩니다."[14]

덧붙여서 크레올어는 아이티, 아이마라어와 케추아어는 라틴 아메리카 원주민들의 언어다. 볼리비아에 프로그램이 보급되어 있는 것도 아이마라어, 케추아어, 과라니어 등을 모두 커버할 수 있기 때문이며 멕시코나 콜롬비아에서도 몇몇 주와 무니시피오의 원주민이 활용하고, 에콰도르에서는 원주민들 사이에서 가장 많이 사용되는 케추아어로 텍스트를 만들고 있다.[4]

덧붙여서 박사는 지적하지 않았지만, 〈요 시 푸에도〉는 스페인의 세비야 시(市)나 그라나다, 캐나다, 뉴질랜드 등 선진국에서도 사용되고 있다. 캐나다에는 이누이트, 뉴질랜드에서는 마오리 족 등 자국의 원주민 언어에 적용 가능하기 때문이다. 뉴질랜드에서도 5명에 1명 꼴인 400만 명이 기능적 비식자이며 프로젝트 실무자인 마르시아 씨에 따르면 "2003년 6월 이후 1,022명의 성인이 읽고쓰기를 배우고 5,400명이 초등학교 과정에 들어갔다."고 한다. 심지어 눈이 보이지 않고 귀가 들리지 않는 사람들에게도 활용되고 있다.[4]

그런데, 이 프로그램은 왜 여러 언어와 범용성이 있는 것일까?

"어떤 사람이든지 이해할 수 있는 보편적인 원칙에 토대하고 있기 때문이죠.[8] 누구에게나 친근한 숫자나 문자를 연관시키고 있는 것이 핵심이에요. 사람들은 읽고쓰지는 못하더라도 물건을 사거나 전화를 하거나 생활의 필요성에서 숫자는 경험적으로 알고 있죠. 그러므로 이미 알고 있는 숫자를 매개로 삼아 모르는 문자와 연결시켜 가는 거예요. 이 방법은 알파 누메리코라고 불리죠.[14] 또한 가장 많이 사용되는 것은 모음이므로 문자도 알파벳 순서가 아니라 사용 빈도에 맞춰서 가르치고 있어요."

집, 가족, 키스, 태양, 달. 박사에 따르면 이 다섯 개의 단어가 가장 먼저 배우는 단어라고 한다.

"어떤 지역 출신이든, 어디에 살고 있든, 그것이 삶에서 가장 일반적인 말이거든요.[8] 숫자를 얼마나 사용하고 있는가, 어떤 경험을 해왔는가를 미리 체크하며[14] 학생들의 경험을 토대로 교재 내용을 만들었으므로 배우는 것에 질리지 않죠.⁽⁹⁾ 그리고 나와 가까운 곳에서부터 세계적인 의미로 학습을 진행시켜 나갑니다."⁽¹⁴⁾

최빈국 아이티 민중들로부터 탄생한 프로그램

　모음을 중심으로 한 사용 빈도로 문자를 습득하게 한다. 문자와 수학과의 연상으로 주위의 삶을 화제로 삼아 경험적으로 습득해온 지식을 살린다. 듣고 보니 합리적인데, 이런 현실적인 아이디어는⁽⁸⁾ 1999년 10월부터 2001년 5월에 걸쳐 박사가 아이티에서 국제협력에 봉사하고 있던 실천 속에서 키워졌다고 한다.⁽¹⁴⁾

　"〈요 시 푸에도〉가 탄생한 것은 2001년입니다. 아이티에서는 크레올어와 프랑스어 라디오 방송으로 식자교육을 했습니다. 2년 동안 크레올어를 배워야만 했는데, 언어 이상으로 사회의 빈곤 전반에 대해서도 알게 되었지요.⁽¹⁴⁾ 여성차별과 미신도 진심으로 이해했구요. 두메산골에서는 읽고쓰기를 하지 못하는 것이 당연한 일이었고⁽⁸⁾ 비식자자는 인간으로 대접받지 못하고 태어나고 죽는 것조차 기록되지 않고 있었어요.⁽¹⁴⁾ 어디서든지 활용할 수 있는 프로그램을 완성하려면 먼저 각 지역의 정체성, 즉 습관, 종교, 방언, 문화, 특히 살고 있는 사람들의 개성을 반드시 존중해야 해요. 그것을 뿌리부터 학습했죠.⁽⁸⁾"

　아이티는 라틴 아메리카의 최빈국으로 국민의 80%가 빈곤에 시달리고 있으며 실업률은 60%에 이른다. 식자율도 61% 정도에 그친다. 두메산골이 처해 있는 가혹한 상황은 상상할 수 없을 정도다.

"그리고 지금도 잊을 수 없는 감동적인 일이 있었어요. 2001년 3월 28일이었죠."라고 박사는 그때가 그립다는 듯이 회고한다.

"읽고쓰기를 간단히 습득할 수 있는 책자를 만들어주었으면 한다고, 피델로부터 직접 부탁을 받았지요."

"직접 부탁을요?"

"예, 그랬답니다. 유엔의 목표에 맞추어 쿠바가 전 세계의 비식자자를 근절하자는 아이디어를 피델이 낸 거예요. 그때부터 자는 시간도 아끼면서 노력하길 7년, 프로그램을 계속 연구해왔습니다."

하지만 유감스럽게도 그 뒤 아이티의 불안정한 정세에 의해 프로그램은 결국 도중에 중단된다.[6]

"하지만 피델은 음베키 대통령이 방문했을 때 아이티에서 했던 프로젝트를 설명해주었죠."[14]

2001년 5월에 남아공의 타보 음베키 대통령이 쿠바를 방문해서 양국의 의료, 교육, 과학기술 등의 협력관계를 약속한 공동선언을 발표했는데, 그때 아이티에서의 경험을 카스트로가 말해주었다고 박사는 기쁜 듯이 말한다.

평가받지 못한 쿠바의 식자력 향상 운동

하지만 이 정도로 성과를 올리고 있음에도 쿠바에 대한 국제사회의 평가는 매우 낮았다. 그것은 멀리는 1960년대로까지 거슬러올라간다.

예를 들면 유네스코는 1960년대에 3,200만 달러나 되는 돈을 들여 개발도상국에서 11가지나 되는 식자력 프로젝트를 시험했지만 모두 실패로 끝났다. 해외로부터 일체 원조를 받지 않은 쿠바의 식자력 향상 운동만이 당시 유일한 성공사례였다. 그렇다면 그 방식을 조사하면 참고가 되지 않을까? 이렇게 생각한 유네스코는 이탈리아의 연구자 안나 로렌제토 박사를 파견한다. 박사는 이데올로기적인 편향에 치우치지 않고 쿠바가 사용한 방법을 높이 평가했다. 당황한 유네스코는 1965년에 박사의 보고서를 인쇄하긴 했지만, 연구성과를 비공개로 함으로써 일반인이 이용할 수 없게 한다. 1965년에 테헤란에서 국제 식자력 회의가 개최되었을 때도 이 보고서의 배포요청을 유네스코가 거부했기 때문에 쿠바는 갖고간 책자 500부를 회의장에서 직접 배포했다.

그런데 그 뒤인 1984년에 유네스코가 발표한 보고서에서는 쿠바의 방식을 성공사례로 재평가했으며, 그 노하우는 유네스코의 식자력 프로젝트에도 명백하게 이용되고 있었다.[2] 냉전시대의 국제관계를 상기시키는 에피소드라고 말할 수 있을 것이다. 하지만 냉전이 끝난 지금도 여전히 쿠바의 방식이 정당하게 평가받지 못 하는 이유는 무엇일까? 아르헨티나의 「보다 좋은 세계가 가능한 재단(UMMEP)」의 클라우디아 캄바 대표는 그 배경에 미국이라는 존재가 있다고 단정한다.

"유네스코는 도저히 달성할 수 없는 계획을 세우면서도, 베네수엘라와 같이 비식자자 근절을 이미 성공시키고 있는 쿠바식 방법을 인정하려 들지 않습니다. 세계에 있는 식자력 향상 프로그램리스트에도 포함되어 있지 않습니다. 이것은 유네스코 멤버인 미국의 압력에 의한 정치문제이며 그것이 〈요 시 푸에도〉가 유네스코로부터 추천되지 않는 이유입니다."

참고로, 유네스코의 '유엔 문해 10개년' 명예대사를 맡고 있는 사람은 로라 웰치 부시, 바로 부시 전 미국 대통령의 부인이다. 캄바 대표는 유네스코를 더 강하게 비판한다.

"유네스코는 이리저리 눈치만 보는 입장을 유지해서는 안 됩니다. 유네스코는 진정한 식자력 정책을 각 국가가 도입하도록, 지도력을 발휘해야 합니다." [5]

지구는 우리의 마을, 그리고 교육은 세계의 보물

캄바 대표가 비판한 것은 2006년 1월의 일인데, 결과적으로 반 년 뒤인 6월 19일에 라틴 아메리카·카리브 교육연구소는 유네스코로부터 '세종대왕 문해상'을 받았다.[7][10] 그밖에 몇몇 나라도 상을 받긴 했지만 타국에 대한 원조를 이유로 상을 받은 나라는 쿠바뿐이었다.[10]

"다양한 지리적, 문화적인 상황에 적용할 수 있으며 어떤 나라의 도시와 농촌에서도 활용가능하며, 실형을 선고받은 죄수, 소수민족의 토착어에도 실효성이 있는 참으로 경제적이고 대단히 유연하고 혁신적이며 탄력적인 수법이라는 점. 아울러 여성의 교육도 특별히 고려하고 있는 점." 이것이 유네스코가 높이 평가한 포인트였다.[7][9][10]

"읽고쓰기를 하지 못하는 사람들은 대부분 여성입니다. 성차별과 불평등, 온갖 사회적 차별을 받고 있으며 고용기회도 부족하기 때문입니다. 이것이 여성을 최우선으로 해야만 하는 이유입니다. 여성이 읽고쓰기를 할 수 있게 되면 읽고쓰기를 할 수 있는 가정을 만들 수 있습니다. 책을 읽을 수 있는 어머니는 자신의 아이에게도 가정에서 읽고쓰기를 가르칠 수 있겠죠."

여성교육의 중요성을 인식하고 있는 이네스 박사 덕분에 프로그램 텍스트에도 여성우선주의가 곳곳에 배어 있다. 텍스트에 등장하는 교사도 여성이며 학생 5명 중에 3명은 여성인데, 1명은 교육을 받을 기회를 얻지 못한 젊은 여성, 다른 1명은 읽고쓰기를 하지 못해 좋은 일자리를 구하지 못하는 여성, 그리고 마지막 1명은 가장 착취당하고 있는 원주민 여성을 내세우고 있으며, 그런 의도는 텔레비전 교재에도 많이 삽입되어 있다고 한다.

이런 세심한 배려는 박사만의 업적이 아니라 국내에 있는 15개 교육대학과 라틴 아메리카·카리브 교육연구소의 강력한 팀워크의 성과물이다.[5] 연구소는 교재, 스태프, 전문기술을 제공하고[3] 600명 이상의 전문가가 각국에서 지원하는 체제도 갖추어져 있다.[6] 동시에 식자력 향상이 환경, 가족, 커뮤니티에 어떤 영향을 초래할 수 있는지를 개별평가하는 지표나 적용방식 등도 개발되어 있다.[7] 여러 지역에 적용됨으로써 더욱 범용성을 강화할 수 있다고 말할 수 있을 것이다.[8]

〈요 시 푸에도〉는 말하기 방식이나 음성, 음색, 그리고 각 언어의 배

경에 있는 각 지역의 지리, 음악, 전통과 풍습도 고려하고 있다.[9]

"각국의 역사, 환경, 전통을 존중하는 것이 중요해요. 라틴 아메리카에서는 공통된 스페인어 프로그램도, 8개국용으로 여덟 번 다시 만들었죠. 각국의 역사와 전통문화 등과 합치시키기 위해서죠. 그리고 원주민의 언어를 지키는 것도 잊지 말아야 해요."[14]

박사는 1964년에 초등학교 교사가 되고 1966년에는 아바나 대학에서 스페인어학을 공부한 뒤에 다시 초등학교 교사를 거쳐 오랫동안 교육부에서 일해왔다. 하지만 〈요 시 푸에도〉는 그때까지 한 일 가운데 가장 인간적인 일이라고 자부한다. "유네스코에서 주는 상을 받았고, 쿠바의 국가과학상도 받았어요. 하지만 전 세계적으로 3,000만 명이 읽을 수 있게 된 것, 몇 백만 명이나 되는 사람들을 위한 일이라는 것, 그것이 제가 가장 행복한 이유죠."[14]

이네스 박사 말대로 〈요 시 푸에도〉가 기아와 전쟁으로 가득 찬 절망적인 세계정세 속에서 가난한 이들에게 지식과 문화의 빛을 비춰주고 있음은 틀림없는 사실이다. 쿠바는 의료뿐만 아니라 교육에서도 보다 나은 세계가 가능하다는 것을 지속적으로 보여주고 있는 것이다.[9]

"비식자자 문제는 복잡하지만 정치적 의지와 자금, 그리고 기술이 있다면 누구나 읽고쓰기를 하게 될 수 있어요. 거기에는 국제간의 협력도 필요하죠."라고 박사는 자크 들로르의 말을 인용한다.

"들로르는 '지구는 우리들의 마을이다. 그리고 교육은 세계의 보물이다'라고 말하고 있습니다. 바로 그렇기 때문에 쿠바는 연대를 하고 있는 거죠."[14]

들로르는 유럽위원회를 오늘날의 거대 조직으로 키워내고 유럽위원회 위원장을 두 번이나 지낸 프랑스의 경제학자이자 정치가이다. 유네스코는 1993년에 21세기 교육방식을 검토하는 교육국제위원회를 발족시켰는데, 위원장으로 교육문제에도 조예가 깊은 들로르를 낙점했다. 위원회의 성과는 1996년에 발표한 보고서 「학습: 숨겨진 보물」에 제시되어 있다. 박사는 쿠바의 영웅 호세 마르티의 말도 이어서 인용한다.

"마르티는 '나에게 있어 조국은 인류다'라고 말했어요. 그리고 자유로워지려면 교육과 문화가 필요하다고도 말했구요. 즉, 인간은 문화가 없으면 자유로워질 수 없다는 거죠."[14]

인간은 교육이 없으면 자유로워질 수 없다

〈요 시 푸에도〉가 처음으로 해외에서 사용된 것은 우고 차베스 대통령의 요청을 받은 2003년 이후인데[1] 프로젝트의 시행을 맞아 카스트로도 차베스에게 박사와 똑같은 말을 하고 있다.

"'교육을 받는 것이 자유로워지는 유일한 방법이다.' 호세 마르티의 이 말은 21세기에 있어서는 지금까지 이상으로 더 큰 의미를 갖는다. 몇 백만 명의 인민이 읽고쓰기를 할 수 없을 때 어떻게 자유나 민주주의에 대해 말할 수 있겠는가. 특권계급과 지배자들은 세계 인민의 대부분이 비식자자나 준식자자 상태에 머물기를 열망하고 있다. 왜냐하면 사기와 조작이 인민을 약탈하고 노예화하기 위해 선택된 무기이기 때문이다."[3]

카스트로의 발언은 과격하고 이데올로기적인 편견에 가득 찬 궤변으로도 받아들일 수 있지만 오늘날 미국의 교육상황을 보면 완전히 궤도를 벗어났다고는 생각할 수 없다. 예를 들면 2002년에 미국은 '낙오자를 만들지 않는 초중등교육법'을 내놓았는데, 2006년 말인 12월 15일에 전미교육통계센터가 공표한 성인 식자력 전국조사에 따르면 1992년~2003년에 걸쳐서 문장과 문단의 독해력은 거의 개선되지 않고 있으며 16살 이상 성인의 21~23%에 해당하는 4,000~4,400만 명이 최저수준의 식자력밖에 갖추지 못했으며, 그 가운데 2,100만 명은 읽고쓰기를 전혀 하지 못한다고 되어 있다. 이라크나 아프간 전쟁에는 몇 십억 달러를 낭비하면서도 신교육법에 의한 예산부족으로 디트로이트에서는 비식자율이 47%나 된다고 한다.[10] 그리고 이런 낙오자를 만들지 않는 법의 숨겨진 목적이 개인정보 취득과 부당한 모병정책이었음은 저널리스트 쓰쓰미 미카 씨가 쓴 『르포 빈곤대국 아메리카』에도 상세히 묘사되어 있다.

참고로, 부시 정권이 쿠바의 교육자유와 민주화를 추진하는 정책으로 내걸고 있는 것은 다음과 같다.

・교사와 교수법의 재교육을 조직화하기 위한 프로그램 설립.
・종교 교육을 포함한 사학(私學)교육의 개발과 추진.
・해외 자원봉사 교사의 활용 등을 통해 열린 학교로 전환 지원.[9]

건전한 사회는 돈으로만 평가할 수 없다

　독립한 타국의 교육정책 민주화를 위해 일부러 정책제언까지 하다니, 무슨 일에든 간섭하기 좋아하는 미국답다. 허지만 미국의 주장에도 일리는 있다. 쿠바의 교육에 자유로운 선택지가 없다는 것은 분명한 사실이기 때문이다. 하지만 코피 아난 전 유엔 사무총장의 다음과 같은 평가도 있다.

　"1인당 GDP를 고려했을 때 쿠바의 사회발전상은 참으로 인상적이다. 그러나 유엔 인간개발지수로 보면 쿠바가 눈에 보이는 것보다 훨씬 풍요로운 나라임이 해가 갈수록 명백해져가고 있다. 정책상 옳은 것이 우선될 때, 말하자면 의료나 교육, 식자교육 등을 정책의 중심에 두었을 때 가질 수 있는 자원으로 국가가 얼마나 많은 것을 달성할 수 있는지를 쿠바는 잘 보여주고 있다."[15]

　또한 문화, 사회, 정치, 환경 등 다방면에서 글로벌 경제가 불러온 영향을 분석, 비판하고 포스트 글로벌 사회의 새로운 방안을 모색하는 단체는 「포스트 글로벌 사회의 가능성」에서 다음과 같은 견해를 적어넣고 있다.

"가난한 사람들에게 물어보면, 그들에게 필요한 것은 자신들의 삶이 의존하는 먹거리나 물에 관한 확실한 권리, 살아가기 위한 다른 사람만큼의 일자리, 아이들을 위한 의료와 교육이라고 말할 것이다. 돈은 필요하다고 하겠지만 '경제성장과 주가상승이 필요하다' 고는 말하지 않을 것이다. 유아사망률이 낮고 식자율이 100%이며 가난한 사람들이나 고령자에게 식량과 주택이 제공되고 범죄율이 낮고 투표율이 높고 커뮤니티가 하는 행사에 참여도가 높다면 GDP나 GNP, 주가평균 따위야 어찌 되었건 그 사회는 건전한 사회라고 말할 수 있을 것이다."[16]

주 — 유네스코는 1989년부터 식자교육에 공헌한 단체나 개인에게 상을 주고 있으며 한글을 창제한 세종대왕의 공적을 기려서 상의 이름을 '세종대왕 문해상' 으로 정했다. 해마다 10월 9일에 수상식이 열린다.

5. 무지야말로 전쟁을 낳는다

쿠바에 있는 존 레논 공원

「영원한 아바나」(페르난도 페레스 감독, 2003)라는 영화가 있다. 아침에 일어나서 학교에 가고, 공부를 하고 요리를 하고 다리미질을 하고 춤을 추러 나간다……. 이른 아침부터 늦은 밤까지 검소하고 평화로운 서민의 일상이 대사 한 마디 없이 그려져 있다. 할리우드 액션영화와는 정반대인 차분한 작품으로 마지막에는 빗속에서 존 레논의 동상을 지키고 있는 주민의 모습이 등장한다.

쿠바와 레논. 의외의 조합이라고 생각할 수 있다. 레논은 쿠바를 방문한 적도 없다. 1999년에 공산당 기관지 「그란마」는 쿠바와 가장 관련이 깊은 20세기 인물 목록에 레닌과 게바라와 나란히 비틀스를 올렸다. 다음 해인 2000년 12월 8일에는 사후 20년을 기념해서 아바나 시내의 엘 베다도 공원 한 모퉁이에 레논의 동상 제막식도 거행했다. 청동상 아래에는 존 레논의 노래 〈이매진〉 가사가 새겨졌고 행사에 참가한 카스트로는 "당신은 나를 몽상가라고 말하겠지"라는 가사의 한 구절을 인용하며 "레논은 혁명가이며, 나와 레논의 꿈은 완전히 똑같다. 나도 레논의 꿈이 실현되는 것을 꿈꾸고 있는 몽상가다."라고 말했다.

하지만 레논의 꿈을 말하면서도 제막식에 나온 카스트로는 게릴라 시절 이후 자신의 트레이드 마크가 된 올리브색 군복을 입고 있었다.

군복 차림으로 평화를 말하는 카스트로. 쿠바가 처한 상황을 알 수 있는 힌트가 거기에 깃들어 있다.

쿠바는 경제위기 때에도 복지의료나 고령자연금, 교육비를 유지하기 위해 1990년과 1997년을 대비해보면 의료비는 134%, 사회보장 예산은 140%나 늘렸다. 혹독한 예산안 속에서 이 경비를 염출하기 위해서 군사비는 55%까지 삭감되었다. 하지만 삭감되었던 군사비는 경기회복과 더불어 다시 증액되고 있으며 초등학교 아침조회 시간에는 국기를 앞에 두고 부동자세를 한 어린이들이 '체처럼 되자'라고 외치며 고교부터는 본격적인 군사교련도 시작된다. 피오네로의 보이 스카우트 활동도 편견을 갖고 보면 게릴라전을 위한 준비로 볼 수 있고, 허브를 중심으로 발달한 전통의술 연구도 군대에서 처음 시작되었다. 헨리

존 레논 상이 놓인 벤치에서 끌어안은 커플. 발 밑의 석판에는 〈이매진〉 가사가 새겨져 있다.

리브 국제원조대 소속 의사들은 변방에서 의료활동에 종사할 수 있도록 낙하산 훈련까지 받고 있는데, 이것도 유사시에는 게릴라 부대의 종군의사로 전용할 수 있는 증거일 것이다. 국방군을 후방에서 지원하는 민병조직도 건재하다. 1980년에 창설된 지역방위군은 200만 명에 이르는 남녀가 자원봉사자로 참가하고, 학교 등의 각 공공시설에는 무기와 탄약이 구비되어 있다고 한다. 즉 인구 1,200만 명의 작은 나라지만 유사시에는 5명 중에 1명의 이미은 무기를 손에 들고 국토방위군에 참가할 수 있는 준비가 되어 있다.[3]

통역을 맡아주고 있는 미겔 바요나 씨는 농담을 잘하는 아주 명랑한 사람인데, 미국의 쿠바 침공 가능성을 화제로 삼자 갑자기 진지한 표정이 되더니 "그때는 조국을 위해 무기를 들고 싸워야죠."라고 말한다. 그 얼굴을 보고 '아, 이 사람은 말 그대로 죽을 각오로구나.' 라고 생각했다. 하지만 아무리 미국과 대립하고 있다 해도 이런 반응은 약간 지나친 건 아닐까? 카스트로도 은퇴하지 않았는가. 대화의 길을 열고 군사비를 줄여서 교육과 복지에 더욱 많은 예산을 투입하면 훨씬 더 발전할 수 있을 텐데, 왜 코스타리카와 같은 평화의 길을 걸으려 하지 않는 것일까?

1980년대 니카라과 교육개혁의 좌절

앞에서 베네수엘라와 볼리비아가 식자력 향상에서 성과를 올리고 있다고 말했다. 하지만 그 정도로 성과가 올라가는 방법이라면 왜 반세기나 공백이 있었던 것일까. 똑같은 방법을 시행한 나라는 그때까지 없었을까, 라는 솔직한 의문이 머리를 스쳐간다. 이런 의문은 옳았다. 사실은 모방한 나라가 있었다. 바로 니카라과다.

니카라과는 중남미의 최빈국으로 초등학교에는 아이들의 65%밖에 입학하지 못하며 6학년까지 그만두지 않고 다니는 비율은 22%에 그쳤으므로 국민의 절반이 비식자자였다. 그래서 1979년에 산디니스타 혁명정권이 들어서자 먼저 대담한 의료와 교육개혁에 착수한다. 의료비는 무료가 되고 가난한 사람도 의사를 만날 수 있게 되었다. 대대적인 식자력 향상 운동도 시작되어 비식자율은 1979년의 54%에서 단숨에 13%까지 내려간다. 니카라과 문화를 자각하게 하기 위해 문화정책도 추진되고, 일련의 여성해방 정책을 통해서 다양한 방면에 여성들이 참여하게 되어간다. 1981년에는 농지개혁법을 제정하고 옛 정권이 사유화했던 대농장을 해체, 국유화하여 가난한 농민들에게 나눠주었다. 하지만 앞에서 썼듯이, 2005년 비식자율은 20.5%로 다시금 악화되었고 인구 514만 명인 나라에서 80만 명이나 되는 아이들이 학교를 다니지 못한다. 교육개혁은 왜 좌절되고 말았던 것일까?

평화롭지 않으면 교육개혁도 진전될 수 없다

"'오후 5시 무렵이 되면 언제나 겁탈을 당했어요. 다음 날도, 그 다음 날도, 교대로 당했죠. 성기를 사용할 수 없게 되자 이번에는 일제히 항문을 범했어요. 닷새 동안 60번이나 당했어요.'

어느 농장의 두 아이를 둔 어머니의 증언이다. 농장에는 그녀를 포함하여 8명의 여자와 15명의 남자가 살고 있었는데 그녀의 눈앞에서 남편이 살해당했고, 다른 1명의 주민은 안구가 도려내졌다. 다른 농민은 이렇게 말한다.

'농장에는 15살 소년이 있었어요. 배가 쫙 갈라지고 창자가 갈기갈기 찢어져 온 사방에 널려 있었죠. 마치 그물처럼요.'

주민들을 반쯤 재미로 죽이고 여자들을 폭행하고 소녀를 납치해서 매춘부로 팔아치운다. 아기를 돌로 때려죽이고, 여자들의 젖가슴을 잘라내고, 얼굴 가죽을 벗겨서 거꾸로 매달아 과다출혈로 죽게 한다. 잘라낸 머리를 막대기 끝에 꽂는다. 1980년대 니카라과에서는 이런 상황이 다반사였다……."

매우 충격적인 내용이지만, 이것은 미국의 대표적인 비판적 지식인 노암 촘스키의 저서 한 대목을 인용한 것이다. 1979년 산디니스타 혁명정권의 등장은 중남미에서는 쿠바혁명 이래 20년 만의 사건이었으므로 위기감을 느낀 미국은 노골적인 내정간섭을 시작한다. 그 수법의 하나가 CIA를 이용해서 옛 독재정권 시대의 국가경비대를 중심으로 반혁명 게릴라 세력을 결집시켜 내란을 일으키게 한 것이었다.

스페인어로 반(反)혁명을 '콘트라 레볼루시온'이라고 하는데, 미국이 조직한 이 게릴라 부대는 '콘트라'라고 불렸다. 하지만 형태가 어떻든 병사의 급료를 미국이 지불하고 식량부터 전투복, 무기와 탄약에 이르기까지 모든 것을 제공하고 있었으므로 실제로는 미국의 용병부대라고 해도 될 것이다.

1981년에 이 콘트라가 국경을 넘어 남북으로 쳐들어왔다. 하지만 혁명을 지키려는 대의에 불타는 정부군은 강했고 쉽사리 물러서지도 않았다. 그러자 미국은 군사적 원조를 강화했다. 하지만 아무리 돈으로 고용된 용병부대라고 해도 니카라과에는 국경이 있으니 침공루트를 확보해야 했고, 인접국에 군사거점도 만들어야 했다. 그래서 미군과 협력해서 이 침공의 길을 제공한 것이 코스타리카였다. 미국은 코스타리카 영내에 콘트라 훈련용 기지를 건설하고 해마다 거액의 원조를 해주며 파괴활동과 민간인 유괴, 살인을 되풀이했다. 앞에서 말한 참극은 그 결과 생겨났다.

물론 니카라과 정부는 유엔이나 헤이그 국제사법재판소 등을 통해 호소했고 1986년에는 국제사법재판소가 '니카라과에 대한 공격은 유엔헌장을 포함한 국제법에 위반한다'는 판결을 내렸다. 하지만 미국은 이를 무시하고 군사개입을 더욱 강화했다. 최성기에는 병력이 15,000명까지 늘었으며 그에 대응하기 위한 니카라과의 전쟁비용도 한없이 늘어나 국가예산의 50%에까지 이르렀다. 교육이나 사회보장 예산은 그만큼 삭감되는데 그럼에도 혁명정권은 교육개혁을 계속하려 했다. 쿠바도 지원의 손길을 내민다. 그러자 콘트라는 혁명정권의 상징인 학교와 교사들을 중점적으로 공격했다. 많은 교사가 살해당하고 학교가 파괴되었다. 학생은 전쟁터로 끌려가 목숨을 잃었다. 마침내 1990년 총선거에서는 미국이 지원하는 후보에게 패배하여 11년에 걸친 산디니스타 혁명은 마침표를 찍었다. 즉, 니카라과의 실패는 평화가 없으면 격차사회의 개혁이 어렵다는 쓰라린 교훈을 보여주고 있다.

덧붙여서 신도 미치히로 씨에 따르면 1980년대에 코스타리카 정부는 콘트라의 출격과 지원기지의 자국 내 시설을 인정하는 대신에 미국으로부터 4억 달러 이상의 자금원조를 받았다고 한다. 국민 1인당으로 계산하면 당시 이스라엘의 뒤를 잇는 막대한 원조액이며, 코스타리카는 그 대부분을 경찰대학의 군사훈련과 장비강화를 충실히 하는 데에 사용했다.

우리에게 코스타리카는 '군사를 버린 평화로운 나라'로 생각되고 있다. 하지만 신도 씨에 따르면, 코스타리카는 헌법에서 상비군을 금지하고 있긴 하지만 비상시에는 군을 조직할 수 있으며 경찰의 절반을 차지하는 치안경비대는 대전차 로켓포 등의 중화기를 보유하고 있으므로 해외에서는 이를 군대로 간주하고 있다고 한다. 치안, 첩보, 대테러 특수부대도 존재하며 많은 장교가 미국과 이스라엘 등의 군사학교에서 교육과 훈련을 받고, 이런 '치안경비대'의 모든 비용을 계산하면 113억 달러로, 금액 면에서 중미 제3위의 군사대국이라고 한다.

물론 당시 코스타리카 정권의 선택은 옳았을지도 모른다. 미국의 보호 아래 평화를 구걸하지 않고 침공에 대한 협력을 단호하게 거부했다면 정권 자체가 미국에 의해 타도되었을 가능성도 있기 때문이다. 하지만 대미종속 전략의 길을 선택한 코스타리카에서는 평화는 지켜졌지만 사회격차는 진행되었다. 빈곤라인 이하인 가정이 18%이며 일상의 생활 필수품이 부족한 절대 빈곤라인 이하인 가정도 7.5%나 된다. 즉, 빈곤율이 쿠바보다 높은 것이다.[4]

히로시마에 각별한 애정을 가진 카스트로

아바나의 거리 한 귀퉁이에서 레논이 시민들의 사랑을 받게 된 지 9개월 뒤에 9.11 테러가 일어났다. 이때 카스트로는 세계를 향해서 곧바로 "보복은 아무 것도 낳지 않는다. 부시는 냉정해지라!"라는 메시지를 발신했다. 더불어서 쿠바는 뉴욕에 긴급의사단을 보내겠다고 제안함과 동시에, 실현은 되지 않았지만 미국에 발이 묶여 있던 전 세계 여행자들의 편의를 위해 쿠바 국내의 모든 공항을 개방하겠다고 말했다.

그로부터 2년 뒤인 2003년, 1995년에 이어서 두 번째로 일본을 방문한 카스트로는 바쁜 일정 속에서도 틈을 내서 3월 3일에 히로시마의 원폭위령비와 원폭자료관을 방문해서 자료관 방명록에 "이런 야만적인 행위를 결코 저질러서는 안 된다."라고 썼다. 귀국 다음 날인 3월 6일에는 국회 개회식 연설에서 다음과 같이 말하고 있다.

"히로시마의 일반 시민을 향하여 저질러진 대학살에 대해 받았던 충격을 표현할 수 있는 어떤 말도 없으며, 아무리 많은 시간을 들여도 부족하다. 거기서 일어난 일은 모든 상상력을 총동원한다 해도 이해할 수 없다. 그 공격은 전혀 필요 없는 것이었으며, 도덕적으로도 결코 정당화할 수 있는 것이 아니다. 일본은 이미 군사적으로 패배하고 있었다. 그러므로 전쟁은 그 이상의 생명을 빼앗는 짓을 하지 않고도 종결할 수 있었으며, 최악의 경우라도 전장이나 엄밀한 의미에서의 일본의 군사기지에 그 무기를 사용함으로써 단숨에 종전이 가능했다. 비록 일본이 정당화할 수 없는 진주만 공격으로 전쟁을 시작했다 하더라도, 아이, 여성, 노인, 그리고 무고한 동시대의 시민에 대한 그런 끔찍한 살육은 변명의 여지가 없다. (줄임) 거기서 정말로 무슨 일이 있었는지를 인류가 알기 위해서, 몇 백만, 몇 천만 명의 사람들이 그 땅을 반드시 방문해보아야만 한다."

카스트로가 이렇게까지 히로시마에 집착하는 이유는 무엇일까? 그 배경에는 한 남자의 존재가 있다.

히로시마를 찾아온 쿠바인

2008년 5월 14일, 체 게바라의 유복자인 알레이다 게바라 씨가 처음으로 일본을 찾아왔다. 1주일 정도의 짧은 체재기간 중에 도쿄, 오키나와, 교토 등 각지에서 열정적인 연설을 하고 5월 15일에는 히로시마에서도 연설을 했다. 세계적 저명인사의 유복자의 첫 일본 방문이기도 해서 많은 신문이 취재를 하고 5월 26일에는 TBS 방송에 출연도 했다. 하지만 체 게바라 본인이 왔을 때는 상황이 달랐다.

혁명정권이 탄생한 지 불과 반 년 뒤인 1959년 6월 12일, 게바라는 카스트로의 명을 받아 친선사절단장으로 아시아, 아프리카 방문길에 올랐으며 7월 15일부터 27일까지는 일본도 방문했다. 하지만 쿠바 측의 호의에 비해 일본 측의 대응은 참으로 냉담했다. 사전에 신청했던 총리와의 회견은 결국 성사되지 못하고 당시 외무장관 역시 게바라에 대해서는 아무 것도 기억하고 있지 않다. 통상장관과의 회견도 냉랭했고 일본제품을 구매하라고 요청했을 뿐 불과 15분 만에 끝났다. 일본을 찾아온 다음 날 기자회견도 했지만 당시 대부분의 언론은 단 한 줄도 보도하지 않았다. 체 일행이 이집트에서는 나세르, 인도에서는 네루, 인도네시아에서는 수카르노, 유고에서는 티토 등으로부터 따뜻한 영접을 받은 것에 비하면 너무나 대조적이었다.[1]

하지만 차가운 대접과는 상반되게 게바라는 일본에서 커다란 감명을 받았다. 게바라는 히로시마 방문을 강력하게 희망하고 있었는데 일본정부가 좀처럼 허가를 내주지 않았다. 그래서 애가 탄 게바라는 몸소 찾아갈 결심을 했다. 동행한 사람은 방문단 6명 중에서 오마르 페르난데스 부단장과 아르소갈라이 주일 쿠바 대사, 두 명뿐이었다. 당시 게바라는 31살, 페르난데스 부단장은 29살이었다. 페르난데스 씨는 아바나 대학 재학 중에 혁명전쟁에 투신한 인물로, 나중에 게바라가 이끌었던 공업부의 차관과 운송부 장관 등 요직을 역임했다. 그리고 당시 상황을 알고 있는 유일한 생존자가 되었다.

체 게바라가 히로시마에서 본 것

페르난데스 씨는 방문국에 일본을 넣은 것은 게바라의 의향이었다고 밝힌다.

"피델의 명령으로 순방이 결정되었을 때 '일본에도 가자'고 말을 꺼낸 것은 체였어요. 체는 히로시마와 나가사키에 대단한 관심을 갖고 있었죠. 그래서 오사카 역에서 밤 10시가 넘어 야간열차를 타고 히로시마에 도착한 것은 새벽 5시 30분이었어요. 호텔에서 잠시 눈을 붙였지만 거의 잠을 자지 못하고 아침 9시에 히로시마 시청을 방문했죠. 시장과의 면담은 아주 짧게 끝났지만 먼 섬나라에서 찾아와 준 것을 기뻐하더군요."

78살이라고는 해도 그의 기억은 정확했다. 올리브 그린 색 전투복에 소좌의 마크가 붙은 베레모 차림으로 히로시마를 찾은 게바라와 위령비에 헌화를 하고 있는 그의 모습이 사진에도 남아 있었다.

"먼저 원폭자료관에 갔습니다. 그리ㄱ……"

그는 당시를 떠올리고 온몸을 떨면서 이렇게 계속했다.

"히로시마로 발걸음을 옮길 때까지는 무슨 일이 일어났는지 잘 모르고 있었죠. 하지만 마을이 모조리 파괴된 모습을 두 눈으로 보았습니다. 체는 저를 이렇게 치면서," 라고 그는 정강이를 쳤다.

젊고 수염을 기른 게릴라 시절의 사진을 보여주는 페르난데스 씨. 왼쪽이 본인, 오른쪽이 체 게바라다.

"이렇게 말하더군요. '제국주의가 무슨 짓을 했는지, 똑똑히 두 눈으로 봤나' 라구요. 자료관에 이어서 병원을 찾아갔더니 4,000~5,000명의 입원 환자가 신음하고 있었습니다. 모든 것을 믿을 수가 없었죠. 우리는 점심식사도 거른 채, 여러 곳을 모두 둘러보고 밤늦게 오사카로 돌아왔습니다. 히로시마는 모든 사람이 꼭 방문해봐야 합니다."

게바라는 귀국한 뒤에「원폭에서 다시 일어선 일본」이라는 보고서를 카스트로에게 제출하고 "일본을 방문할 기회가 있다면 반드시 히로시마에 가봐야 한다."고 강력하게 권했다고 한다. 그리고 2003년 3월, 카스트로는 체와의 약속을 44년 만에 지킨 셈이 되었다.

"귀국 후, 나도 히로시마를 계속 선전했습니다. 그러므로 히로시마의 일은 모두 잘 알고 있습니다. 그런 참극을 인류는 절대로 멈춰야만 합니다."

지금도 여전히 쿠바에서는 8월 6일이 되면 평화를 기원하는 집회가 열린다고 한다.[2]

고학을 통해 의사에서 게릴라로

페르난데스 씨는 TV 프로그램「텔레멘터리 2007 불꽃의 기억-원폭의 불똥을 쿠바에」(아사히 TV, 2007년 9월 10일 방송)에도 등장하고 있으므로[2] 여기까지의 이야기는 아는 분도 계실지 모르겠다. 하지만 다시 한 번 그의 입에서 직접 듣고 싶었던 것은, 이런 체험을 한 인물이 21세기와 평화에 대해 어떻게 느끼고 있는지를 교육의 관점에서 확인하고 싶었기 때문이었다. 그래서 먼저 격차가 커지는 일본의 상황을 간추려서 설명했다. 그는 방긋 웃으면서 그것을 들었다. 하지만 이야기가 끝나자 진지한 얼굴이 되어 이렇게 말했다.

"이야기를 듣는 동안 웃어서 죄송합니다. 가난한 사람들이 배울 수 없는 것은 자본주의 교육제도가 안고 있는 본질적인 문제이며, 일본 역시 그러하다고 생각해서 웃었던 것입니다. 그래요, 자본주의 하에서는 제대로 된 교육을 받기 힘들죠. 그러므로, 당신은 일본 젊은이들에게 제가 한 말을 전해주셔야 합니다." 라고 ㄱ 자신이 혁명에 몸을 던진 경험부터 이야기를 시작했다.

"예를 들면 제 자신이 그런 좋은 사례예요. 저는 산티아고 데 쿠바 출신인데 당시 의과대학은 아바나에만 있었죠. 고등학교를 졸업하고 '의사가 되고 싶다' 고 아버지께 희망을 말씀드렸더니 당장에 '안 된다. 입학금도, 아바나에서의 하숙비도 못 대준다' 라고 하시더군요. 그래서 아바나에 살고 있는 같은 고향 출신 친구들에게 의논했더니 '일단 올라와라. 어떻게든 해주겠다' 라고 말하기에 그 길로 상경했죠."

그 뒤, 그는 훌륭하게 의사가 된다.

"고향 사람들이 이리저리 애를 써서 잠자리만은 확보해주었고 낮에는 병원에서, 밤에는 다시 다른 병원에서 일하면서 의학부에 들어가기 위해 고학을 계속했죠. 지금의 호세 라몬 마차도 벤투라 제1부총리는 외과의사이자 제 친구이기도 한데요, 그의 가르침을 받아 외과의사가 되었습니다. 가난하지만 마침내 해냈죠. 그런 투쟁정신으로 게릴라전에도 가담했구요."

게릴라전이 한창일 때부터 시작된 교육활동

식자교육 운동은 혁명 직후부터 시작되었다고 앞에서 말했다. 하지만 그는 게릴라전이 한창일 때부터 운동은 이미 시작되었다고 한다.

"피델은 몬카다 병영을 습격했을 때도 중요한 두 가지를 지적했습니다. 바로 교육과 의료죠. 피델은 올긴 주의 비란 출신으로, 나중에 산티아고에서 공부했어요. 그 동안에 수많은 농민들과 편지를 주고받았으므로 교육, 의료, 농업 등 당시의 쿠바가 안고 있던 모든 문제를 잘 알고 있었던 거죠. 그래서 모든 게릴라 부대에 의사가 있었고 전투가 끝나면 적과 아군을 가리지 않고 부상자를 치료하고, 그것이 끝나면 농민들을 진찰했어요."라고 의사였던 경험을 근거로 이야기를 계속한다.

"그런데 이 게릴라 중에도 비식자자가 있다는 것을 알았습니다. 부대는 피델과 카밀로, 그리고 체가 있던 제1부대, 바라냐에 진을 치고 있던 라울의 제2부대, 알메이다의 제3부대, 그리고 델리오 오초아가 대장이고 제가 소속되어 있던 시몬 볼리바르 제4부대로 나뉘어 있었죠. 저는 라울의 제2부대 옆인 라스 투나스, 바야모, 올긴, 푸에르토 파블로스 등지에서 싸우고 있었는데 라울의 부대가 있던 시에라 크리스탈의 산중은 산세도 험하고 피델이 있던 제1부대인 시에라 마에스트라만큼 전투도 격렬하지 않을 때도 있었기 때문에, 먼저 라울이 최초의 식자교육을 위한 학교를 만들었죠. 전투중이었지만 아세라데 로산토스와 빌마 에스핀에게 농민들의 학교를 만들도록 부탁한 것입니다."

둘 다 여성이며, 빌마 에스핀은 나중에 라울의 아내가 되어 쿠바여성연맹 회장을 지내고 쿠바의 영부인 역할을 하기도 한 인물이다.

"그리고 혁명 후에 먼저 최초로 학교를 지은 이가 체이며, 학교는 체의 첫 번째 집무실이 있던 카바냐 요새 안에 만들어졌습니다. 그리고 두 번째는 시우다드 데 리베르타드에 지었죠."

'시우다드 데 리베르타드', 즉 자유도시란 바티스타 정권시대에 콜롬비아 병영이 있었고, 최후에 바티스타가 도망간 비행장도 있던 곳이었다. 병영 입구에는 가장 중요한 경비장소인 포스타 우노가 있었는데 카밀로 시엔푸에고스가 그 문을 망치로 때려부수었다. 식자교육 박물관, 고등교육연구소, 〈요 시 푸에도〉를 낳은 라틴 아메리카·카리브 교육연구소, 도라 알론소 학교와 지금까지 등장한 주요시설은 모두 여기에 있다. 체 게바라에 의해 최초로 만들어진 학교가 있던 카바냐 요새는 이제 관광지가 되었지만 도시는 여전히 교육의 성지로 살아 있다. 1959년 1월 9일 아바나에 입성한 카스트로는 몇 천 명의 청중 앞에서 역사적인 승리연설을 하는데 연설 도중 평화의 상징인 하얀 비둘기가 그의 어깨에 내려앉았다. 그 연설이 행해진 광장도 여기에 있다.

"피델은 모든 학교를 개방하여 농민들, 그리고 도시의 시민들 누구나가 읽고쓰기가 가능한 식자교육 운동을 시작하게 되었습니다. 아바나에도 비식자자가 있었다고는 상상할 수 없을지 모르지만 자본주의 제도 하에서 가난한 사람은 공부를 할 수 없었던 거죠."

교육이 가장 중요하므로 어떤 때라도 소홀히 할 수 없다

"식자교육 운동은 혁명이 낳은 최초의 성공이었습니다. 하지만 거의 성공했다고는 해도 여전히 읽고쓰기를 하지 못하는 사람이 있었고, 혁명정부에 입각한 이들조차도 지도자 경험이 전혀 없었죠. 모두들 관리자 경험이 전혀 없었으므로 각 장관은 자신이 소속된 부서 내에 관리직을 육성하기 위한 학교를 만들었죠."

그는 잠시 뜸을 들이더니 다시 게바라에 대해서 말했다.

"그 중에서도 가장 훌륭한 학교는 체의 것이었습니다. 체가 만든 당시의 학교는 여전히 존재하며 지금도 각 부처에서 배우러 옵니다."

쿠바의 교육이 그야말로 맨땅에서 시작했다는 것을 실감케 하는 이야기다.

"예를 들면 미라마르 지역의 고급주택가에는 많은 부자가 미국으로 망명해서 빈집으로 남아 있었으므로 피델은 비식자자인 젊은 여성들을 데리고 가서 거기에 학교를 만들었습니다. 먼저 읽고쓰기를, 이어서 양재를 배우고 요리를 만들었죠. 거의 2만 명이 수업을 들었어요. 그리고 반 년 정도 훈련을 받은 다음 출신 농촌으로 돌아가서 배운 것을 널리 퍼뜨리는 일이 2년 정도 계속되었습니다. 하녀나 인신매매로 끌려

무지가 전쟁을 낳는다고
손을 흔들어대며
열변을 토하는
페르난데스 씨.

온 여성들을 위한 교육제도도 만들었습니다. 1963~1964년부터는 문화운동도 시작하죠. 이때부터 쿠바의 문화진흥은 시작되었어요. 하지만 바이올린 같은 악기를 살 돈이 없었죠. 그래서 후안 알메이다가 '내가 바이올린 공장을 해보겠다' 고 피델에게 말하고는 카마게이 주로 가서 바이올린을 만들었죠."

페르난데스 씨에 따르면 살사나 발레, 댄스학교 등 오늘날 문화진흥의 틀도 그때 탄생했다. 그 뒤에 문학인들이 모여들이 아벨 프리에보 문화부 장관이 회장을 맡고 있는 쿠바작가연맹도 생겨난다.

"요컨대 피델은 언제나 교육을 위해서 최선을 다했습니다. 5년 전에 대학을 무니시피오에 만들자고 고등교육부에 요청한 것도 피델입니다. 지금은 어떤 지역을 가도 대학이 있어서 젊은이들뿐만 아니라 고령자나 주부도 배우고 있죠. 스포츠 학교도 있고, 베이징 올림픽을 위해 135명의 선수단도 준비되어 있습니다. 장애우를 위한 학교도 모든 주마다 있고……."

혁명이 단 한 사람도 버리지 않고 일관되게 교육을 중시해온 것에 대한 열변은 계속된다.

그래서 왜, 그렇게까지 교육에 힘을 기울여왔는지를 물어보았다.

"교육이야말로 피델이 혁명 속에서도 가장 소중히 여겨온 것이니까요. 바로 그렇기 때문에 플라야 히론 전쟁(피그만 침공사건) 때도, 미사일 위기나 경제위기 때도 교육은 멈추지 않았죠. 지금 가장 중요한 정보과학대학과 라틴 아메리카 의과대학도 경제위기가 한창일 때 만들어졌습니다."

평화를 위해서 교육이 필요

　눈 앞에서 미국과 대치하는 쿠바는 언제나 군사적 위협에 노출되어 있다. 우리가 생각하는 만큼 평화 유지는 쉽지 않다. 하지만 뜻밖에 쿠바는 미국의 사회 격차확대를 우려하고 가난한 미국인을 걱정하고 있다. 일반 서민까지는 모르겠지만 적어도 내가 만난 지식인층은 그랬다. 내정불만을 해결하기 위해 침략이라는 폭주를 시작하면 맨 먼저 불똥이 튀는 곳이 쿠바이기 때문이다. 페르난데스 씨도 내가 질문을 하기도 전에 미국 내에서의 사회 격차확대나 시민들이 처해 있는 상황을 잘 알고 있었다. 그리고 "정말로 위험한 시대에 접어들었지요……." 라고 진지한 표정으로 얼굴을 찌푸렸다.

　"하지만……." 잠시 틈을 두었다가 그는 계속했다.

　"보다 높은 교육을 받은 인민, 교양이 있는 인민이 있는 국가라면 전쟁을 원할 리가 없습니다. 그러므로 평화를 위해서는 무지가 아니라, 역시 가장 필요한 건 교육이죠."[5]

　무지야말로 전쟁을 일으킨다. 군복에 몸을 감싸고 레논의 꿈을 말하는 카스트로. 피폭당한 히로시마의 참상을 절절하게 호소하는 페르난데스 전 장관. 그 모습과 발언으로부터는 단순한 말치레가 아니라 진심으로 평화를 염원하는 쿠바의 생각이 전해지지 않을 수 없었다.

6. 에필로그

오마르 페르난데스 씨는 식자교육 운동을 시작했을 때의 에피소드를 밝힌다.

"피델은 젊은이들에게 운동에 참가하라고 호소했습니다. 하지만 솔직히 말해서 10만 명이나 되는 젊은이들이 그것에 호응해준 것에는 놀랐죠."

"예상밖의 수치였다는 말인가요?"

"그렇죠. 실제로는 호소를 해봤자 1만~1만 5천 명쯤 모이면 그나마 다행일 것으로 생각했습니다. 그러므로 피델 자신도 놀라서 '어이, 오마르. 봤나, 이 숫자를' 이라고 말하더군요. 그리고 적들은 쿠바 인민이 배우는 것을 두려워하고 있으므로 식자교육 교사를 살해합니다. 두려워서 교사를 그만두게 하려구요. 겁을 먹을 것이라고 생각했는데 오히려 한층 더 많은 교사들이 호응했던 거죠."[1]

역시 카스트로는 만만치 않았다. "호소하면 호응해줄 것임을 정부는 알고 있었다."라고 나중에 선동을 해두면서 예상외의 열렬한 반응에 마음속으로 기뻐하고 있었던 것이다. 하지만 그것이 일류 정치가의 자질이리라. 열성을 보인 것은 젊은이들이었다 해도 지금의 높은 교육수준의 주춧돌이 된 식자교육 운동의 성공에 이런 카스트로의 강력한 지도력과 카리스마가 있었던 것은 틀림없다. 하지만 당시와 지금은 사회

상황이 완전히 다르다. 선진국과 비교하면 물자는 부족하다 해도, 적어도 이전과 같은 사회격차는 없다. 물질의 풍요에 이끌려 망명하는 사람도 많다. 과연 지금의 젊은이들에게도 페르난데스 씨가 그린 꿈은 계승되고 있는 것일까? 그의 자택에서 걸어서 몇 백 미터 정도 떨어진 블록에 페르난데스 씨와 마찬가지로 의학을 배우는 학생이 있다는 말을 듣고 찾아가보기로 했다.

엘레나 마리아 카스티야 레데스마(20살)는 지금 아바나 의과대학, 즉 플라야 히론 빅토리아 의과대학 의료학부 1학년 학생이다.

"운동을 좋아했고, 어렸을 때는 연극배우가 되고 싶었어요. 하지만 외교관이었던 아버지가 강하게 반대했기 때문에 포기했죠. 또한 장래에 무엇이 되고 싶은지도 결정하지 못했구요."

지금은 장래의 직업선택을 위해 피오네로를 시작으로, 다양한 사회체험 제도가 갖춰져 있지만 엘레나가 아이였을 무렵에는 지금만큼 취미 동아리가 활성화되어 있지 않았다고 한다. 하지만 '공부의 집' 제도는 있었다.

"같은 반 친구들은 보육원에서 초·중학교까지 쭉 함께했고 '공부의 집'도 계속 해왔어요. 저는 역사를 좋아했고, 또 잘했기 때문에 모니토르(강사)였죠."

공부를 잘했던 엘레나는 보란 듯이 레닌고교에 합격한다.

"레닌고교에는 저의 중학교에서 60명이 입학했어요. 모두 좋은 친구죠. 같은 기숙사의 8명도 친한 친구고, 그밖에도 친구가 많이 생겼어요. 그리고 고교 때에는 확실하게 의사가 되야겠다고 결심했죠."

레닌고교에서는 거의 전원이 대학에 입학하지만 아바나 의과대학은 생물학과 역사를 시험쳐야 하며, 고교 성적이 좋지 않으면 그 시험을 칠 자격조차 얻을 수 없었다. 그리고 대학에 합격했다 해도 무조건 졸업시켜주지도 않는다. 실제로 많은 학생들이 낙제한다.

"저도 의과대학에는 2년 전에 입학했지만 1년 유급했어요."

엘레나는 점수 미달로 호르몬 관련 과목에서 낙제했는데, 35명인 급우 중에 10명 정도가 낙제한다고 한다. 그나마 유급이 인정되는 학생의 경우 한 과목, 그것도 불과 몇 점 차로 합격점을 넘지 못한 학생뿐이며, 엘레나를 포함해서 4명이었다고 한다.

"전체 12개 반에서도 재입학을 할 수 있었던 건 23명뿐이에요."

낙제한 학생은 의사로서의 길은 끝난다. 물론 다른 일자리에는 얼마든지 취직할 수 있다. 단, 의사와 같은 전문직은 그 직업에 걸맞는 지식과 실력을 갖춘 사람만이 될 수 있다는 원칙은 흔들림이 없다. 하지만 재기를 노리는 엘레나의 일상은 아주 빡빡하다. 오늘 수업은 저녁 5시

외교관이었던 아버지의 서재가 지금은 엘레나의 공부방이다. 교과서를 보여주는 엘레나.

부터인데, 아주 재미있다고 한다.

"시험은 의과대학에서 치지만 평소에는 가까운 플라야 구에 있는 '7월 16일 지역진료소'에 다니고 있어요. 같은 클래스의 10명과 함께 배우는데 수업은 비디오, CD, 컴퓨터를 사용해서 받고 있죠. 3학년이 되면 지역진료소가 아니라 좀 더 큰 병원에서 공부하게 돼요."

엘레나는 지역진료소의 의사와 함께 환자를 진찰하고 혈압을 재거나 주사를 놓는 조수를 하고 있으며 50페소의 급료도 받고 있다. 2003년부터 시작된 의료교육개혁으로 의대생들은 지금 지역진료소라는 의료현장에서 경험을 쌓고 있다.

"다친 사람들에게 붕대를 감아주거나 아픈 사람들을 도와줄 수 있으므로 보람도 있고, 저는 수술도 아주 좋아해요. 지금은 종합 패밀리 닥터가 되기 위해 연수중인데 나중에는 외과의사가 되고 싶어요."

외과의사이기도 했던 페르난데스 씨와 같은 길을 걷고 있는 젊은이가 있었다. 물론 엘레나가 받아온 교육은 서구의 가치관에서 보면 치우친 내용일 것이다. 하지만 마르크스 레닌주의 교육에 대해서도 외부에서 편향교육이라고들 하는 것과는 다르다고 똑똑히 대답한다.

"고교에서는 세계의 고대사, 중세사, 근대사, 그리고 마지막에 쿠바사를 배워요. 정치문화 과목에서 마르크스 레닌 철학도 공부하지만, 그것은 저의 장래에 필요한 지식이라고 생각해요. 저는 다양한 것을 배워서 알고 싶고, 정말로 자유로운 마음을 갖고 있어요."

카스트로가 은퇴하고 라울이 집권한 뒤로는 지금까지 제한되어 왔던 호텔의 이용이나 승용차, 휴대전화의 소유 등, 쿠바에도 조금씩 자유가 인정되어 가고 있다. 하지만 엘레나는 지금까지의 인생에서 자유가 없었다고는 별로 생각하지 않는다.

하지만 그것은 엘레나가 쿠바 이외의 자유로운 서구사회를 모르기 때문은 아니다. 사실 엘레나를 마지막 인터뷰 상대로 택한 데에는 이유가 있다. 쿠바에서 보통 시민은 일단 해외에 나갈 수 없다. 엘레나와 같은 젊은이의 경우에는 더더욱 해외와는 인연이 없다. 그런 만큼, 텔레비전이나 영화를 통해 들어오는 정보만을 가지고 풍요로운 선진국에 필요 이상의 동경을 품으며, 그것이 망명으로 이어지는 경우가 종종 있다. 하지만 지난해 세상을 떠난 엘레나의 아버지는 예전에 외교관으로 일본에 주재한 적이 있었다. 생전에 아버지가 근무했던 일본을 한번 보고 싶다는 엘레나의 요청에 허가가 내려져서 일본에 딱 한 번 가본 적이 있다. 그녀의 눈에 일본은 어떻게 비쳤을까?

"전혀 다른 문화를 알 수 있게 되어서 아주 좋은 경험이었어요. 또한 나라가 아주 발전해 있다는 데에 놀라기도 했구요."

그렇게 말하고 엘레나는 약간 멈칫했다. 하지만 잠시 후에 망설임 없이 직설적으로 이렇게 말했다.

"하지만 살고 싶은 나라라고는 전혀 생각할 수 없었어요."

"왜 그렇게 생각하는데요?"

"예를 들면 도쿄에서 지하철이라는 것을 타봤는데, 전철 안에서 모두 책을 읽거나 휴대전화를 만지작거리거나 귀에 이어폰을 꽂고 음악을 듣고 있을 뿐, 서로 이야기를 하지 않고 입을 다물고 있더군요. 또한 뭔가를 물어보면 쿠바에서는 바로 누군가가 도와주러 오는데, 무엇을 물어도 외국인을 싫어하는 건지, 허둥지둥 달아나버리구요."

분명히 일본에서 쿠바와 같은 친절함을 기대해봤자 도저히 무리일 것이다.

"그리고 휴지를 길거리에서 나눠주는 젊은이도 봤어요. 소중한 휴지를 공짜로 주는데도 일본 사람들은 누구 하나 받으려고 하지 않더군요. 나눠주고 있던 젊은이는 상자 가득 들어 있는 휴지를 다 나눠주지 못하면 일을 마치지 못하며, 집에도 돌아가지 못하겠죠. 그 모습을 보고 있자니 마음이 짠하고 가엽다는 생각이 들었어요. 나라가 너무 발전한다는 건 인간에게 악영향을 주는 건 아닌가 하는 느낌이 들었어요."

발전되어 있지만 마음이 가난한 나라. 엘레나는 일본에 대해 그렇게 냉철한 평가를 내렸다. 그리고 아바나 의과대학에 사진이 걸려 있는 게바라를 인용해서 자신의 꿈을 이렇게 말했다.

"체는 저희들에게 아주 소중하고 위대한 인물이에요. 국제주의자로서 쿠바혁명을 위해 최선을 다해주었으니까요. 그러므로 저도 국제연대의 혁명가로서 앞으로 헨리 리브 국제원조대에 들어가서 전 세계 사람들의 생명을 구하는 일을 하고 싶어요."[2]

엘레나의 꿈은 이루어질까? 반드시 이루어질 것이다. 이런 젊은이가 있는 한, 이 나라의 미래는 참으로 밝아보인다. 페르난데스 씨의 꿈이 고스란히 전해지고 있다는 것을 실감할 수 있자, 문득 기뻤다. 집을 나서자 어두운 실내와는 달리 아직 채 낮도 되지 않았는데 카리브 해의 강렬한 햇살을 받아 아바나의 마을 풍경이 눈부시게 빛나고 있었다.

"슬슬 공항으로 향하지 않으면 비행기 시간에 늦겠는데요."

통역을 해준 미겔 바요나 씨가 운전하는 차로 호세 마르티 공항으로 향하면서 자유란, 풍요란, 그리고 발전이란 무엇인가. 스무 살 젊은이가 들이댄 과제에 결론을 내리는 일이 얼마나 어려운지 새삼스럽게 느꼈다.

마치며

　카리브의 교육상황을 살핀 여행은 어떠셨는가? 혁명 이래 쿠바가 가장 힘을 쏟아온 것은 교육과 복지의료였다. 따라서 이 책은『의료천국, 쿠바를 가다』의 자매서인 동시에 경제적으로는 결코 풍요롭다고 할 수 없는 쿠바가 고도의 복지사회를 구축하고 있는 이유를 인재육성이라는 측면에서 다시 살펴본 속편이라고도 말할 수 있다. 지난 번 책도 국가 체제가 너무 달라서 참고가 되지 않는다는 비판도 있었는데, 교육문제는 여기에 심지어 이데올로기까지 얽히게 된다. '핀란드와 더불어 교육에 힘을 쏟고 있는 건 알겠지만 자유 없는 일당 독재 비민주주의 국가에서 우리가 참고할 만한 건 없다' 는 감상도 들려올 것 같다. 그래서 이 자리를 빌어서 과연 교육이란, 그리고 민주주의란 무엇인가, 쿠바의 방식이 우리에게 어떤 의미가 있는가, 엘레나가 들이댄 과제에 대답하는 형태로 필자 나름대로 생각해보고 싶다.

　먼저, 이 책을 써내려가는 중에 새삼 뼈저리게 느낀 것은 농업도, 복지의료도, 교육과 완전히 똑같은 패턴으로 위험에 빠져 있다는 것이다. 예를 들면 가리야 다케히코 도쿄대 교수는 일본의 공공교육은 국제적으로 보면 적지 않은 예산으로 커다란 성과를 올려왔지만, 매스컴의 행정비판 흐름 속에서 부정적인 이미지가 만들어지고, 문부과학성의 권위주의적 교육행정과 폐쇄적인 교육계에 대한 반감까지 더해져 민영화 노선을 환영하는 분위기가 만들어졌다고 분석하고 있다. 농업이나 복지의료에 대해서도 똑같이 말할 수 있다. 농협이나 의사회 등의 기득권 집단과 관료들의 낙하산 인사나 오직이 있으며 광우병이나 연금 문제로 대표되는 부패구조가 생겨난다. 그야말로 이런 사회의 부정부패에 모두가 진저리를 치고 있었기 때문에 대대적인 환영을 받으면서 구조개혁이 받아들여졌던 것이다.

하시만 이 색에서도 되풀이해서 지적했듯이 경제 논리만으로는 평가할 수 없는 식량, 의료, 교육 등 '생명' 분야에 시장경쟁 원리를 도입하면 최종 목적지는 불 보듯 뻔하다. 미국과 같은 살벌하고 황폐한 사회만이 남을 것이다. 사회는 산산조각으로 해체되고 파편화된 개인이 불안을 떠안으며, 그와 반대로 '도덕교육'이나 '내셔널리즘'은 더욱 강해져간다. 폭리를 취하는 재벌기업과 개인의 부정이 불만의 분출구로 때때로 도마 위에 오르는 일은 있어도, 전체로서는 뉴욕 시립대학 특별교수인 조크 영이 지적했던 '배제형 사회'가 더더욱 완성·강화되어갈 것이라는 시나리오다.

이런 사회상황을 사상사가(思想史家)이자 평론가인 세키 히로노 씨는 "일본은 에도시대부터의 전통적인 마을 사회로의 귀속의식에만 입각해서 나라를 만들어왔으므로, 마을이나 집 등의 전통적 커뮤니티가 붕괴되면 학교의 존재의의도 알 수 없게 된다. 그것은 유럽이 16세기 종교전쟁 이후에 전통적인 종교나 도덕규범이 붕괴되고 혼란의 극치를 달렸던 것과 비슷하다."고 분석한다.

세키 씨는 『민족이란 무엇인가』, 『교육, 죽음과 싸우는 생명』, 『모두를 위한 교육개혁』 등의 저작이 있는 재야 사상가인데 자본주의나 인권, 민주주의, 교육 등의 주제를 각국의 역사를 돌아보면서 근원부터 사색하고 있기 때문에 쿠바처럼 우리와 동떨어진 사회에서의 교육의 의미를 생각하는 데에 참고하기 좋다. 예를 들면 그는 근대교육이 이런 혼란 속에서 태어났음을 지적한다. "교육이란 혼란한 세계 속에서 한 사람 한 사람의 학습능력에 의존하여 사회의 질서를 재창조하려는 시도이며, 인간이 평등하게 공존해서 살기는 힘들다는 인식이 없는 곳에서는 존재할 수 없다."고 말하며 세계가 평화와 질서를 얼마나 회복할 것인가를 생각한 요한 코메니우스(1592~1670)를 예로 든다.

코메니우스는 근대교육 사상의 창시자로 여겨지는 체코슬로바키아 출신의 인물인데 "정든 마을은 불에 타고, 아내와 아이는 역병에 빼앗기고, 불공정이 온 나라에 가득 차 있다. 쥐가 노릴 정도로 많은 식량을 가진 자가 있는 한편, 우리는 굶주려서 죽어가고 있다. 셀 수 없이 많은 모피와 망토를 가진 자가 있는 한편, 우리는 반 벌거숭이나 마찬가지다. 가난한 사람들을 불쌍하게 여기는 사람조차 찾아볼 수 없는 지금 이때, 무엇을 해야만 하는가. 몇 명의 지도자를 양성하는 엘리트 교육으로는 세상을 바꾸는 일을 기대할 수 없다. 모든 사람이 제대로 된 교육을 받아야만 비로소 인류는 파멸로부터 구원받는다."라고 말했다. 당시 체코는 살육과 약탈과 사회혼란으로 400만 명이었던 인구가 50만 명으로까지 격감하고 있었다. 코메니우스 자신도 폴란드, 영국, 스웨덴, 헝가리 등 각지를 떠돌다가 네덜란드에서 객사했다. 초등교육이라는 개념은 이런 코메니우스의 고뇌로부터 태어났다. 세키 씨에 따르면 고대 그리스까지 거슬러 올라가는 엘리트 양성을 위한 대학교육과 초·중등교육은 원전히 다른 것이다. 그리고 제도로서의 공공교육은 프랑스 혁명에 의해 민주주의 국가와 동시에 탄생한다.

"일본에서는 언어가 국어 수업으로 왜소화되어 버렸지만 프랑스 혁명에서는 언어가 정치권리의 기초로 여겨졌고, 학교는 그런 정치적 역할을 가르치는 장으로 인식되고 있었다. 혁명은 헌법을 읽을 수 있고 투표를 할 수 있는 시민, 즉 국민을 키워내기 위해 공공 의무교육을 실시했다. 그것은 가난한 사람들에 대한 교육으로서 출발했다."

이런 세키 씨의 논지에 따르면 "읽고쓰기를 하지 못하고 권리를 깨닫지 못하면 국민은 그 국가를 완전히 활용할 수 있는 국민이 될 수 없다."는 카스트로의 주장은 프랑스 혁명이 지향했던 목적과 완전히 합치하고 있음을 알 수 있다.

그렇다면 초등교육은 왜 필요할까? 세키 씨는 "인간은 결함투성이인 생물이며 생물적인 충동과 본능에 몸을 맡긴 채로는 사회가 형성될 수 없기 때문이다. 장 자크 루소가 각각의 개인이 존재하는 자연 상태를 어떻게 사회 상태로 할 것인지를 논했듯이, 인간사회는 사상과 교육을 통해 조직되어왔다. 교육의 본래 과제는 사람들이 자신과는 전혀 다른 성향을 가진 타인과 협력하는 삶의 방식을 취하도록 젊은이를 격려하는 것에 있다."고 말한다. 이런 생각도 "생물로서의 본능을 양심이 극복하도록 담보하는 것이 교육이다."라고 주장하는 카스트로의 견해와 일치한다.

덧붙여서, 세키 씨에 따르면 '인류사는 교육'이라는 주제에 최초로 주목한 이들은 고대 유대인이라고 한다. 기원전 30년 무렵의 지도자 랍비 힐렐은 유대교의 교의가 한 마디로 무엇이냐는 질문에 "남들이 나에게 하지 않았으면 하는 것을 내가 타인에게 하지 않는 것"이라고 대답하고 있다. 이것은 "한 말씀으로 평생 동안 실천할 수 있는 말이 있습니까?"라는 자공(子貢)의 질문에 공자가 "내가 하고자 하지 않는 바를 남에게 베풀지 말라."고 말한 것과 같다. 당시 강대국으로부터 박해받던 고대 유대인들이 지향한 것은 군사력에 의존하지 않고 도덕교육을 통해 통합된 사회의 예를 국제사회에 제시하는 것이었다. 그런 이유로 교사가 가장 중시되었고, 왕과 교사가 포로가 되었다면 교사를 먼저 되돌려받았다. 왕을 대신할 사람은 얼마든지 있지만 한 사람의 교사는 대체할 사람이 없다고 여겼기 때문이다. 이런 발상도 시공을 초월하여 강대국과 대처하는 현재의 쿠바에 공명한다.

그런데 이런 근대교육이 지향하고 있던 본래의 교육관이 유독 일본에서는 교육=학교=사회적 지위, 즉 학력을 의미하는 것으로 변모해버린 이유는 무엇일까? 세키 씨는 산업혁명과 그 뒤의 공업화에 의해 본래 이념이 왜곡되어 근대국가의 부국강병책이 획일적, 강제적, 권위주의적인 학교 성격을 키워냈기 때문이라고 주장한다. 의의가 완전히 다른 초등교육이 대학의 하급기관이 되고, 고학력은 농촌에서 도시로 이동하기 위한 특급우표가 되고, 메이지 유신은 혁명의 이름값을 하지 못하고, 출세주의 이외에 국가의 기반이 되는 사상을 갖지 못했다고 평가한다. 그리고 고도성장도 끝나고 입신양명과 고학력이 의미를 상실한 지금, 다시금 젊은 세대를 사회 전체의 자산으로 간주하고 시민적 연대를 지향하는 문화를 교육의 대전제로 삼아야 한다고 주장한다.

세키 씨는 민주주의에 대해서도 "선거에 이한 정권교체의 복수정당제뿐이라고 간주하는 경향이 있는데, 많은 나라에서 민주주의라는 이름으로 대기업의 권력남용과 정치의 금권화가 활개치고 있다."고 비판하고, 그 이름에 걸맞는 민주주의를 실현하려면 시민의 정치적 교양과 리털러시(읽고쓰는 능력)를 촉진하는 교육, 선거 이외의 장을 통한 시민의 국정참여가 꼭 필요하다고 지적한다.

세키 씨의 견해에는 이견도 있을 수 있다. 그러나 이렇게 원칙적으로 생각해보면 '독재 비민주주의 국가'의 교육제도라도 참고할 가치가 전혀 없다고는 말할 수 없지 않을까.

2007년 7월 26일, 라울 카스트로는 "필요한 모든 부분에서 구조 및 개념개혁이 있어야 한다."고 주장하며 분권화와 규제완화를 향한 구조개혁에 손을 댄다. 하지만 개혁과 동시에 국민적인 논의가 필요하다고 하여 1,100만 국민 가운데 130만 명 이상이 개혁 논의에 참가하여 의견을 냈다. 이것도 오랜 기간의 교육을 통해서 정치적인 교양이 키워졌기 때문에 가능한 일이라고 말할 수 있을 것이다. 아바나 대학 법학부의 훌리오 안토니오 페르난데스 교수 등은 "인간에게 열등을 매기지 않고, 모든 인간을 해방한다는 것이 마르크스주의의 본래 사상이었다. 그 본질과 모순되는 '사회주의'라는 이름의 수입품을 뿌리뽑아야 한다." 면서 워크숍을 개최하고 소련으로부터 전승된 관료주의적인 사회주의를 새롭게 바라보는 일에 몰두하고 있다.

쿠바는 대단히 중앙집권형 관료사회이며 많은 과제를 끌어안고 있다. 하지만 라울이 말하는 분권화와 규제완화는 포퓰리즘적인 그것과는 달리 대단히 건전한 개혁인 듯하다. 즉, 기존조직이 부패했다고 해서 단숨에 민영화로 때려부수는 것이 아니라 부패구조를 철저히 청산하고 진정으로 신뢰할 수 있는 사람들을 위한 '공공'을 재구축한다는 선택지가 있었던 것이다. 즉 이 책에서도 언급했던 사회적 자본, 사람들의 신뢰와 인연, 억압적인 면이 있었던 전통적인 사회와 시민사회의 결점을 반성하면서 배타적이지 않은 커뮤니티를 재창조하는 것이야말로 지금 필요한 일이 아닐까.

자, 이 자리에 쿠바의 애국시민 한 명의 등장을 부탁하자. 필자는 달리 본업이 있으므로 충분한 취재시간을 가질 수 없다. 그래서 취재처도 미리 압축하여 현지에서는 바삐 돌아다니는 수법을 취해왔다. 하루에 3~4군데나 되는 밀착취재가 가능했던 것도 이 때문이다. 따라서 얻을 수 있는 정보의 질은 사전조정으로 거의 결정된다. 이런 가장 힘들고 번거로운 일을 맡아준 사람이 유능한 코디네이터 세토 구미코 씨와 훌륭한 통역자 미겔 바요나 씨 콤비였다. 또한 외무성의 국제보도 프레스센터를 통하면 아무래도 취재처는 공식적인 것에 한정된다. 이것을 보완해준 사람도 바요나 씨다. 사실을 말하자면, 제1장에 등장한 마리벨 씨는 바요나 씨의 딸이다. 칼럼에 소개한 제당공장 전직 노동자 프란시스코 씨도 교육부로부터 '유감스럽지만 적당한 인물을 찾아내지 못했다'라는 답을 들었는데, 바요나 씨가 공장 주변의 주민들에게 수소문하여 겨우 찾아냈다. 그리고 마지막에 등장한 페르난데스 씨도 부인들끼리 친구이고, 의대생 엘레나도 친구의 딸이라는 관계다. 스토리성을 갖게 하기 위한 재편집 작업은 했지만, 이처럼 책의 형태로 정리될 수 있었던 것은 바요나 씨 가족이 협력해준 덕분이다. 하지만 왜 바요나 씨는 이렇게까지 필자를 도와준 것일까?

내가 식자교육에 대한 정보를 얻지 못해 안절부절못하자 바요나 씨가 "이런 것이라도 도움이 될까요?"라면서 빛바랜 사진과 편지 따위의 자료를 갖고 왔다.

"바요나 씨도 식자교육 운동에 참가했었나요?"

"정확히 말하면 운동이 시작되기 1년 전인 1960년부터였죠. '1만 개나 되는 교실이 비어 있으니 교사가 되어 달라'는 카스트로의 요청을 받아 농민들과 함께 학교를 만들었지요. 산티아고 데 쿠바에 있는 치비리토 항구에서 걸어서 12시간 걸리는 산속까지 칠판을 짊어지고 갔는데 꼬박 이틀이 걸렸어요."라며 카스트로가 직접 사인한 증명서를 보여준다. 바요나 씨는 1943년생으로 당시 16살이었다.

"제가 있었던 곳은 미나스 데 홀리오라는 마을이었습니다. 페드로 코우리 연구소의 구스타프 소장이 있었던 곳이죠. 3~16살 아이들의 교사가 되었고 밤에는 어른들을 가르쳤습니다. 그리고 그 지역 교사들의 리더가 되어 15명의 전문교사와 25~26명의 학생교사를 지도했지요."

농민들 사진을 손에 든 채로 바요나 씨는 세계관이 바뀌었다고 말한다. 그가 충격을 받은 것은 유복한 상류계급 출신이었기 때문이다. 하지만 아무리 카스트로가 요청했다 해도 의사의 꿈을 안고 크리스트교 계통의 사립학교에 다니던 양가집 도련님이 어쩌다 혁명에 관여하게 되었을까?

"15살 때인 1958년에 같은 고교에서 혁명운동에 가담했던 친구가 바티스타 정권에 의해 참혹하게 살해당했기 때문이죠."라고 바요나 씨는 동기를 설명했다. "제 아버지도 바티스타 정권에 비판적이었으므로 경찰에 연행되었습니다. 누이동생의 연인도 고문을 당했고, 사촌형제도 등받이가 없는 의자에 앉혀져서 고환을 불로 지지고, 생 발톱을 뽑는 고문을 당하고 한쪽 다리를 잃었습니다. 제 영어 선생님도 새빨갛게 달궈진 철봉이 성기에 박히는 고문을 당했고, 집 근처의 이발사도 카스트로의 지하운동과는 전혀 관계가 없었는데도 고문으로 폐를 다쳐 혁명 전에 목숨을 잃었습니다. 당시는 경찰이 무고한 시민을 체포해서 고문하는 일이 일상다반사였으니까요."

고문으로 한쪽 눈이 도려내어진 전직 국립은행 총재, 플라야 히론 전투에서 목숨을 잃은 친구 등, 그의 입에서는 오늘날 평화로운 쿠바에서는 상상도 할 수 없을 과거의 처참한 일화가 차례로 튀어나왔다. 혁명을 헤쳐나온 세대만이 해줄 수 있는 귀중하고 생생한 증언이었다.

식자교육 교사를 거쳐 아바나 대학을 졸업한 다음, 그는 외무부에서 일한다.

미겔 바요나 씨가 교사임을 증명하는 증명서. 왼쪽 아랫부분에 카스트로의 친필 사인이 보인다.

증명서와 당시의 견장(왼쪽)을 보여주는 미겔 바요나 씨(오른쪽).

마치며 _ 335

"당시 외무부의 일본 담당이 되기 위해 유학을 갔죠. 1969년 12월 27일, 시엔푸에고스 항구에서 출발하는 설탕 화물선을 타고 파나마 운하를 통과해서 일본에 도착한 것은 딱 한 달 뒤인 1월 27일이었습니다. 일본어를 마스터하기가 정말 힘들었는데 한자 발음을 녹음해서 들으면서 공부를 했죠. 그리고 게이오 대학에 시험을 쳐서 합격하고 교토대학 경제학부에서도 1년 유학했죠."

26살에 처음으로 일본에 온 뒤, 그는 첫 번째는 3년, 두 번째는 1983년부터 5년, 그리고 세 번째는 2000년 6월부터 2003년 10월까지 햇수로 10년 이상을 일본에서 살았다. 마리벨 씨가 다닌 유치원도 아자부(麻布)에 있다. 그러므로 부부 모두 친일본계 가족이다.

왼쪽은 식자운동에 참가했던 바요나 씨 일행의 캠프. 오른쪽은 바요나 씨가 가르쳤던 가난한 농민들의 사진이다(모두 미겔 바요나 씨 제공).

"그리고, 방문할 때마다 일본이……, 아내인 마리아와 함께 일본의 최근 소식을 들을 때마다……"라고 말하며 그는 우물쭈물했다.

"이전보다 나빠지고 있다는 거로군요."

대답은 돌아오지 않았지만 지금까지 취재에 협력해준 이유를 알 것 같은 느낌이 들었다.

내가 유기농에 관심을 품고 쿠바를 방문한지 어언 9년이 지났는데, 그 동안의 변화, 특히 수도 아바나의 변모는 두드러진다. 상품이 하나도 없었던 백화점에는 수입품이 넘쳐나고 태환(兌換) 페소인 CNU로밖에 살 수 없긴 해도 휴일에는 시민들이 무리를 지어 어울려 다니고 내가 머물던 호텔 앞 광장에서는 칠레에서 들여온 사과도 팔고 있었다.

도시농업도 개발 등으로 일부는 전용되어 자급농장인 아우토콘수모스가 면적이 절반으로 줄었다. 경제회복과 더불어 화학자재도 일부 수입이 가능해져 지난해 여름에 방문한 교외의 담배농장에서는 부분적이긴 하지만 베네수엘라에서 수입한 화학비료가 사용되고 있었다.

정전도 거의 사라지고 시엔푸에고스에는 베네수엘라산 수입석유를 정제하는 거대한 공장도 생겨났다고 한다. 국산 석유를 확보하기 위해 석유채굴에도 힘을 쏟아 원유가 발견된 북쪽 해안에는 착유탑이 줄줄이 들어섰다. 헤밍웨이의 『노인과 바다』 무대가 되었던 어촌 코히마르에도 거대한 석유 굴착정이 생겨나 있었다.

아바나에서는 툭하면 1~2시간 늦고 콩나물 시루처럼 승객들을 가득 싣고 달리던 카메요(낙타 버스)는 모습을 감추고 5~6분 간격으로 중국제

대형 버스가 잇따라 다닌다. 그중에는 손님을 거의 태우고 있지 않은 빈 차도 있다. 교외에서는 그렇지 않지만, 자전거를 탄 모습도 거의 눈에 띄지 않는다.

"카메요는 지금은 아바나 주와 올긴 주, 산티아고 데 쿠바 주와 같은 지역에서 사용되고 있지만 그것도 앞으로는 없어질 예정이에요."

바요나 씨는 나라의 발전상이 참으로 기쁘다는 듯이 말한다. 바요나 씨의 삶도 바뀌었다. 1999년에 첫 방문에서 통역을 해주었을 때에는 투명 테이프로 테를 얼기설기 붙인 안경을 쓰고 있어서 그 빈궁함에 놀랐지만 지금은 디자인도 세련된 멋진 안경을 쓰고 있다. 집에는 여벌 안경도 많다고 한다. 나를 태워주었던 승용차도 이전에는 허름한 미국산 차였지만 이번에는 브라질산 중고차였다. 미국의 경제봉쇄로 폐쇄 상

헤밍웨이의 소설 「노인과 바다」 무대가 된 어촌 코히마르에 세워진 석유 굴착정. 관광지의 풍경에 대한 배려가 보이지 않는다.

태를 강제당하는 가운데 생태학적 자급을 지향하는 유토피아라는 이미지는 이젠 과거의 유물일지도 모른다.

  이렇게 쿠바는 매일매일 달라져가고 있다. 즉, 이 책은 어느 시대의 사례를 단면적으로 들여다본 리포트에 불과하며, 라틴 아메리카 연구자나 전문 저널리스트가 보면 이해할 수 없는 점이나 착오도 많을 것이다. 하지만 쿠바 교육에 대해 소개한 책은 좀처럼 없다. 이 책에서도 몇 군데에서 인용했던 구도 리쓰코 씨의 「아이는 미래의 개척자」는 오랜 기간의 취재에 토대한 명저인데 팸플릿 형태이므로 아무래도 정보량이 충분하지 않다. 말하자면 나는 쿠바의 교육제도를 알기 위해 나 자신을 위한 입문서를 쓴 것이다. 그것은 교육과는 전혀 관계가 없는 농정의 길을 걸어온 필자가, 2007년 봄부터 나가노 현 농업대학으로 인사이동하여 스스로도 교육 현장에 섬으로써 교육 당사자가 되었기 때문이다. 취재할 때마다 현장에서 만나는 아이들의 건강한 모습을 보면서, 혁명 이래 반 세기를 일관되게 교육에 열정을 쏟아온 나라의 시행착오를 그려냄으로써, 내 업무에 실마리를 얻고 싶었던 것이다.

  이런 생각에 찬성해준 쓰키치쇼칸 대표에게 다시 한 번 고마움을 전한다. 또한 현지 취재 일정을 조정하느라 애써준 재일본 쿠바 대사관, 쿠바 외무성 국제 프레스센터와 교육부 직원들, 바쁜 와중에도 기꺼이 취재에 응해준 교직원과 학생들, 그리고 취재할 때마다 도움을 주신 브리사 쿠바나 사 대표에게도 깊이 감사드린다.

참고문헌

들어가며 — 쿠바의 유혹

(1) Juan Casassus, Juan Enrique Froemel, Juan Carlos Palafox, Sandra Cusato, First International Comparative Study of Language, Mathematics, and Associated Factors in Third and Fourth Grades Report prepared by the Latin American Educational Quality Assessment Laboratory, Latin American Educational Quality Assessment Laboratory, UNESCO—SANTIAGO Regional Office of Education for Latin America and the Caribbean, Santiago, Chile, November, 1998.

(2) Gustavo Gonzalez, Education—Latin America : Cuba Leads the Way, Inter Press Third World News Agency, 9 December 1998.

(3) Lavinia Gasperini, The Cuban Education System: Lessons and Dilemmas, Country Studies, Education Reform and Management Publication Series, Vol. I, No. 5, July 2000.

(4) Christopher Marquis, Cuba leads Latin America in primary education, study finds, The New York Times, December 14, 2001.

(5) Sergio Gomez Castanedo, Ministry of Higher Education, Cuba and Rosalie Giacchino—Baker, California state University, san Bernardino, Current Programs and Issues in Cuban Teacher Education Today, Spring 2001.

(6) Cheng Tsai, A Comparison of Cuban Values and their Education System, April 23, 2002.

(7) Arturo J. Perez Saad, UNESCO report: Cuban education is world?class, Workers World newspaper, Dec. 23, 2004.

(8) UNESCO, Global Monitoring Report 2005 — Literacy for Life.

(9) Martin Carnoy, Cuba's Academic Advantage, Why Students in Cuba Do Better in School, Stanford University Press, California, 2007.

(10) Regional Bureau for Education in Latin America Latina and the Caribbean OREALC/UNESCO, Student achievement in Latin America and the Caribbean, Results of the Second Regional Comparative and Explanatory Study, 2008.

(11) Cuba teaches Wiltshire few things, BBC News reports, 26 December 2002.

(12) Cuban teachers talk education, The Times Educational Supplement website, 12 July 2006.

I. 고학력의 비밀을 파헤친다

1. 모든 학생이 학력을 익힌다 — 낭랑하게 읽는 스페인어

(1) Maurice R. Berube, Education and Poverty : Effective schooling in the United States and Cuba, Greenwood Press, London, 1984, p.117.

(2) An IFCO/Pastors for Peace Report, Education in Cuba, 1997.
(3) Tim Wheeler, The chidren of Jose Marti, People's Weekly World, 25 January, 1997.
(4) 〈들어가며〉(3)
(5) Sheryl Lutjens, Educational policy in Socialist Cuba: the Lessons of Forty Years of Reform, 2000.
(6) Julia Wilkins and Robert J. Gamble, Ph.D., A Contemporary Study of Schools in Havana and the Role of Physical Education in Castro's Cuba,2002.
(7) Graciella Cruz?Taura, Rehabilitating Education in Cuba: Assessment of Conditions and Policy recommendations, 2003. Institute for Cuban and Cuban?American Studies Univerisity of Maiami 2003.
(8) Gregory Hansen, Alexa Shore, Gregory Siasoco, Chapter 3: Assessment of Education Policy, Country Report for The International Economic Development Program 2004, Cuba in Transition, May 6, 2004.
(9) Gwendolyn Coe and Judith Lynne McConnell, The Children of Cuba, Beyond the Journal: Young Children on the Web, September, 2004.
(10) Eugenio Espinosa Martinez, Ethics, Economics and Social policies: Cuban Values and Dvelopment Strategy, 1989−2004, Cuba in the 21st Century: Realities and Perspectives,Institute Cubano del Libro, 2005.
(11) Jose Bella Lara, Cuba's Struggle to Maintain the Social Safety Net in the Age of Globalization, Cuba in the 21st Century: Realities and Perspectives,Institute Cubano del Libro, 2005.
(12) 〈들어가며〉(9)
(13) State University, Education Encyclopedia―Cuba, History & Background, Constitutional & Legal Foundations, Educational System overview.
http://education.stateuniversity.com/pages/333/Cuba―TEACHING―PROFESSION.html
(14) 다구치 마사토시, 「교육선진국 쿠바공화국을 찾아서」
(15) 난테 히데카쓰, 「쿠바교육상황」 주니치신문 2001년 2월 14일
(16) 구도 리쓰코, 「아이는 미래의 개척자」 (2005) JULA출판국
(17) 구도 리쓰코, 「아이는 미래의 개척자~쿠바의 아이들」 보고회, 주최 쿠바연대의 모임 2008년 6월 1일
(18) 필자 취재 2008년 4월 30일

2. 선진국에 버금가는 소수정원 교실이 키우는 학력
(1) 제1장 제1절 (2)
(2) 제1장 제1절 (13)
(3) 〈들어가며〉(3)
(4) The Cuban Education System http://www.cal.org/rsc/cubans/EDU.HTM
(5) 제1장 제1절 (14)
(6) 〈들어가며〉(12)

(7) 필자 취재 2008년 4월 29일

3. 고학력의 비결은 경쟁이 아닌 상호상습
(1) 〈들어가며〉 (3)
(2) Roberto Orro Fernandez, Education and Labor skills in Socialist Cuba.
(3) Cuba Sustainable Agriculture Study Tour May 21 — 30 2003 Sponsored by Washington State University Center for Sustaining Agriculture and Natural Resources Led by Food First.
(4) Educators' Delegation June 27, 2005—July 5, 2005.
(5) 〈쿠바의 학교에서는 지금〉 세계의 움직임 1998년 4월호 (재)세계의 움직임 사(社)
(6) 제1장 제1절 (14)
(7) 난테 히데카쓰 〈쿠바 교육상황〉 주니치신문 2001년 2월 16일
(8) 제1장 제1절 (16)
(9) 필자 취재 2008년 5월 5일
(10) 필자 취재 2008년 5월 3일
(11) Cliff DuRand, Cuba Today : A Nation Becoming a University, For a Better World column, August, 2005.

4. 옛 소련의 교육이념으로 키우는 고학력
(1) 〈들어가며〉 (3)
(2) 사이토 마나부 〈공부로부터 달아나는 아이들〉 (2000) 〈학력을 다시 묻는다〉 (2001) 이와나미 부클릿
(3) 후쿠다 세이지 『경쟁을 포기하니 학력 세계제일—핀란드 교육의 위력』 (2006) 아사히신문 출판
(4) 시바타 요시마쓰 『비고츠키 입문』 (2006) 데라코야 신서

5. 풍부한 사회공동자본이 고학력을 지탱한다
(1) 〈들어가며〉 (3)
(2) 〈들어가며〉 (6)
(3) 제1장 제1절 (8)
(4) 가미야 고세쓰, 〈오타쿠 코뮤니스트 초절 망가 평론〉 (2007) 쓰기치쇼칸 P312~337 〈마루야마 마사오에게 손을 내밀다 — 희망은 혁명〉
(5) Ken Winograd, Complexity in Paradise observations and reflections on education in Costa Rica.
(6) 〈들어가며〉 (9)
(7) 제1장 제4절 (3)
(8) 제1장 제1절 (17)

II. 탈 빈곤사회를 지향하여 탄생한 교육제도

1. 혁명 이전의 쿠바교육

(1) 제1장 제1절 (1)
(2) 제1장 제1절 (2)
(3) 제1장 제1절 (3)
(4) 제1장 제1절 (6)
(5) 제1장 제1절 (13)
(6) Education in Pre?Revolutionary Cuba.
http://cubasocialista.com/ed1.htm
(7) L. 휴버만, P. M. 스위지 〈쿠바― 하나의 혁명의 해부〉(1960) 이와나미 신서 p.160―161.

2. 혁명 후의 획기직인 교육개혁

(1) Education in Revolution, 1975,Cuba.
(2) Benigno E. Aguirre and Reberto Jovichot, Are Cuba's Educational Statistics Reliable?, Cuba in Transition, 1996.
(3) 제1장 제1절 (2)
(4) 제1장 제1절 (5)
(5) 〈들어가며〉(5)
(6) 제1장 제1절 (13)
(7) 제1장 제1절 (7)
(8) Miren Uriarte, Holding to Basics and Investing for growth: Cuban education and the economic crisis of the 1990's, University of Massachusetts Boston Journal of Pedagogy, Pluralism, and Practice May, 2003.
(9) 제2장 제1절 (6)
(10) 제2장 제1절 (7)
(11) 제1장 제1절 (1)

칼럼1 ― 성인교육과 평생학습

(1) Antonio Miranda Justiniani & Marna Yee Seuret, Background and Development of the Distance Education Program in Cuba: Guided Education, Journal of Distance Education,ICAAP,1993
(2) 〈들어가며〉(3)
(3) 제1장 제1절 (2)
(4) 제1장 제1절 (5)
(5) 제1장 제1절 (13)
(6) 필자 취재 2007년 5월 2일

3. 경제위기와 멈춰버린 소련형 고도성장 모델

(1) 제1장 제1절 (2)
(2) 제1장 제1절 (3)
(3) Dalia Acosta, Retaining Priority Despite Economic Crisis, InterPress Third World News Agency, 1998.
(4) 〈들어가며〉 (3)
(5) 제1장 제1절 (5)
(6) Miren Uriarte, Social Policy at the Crossroads: Maintaining Priorities, Transforming Practice, Oxfam America Report, 2000.
(7) Oscar Espinosa Chepe, Cuba's bankrupt education system, CUBANEWS, January 19, 2001.
(8) 제2장 제2절 (8)
(9) 제1장 제1절 (7)
(10) 제1장 제3절 (11)

III. 경제위기 속에서 더욱 충실해진 교육제도

1. 보육원에서 커뮤니티로 — 쿠바의 영유아 교육

(1) 제1장 제1절 (13)
(2) Miller, Susan A, Early childhood education in Cuba, Childhood Education, Association for Childhood Education International 2002.
(3) Margo Kirk, Early Childhood Education:the Cuban Experience, Child Care Connetions Mini Journal, vol. 7.2, October 2003.
(4) Margo Kirk, Childhood Education in Revolutionary Cuba during the Special Period, A contemporary Cuba Reader, Rowman & Littlefield Publisher, 2007.
(5) MINED, CELEP, UNICEF, Educate your child: The Cuban experience in Integrated early childcare(쿠바교육부 자료)
(6) 제1장 제1절 (16)
(7) 필자 취재 2008년 4월 30일

2. 쿠바의 교육을 지탱하는 교사들

(1) Daniel A. Domenech, In Cuba, Child—Teacher Relationships Are Key ? Brief Article, American Association of School Administrators, March, 1999.
(2) 〈들어가며〉 (3)
(3) 〈들어가며〉 (5)
(4) 〈들어가며〉 (6)
(5) 제2장 제2절 (8)
(6) 제1장 제1절 (13)

(7) 제3장 제2절 (8)
(8) 제1장 제1절 (7)
(9) Mary Beth Lisk, Study Tour of Children's Services in Cuba : "The Value of the Child", The voice of child welfare in Ontario, OACAS JOURNAL Spring 2004, Volume 48 Number 1.
(10) Gregory Hansen, Alexa Shore, Gregory Siasoco, Chater 3: Assessment of Education Policy, Country Report for The International Economic Development Program 2004, Cuba in Transition, May 6, 2004.
(11) 〈들어가며〉(9)
(12) 필자 취재 2008년 5월 3일

칼럼2 — 칠레의 교육개혁에서 배운다
앞에 든 〈들어가며〉(9)를 참고로 집필

3. 장애우를 배려하는 교육
(1) 제1장 제1절 (2)
(2) 〈들어가며〉(3)
(3) 제1장 제1절 (8)
(4) 제3장 제2절 (9)
(5) Caroline Hay, Educators' Delegation June 27, 2005—July 5, 2005.
(6) Danay Galletti Hernandez and Mario Cremata Ferran, Cuban Special Education Comes of Age, The newspaper of Cuban Youth, 2007—01—05.
(7) 제1장 제1절 (13)
(8) 필자 취재 2008년 5월 5일
(9) 필자 취재 2007년 8월

칼럼3 — 쿠바의 인공내귀
(1) Cuba has highest number of children with electronic hearing implants, granmainternational, May 11, 2006.
(2) Margarita Barrio, Cuban Child with Ear Implant Leaves World of Silence Behind, 2007—12—04.

4. 워킹푸어를 낳지 않는 쿠바식 정리해고
(1) Philip Peters, Cutting Losses Cuba Downsizes Its Sugar Industry, Washington. DC. Lexington Institute, 2003.
(2) Jonathan Silberman, MartIN Koppel, and Mary?Alice waters, Cutback, restructuring of sugar industry: Cuban workers explain how it affects them Study—as—work program widens access to education, Vol. 68/No.6, February 16, 2004.
(3) José Alvarez, Jorge F. Pérez—Lopez, The Restructuring of Cuba's Sugar Agro—industry: Impact on Rural Landscape and Communities, Journal of Rural and Community Development, 2007.

(4) 필자 취재 2008년 5월 2일
(5) 요시다 다로 『200만 명 도시가 유기농 채소로 자급할 수 있는 이유』(2002) 쓰키치쇼칸, p.311, p.347
(6) 가도쿠라 다카시 『워킹 푸어는 자기책임인가』(2008) 다이와쇼보 p.93—94

칼럼4 — 사탕수수 노동자
(1) 구라베 기요타카 『고개의 문화사』(1989) PMC출판. 156~163
(2) 필자 취재 2008년 5월 3일
(3) 제3장 제4절 (3)

IV. 탈 워킹푸어 사회를 찾아서

1. 사회와 이어지는 종합교육
(1) Education in Revolution, 1975, Cuba.
(2) 제1장 제1절 (1)
(3) 제1장 제1절 (2)
(4) 제2장 제3절 (3)
(5) 〈들어가며〉(3)
(6) 제1장 제1절 (5)
(7) 제3장 제1절 (2)
(8) Speech given by Dr. Fidel Castro Ruz, President of the Republic of Cuba, at the graduation ceremony for the Intensive Training Schools for Primary School Teachers. Karl Marx Theater, Havana, September 2, 2002.
(9) Pat Murphy Community, a solytion for saving the environment and conserving resources with equity for all. 2004
(10) 제1장 제1절 (8)
(11) 제1장 제1절 (13)
(12) 제1장 제1절 (16)
(13) 세계의 아이들은 지금 『쿠바의 아이들』(2002) 각켄
(14) 필자 취재 2008년 4월 30일
(15) 필자 취재 4월 29일
(16) 필자 취재 5월 5일
(17) 가리야 다케히코, 『교육개혁의 환상』(2002)

칼럼5 – 인기 높은 농업 전문학교
(1) 필자 취재 4월 29일
(2) 혼다 유키, 『삐걱거리는 사회』(2008) 소후샤 p.65~67

2. 격차 없는 공정한 경쟁사회를 찾아서

(1) Fidel Castro Ruz, Message to Paricipants in the Ministeial Meeting of the Group of 77, September 19, 1999.
(2) 제3장 제3절 (6)
(3) Speech given by Dr. Fidel Castrl Ruz, President of the Republic of Cuba, at the opening ceremony for the "Jose Marti" Experimental School in OldHavana, September 6, 2002.
(4) Speech given by Dr. Fidel Castrl Ruz, President of the Republic of Cuba, School Year. Plaza de la Revolucion, September 8, 2003.
(5) 제2장 제2절 (8)
(6) 제1장 제1절 (7)
(7) 제1장 제3절 (11)
(8) Jose Bella Lara and Richard A. dello Buono, Looking to the Future, Cuba in the 21st Century: Realities and Perspectives,Institute Cubano del Libro, 2005.
(9) Ignacio Ramonet, Fidel Castro, Fidel Castro: My Life: A Spoken Autobiography, Scribner, Newyork, 2007 p.401~404.
(10) 제1장 제4절 (2)
(11) 고바야시 유미 『초격차사회 아메리카의 진실』(2006) 니케이BP샤
(12) 다나카 사카이 『비미(非米)동맹』 문춘신서 (2004)P.179~182
(13) 유아사 마코토 『반 빈곤』(2008) 이와나미 신서 (2008)
(14) 히로세 준 『세기는 피델의 것이 된다』 현대사상 임시증간 〈피델 카스트로〉 (2008) 세이도샤
(15) 필자 취재 2007년 8월
(16) 필자 취재 2008년 4월 28일
(17) 아바나에 체재중인 나카노 젠타로 씨로부터는 취재를 할 때마다 많은 조언과 코멘트를 얻었다.
(18) 제1장 제1절 (16)
(19) 칼럼5(2)P.31?32

칼럼6 ― 쿠바로부터 배울 수 있는 미디어 리틸러시
(1) 제1장 제1절 (7)
(2) 'Study, work, rifle' Cuba's educational system presses revolutionary message along with ABC's, August 6, 2000, in The Miami Herald.
(3) 제1장 제5절 (5)
(4) 〈들어가며〉 (12)

3. 전국 식자교육 캠페인
(1) 제2장 제2절 (1)
(2) 제1장 제1절 (1)
(3) Ruth A. Supko, Perspectives on the Cuban National Literacy Campaign, 1998.
(4) Cheryl LaBash, Cuba teaches the world to read, Workers World, Jan. 7, 2007.

4. 세계에 퍼진 쿠바의 식자교육법
(1) 제1장 제1절 (2)
(2) 제1장 제1절 (8)
(3) W. T. Whitney Jr.,Literacy is revolution? : Cuba lends a hand, People's Weekly World Newspaper, Sep. 22, 2005.
(4) Patricia Grogg, Education: Fighting Illigeracy, Cuban—Style, Inter Press Service, Feb. 11, 2005.
(5) Navil Garcia Alfonso, Two million illiterate people learn to read and write with Cuban method, Granma International, June 14, 2006.
(6) Patricia Grogg, Education?latin?America: Reading, Writing…and Then What?, Inter Press Service, June 15, 2006.
(7) UNESCO literacy award for "Yo, si puedo", June 20, 2006.
(8) Patricia Grogg, Education: Women Key to Literacy in the Home, Inter Press Service, April 4, 2006.
(9) Luiz Marina Fornieles Sanchez, "Yes, I can" Teaching method : A work for millions, AIN's Special News Service, Nov. 29, 2006
(10) Chery LaBash, Cuba teaches the world to read, Workers World, Jan 7. 2007.
(11) Nicaragua to Implement Cuban Literacy Program, The newspaper of Cuban Youth, Jan. 25, 2007.
(12) Amando Perez Fernandez, First Bolivian Municipality Declared Free of Illiteracy, Mar. 26, 2007.
(13) Cuban Literacy Method Used in Seventeen Countries, The newspaper of Cuban Youth, Jan. 25, 2008.
(14) 필자 취재 2008년 5월 5일
(15) 제3장 제3절 (6)
(16) 존 카바나, 제리 맨더 엮음(2006) 『포스트 글로벌 사회의 가능성』 료쿠후슛판 p.322

5. 무지야말로 전쟁을 낳는다
(1) 미요시 도오루 『체 게바라 전』 (1998) 하라쇼보 p.185~213
(2) 텔레멘터리 2007 「불꽃의 기억-원전의 불똥을 쿠바에」 아사히 TV 2007년 9월 10일
(3) Dalia Luisa Lopez Garcia, A guide for Understanding the Cuban Political System, Cuba in the 21st Century: Realities and Perspectives, Institute Cubano del Libro, 2005. p.107
(4) 요시다 다로, 쿠바와 일본을 꼼꼼히 비교해서 생각하는 「한 사람부터」 38호, 2008년 6월, 편집실 두 사람으로부터

6. 에필로그
(1) 제4장 제5절 (5)
(2) 필자 취재 5월 6일

용어정리

들어가며 - 쿠바의 유혹
라틴 아메리카 교육수준평가센터(LLECE=Laboratory Latinoamericano de Evaluacion de la Calidad de la Educacion)

I. 고학력의 비밀을 파헤친다
소닉분식합성법(phonic analytic synthetic method)
전미교육향상테스트(NAEP=National Assessment of Education Progress)
학생총대표(Precidente Estudiantes)
농촌부 중학교(ESBEC=escuelas secundanas basicas en el campo)
도시부 중학교(ESBU=escuelas secundanas basicas urbanas)
부모위원회(Consejos de Padres)
부모의 학교(Escuela de Padres)
학교위원회(Consejo de Direccion)
미성년자대책위원회(CAM=Consejo de Atencion a Menores)
혁명방위위원회(CDR=Consejos de Defensa de la Revolucion)
여성연맹(Federacion de Mujeres Cubanas)
청년공산당동맹(UJC=Union de Jovenes Comunistas)
파이오니아(Pioneros)
파이오니아의 개척정신(protagonismo pionieristico)
공부의 집(casas de estudio)
농촌고교(IPUEC=Institutos Preuniversitarios en el campo)
교육학전문학교(IPVCP=Institutos Preuniversitarios Vocacionales en Ciencias Pedagogicas)
정밀과학전문학교(IPVCE=Institutos Preuniversitarios Vocacionales de Ciencias Exactas)
예술교사 양성학교(EIA=Escuelas de Instructores de Arte)
초등학교긴급교사 양성학교(EFEMP=Escuelas Formadoras Emergentes de Maestros Primarios)
초등체육전문학교(EIDE=Escuelas de Iniciacion Deportiva Escolar)
예술전문학교(ESPA=Escuelas de Superacion de Perfeccionamiento Atletico)
사관학교(EMCC=Escuelas Militares Camilo Cienfuegos)

II. 탈 빈곤사회를 지향하여 탄생한 교육제도
긴급교사(maestros emergentes)

전국교육제도개선계획(Plan de Perfeccionamiento del Sistema Nacional de Educacion)
계속개선(perfeccionamiento continuo)
인민권력(Poder Popular)
카스코 이스토리아(Casco Historico)
노동자·농민을 위한 교육(EOC=Educacion Obrera y Campesina)
노동자·농민을 위한 중등교육(SOC=Escuela Secundaria Obrera y Campesina)
노동자·농민을 위한 학부교육(FOC=Facultad Obrera y Campesina)
자격노동자(obreros calificados)
원격교육(Educacion a distancia)

III. 경제위기 속에서 더욱 충실해진 교육제도

취학전교육(Educacion Preescolar)
쿠루쿠쿠쿠(Curucucucu)
지금부터 이야기를 할게(Ahora Te cuento)
보육원(circulos infantiles)
혼합영유아 동아리(Círculo infantil mixto)
특별영유아 동아리(Círculo infantil especial)
통학용 영유아 동아리(Círculo infantil externo)
시미엔테스(Simientes)
영유아연구소(Instituto de la Infancia)
아이를 교육하자(Educa a tu hijo)
중앙교육과학연구소(Instituto Central de Ciencia Pedagogica)
라틴 아메리카 취학전 교육 참고센터(CELEP=Centro de Referencia Latinoamericano para la Educacion Preescolar)
고등학교(Instituto Preuniversitario)
고등교육기관(IPS=Institutos Pedagogicos Superiores)
중급학교(Escuela Secundaria)
졸업증명서(Certificado o Titulo de Graduado)
초등교육학사(Licenciado en Educacion Primaria)
기술기관(Institutos Tecnologicos)
자연과학(ciencias naturales)
사회과학(ciencias sociales)
집단교육(colectivo pedagogico)
교육위원회(Comite pedagogico)
쿠바교육자협회(Asociacion de Pedagogos de Cuba)
교육학중앙연구소(ICCP=Instituto Central de Ciencias Pedagogicas)
고등교육연구소(ISP=Instituto Superior Pedagogico)
여행교사(maestros ambulantes, maestros itinerantes)

라틴 아메리카 특수교육 참조센터(CELAEE=Centro de Referencia para la Educacion Especial)
차별폐지사상운동(fachada integracionista)
파나마 특수학교(Escuela Especial para Limitados Fisico?Motores "Solidaridad con Panama")
아벨 산타 마리아(Abel Santa Maria)
호벤 쿠바(Joven Cuba)
알바노 레이노스(Tarea Alvaro Reynoso)
타노이 족(taino)
바테이(batey)
노동청년군대(EJT=Ejercito Juvenil del Trabajo)

IV. 탈 워킹푸어 사회를 찾아서
독립교원협회(El Colegio de Pedagogos Indendientes de Cuba)
독립도서관 프로젝트(Proyecto de Bibliotecas Independientes)
시민을 위한 카톨릭 교도 센터(Centro Catolico de Formacion Civica y Religiosa)
셀리아 산체스 만둘레이(Celia Sanchez Manduley)
전국식자력향상위원회(National Literacy Commission)
반란군 문화국(Directorate of Culture of the Rebel Army)
국방부(Ministry of Armed Forces)
교육국(Department of Education)
식자력향상의 해(Elano de la Alfabetizacion)
교육의 해(Elano de la Educacion)
브리가다스(brigadas)
지도서, 알파베티세모스(Alfabeticemos)
학생 입문서, 벤세레모스(Venceremos)
성인의 식자력 교사(alfabetizadores populares)
공장 등의 노동자(brigadistas obreros)
콘트라 베니테스 브리가디스타스(Brigadistas Conrado Benitez)
비식자 프리 존(Territorio Libre de Analfabetismo)
멜레나 델 솔(Melena del Sur)
에스캄브라이(Escambray)
플라야 히론(Playa Giron)
요 시 푸에도(Yo, si puedo)
라틴 아메리카 · 카리브 교육연구소(IPLAC=Instituto Pedagogico Latinoamericano y Caribeno)
니카가과 전국통계센서스국(INEC=Instituto Nacional de Estadisticas y Censos)

지은이 소개

이 책을 쓴 요시다 다로는 1961년 도쿄에서 태어났다. 쓰쿠바대학 자연학부를 졸업하고 같은 대학원 지구과학연구소를 중퇴했다. 지금은 나가노 현 농업대학교 교수로 재직중이다. 지은 책으로 『의료천국, 쿠바를 가다』, 『200만 도시가 유기채소로 자급가능한 이유 - 도시농업대국 쿠바 리포트』, 『1000만인이 반(反) 글로벌리즘으로 자급, 자립할 수 있는 이유-슬로라이프 대국 쿠바 리포트』, 『유기농업이 나라를 바꾸었다』, 『몰락선진국, 쿠바가 옳았다』 등이 있다.

옮긴이 소개

이 책을 우리말로 옮긴 위정훈은 고려대학교 서어서문학과를 졸업하고 영화주간지 「씨네21」에서 5년여 동안 기자로 일했다. 2003년부터 2년 동안 도쿄대 대학원 총합문화연구과 객원연구원으로 유학했다. 지금은 인문, 정치사회 등 다양한 분야의 출판기획과 번역을 하고 있다. 옮긴 책으로 『뿌리깊은 인명이야기』, 『뿌리깊은 지명이야기』, 『지중해를 물들인 사람들』, 『콤플렉스 카페』, 『왜 인간은 전쟁을 하는가』, 『의료천국, 쿠바를 가다』, 『레스토랑의 탄생에서 미슐랭 가이드까지』 등이 있다.

교육천국, 쿠바를 가다

지은이 _ 요시다 다로
옮긴이 _ 위정훈
펴낸이 _ 강인수
펴낸곳 _ 도서출판 **피피에**

초판 1쇄 발행 _ 2012년 12월 21일

등록 _ 2001년 6월 25일 (제25100-2012-21호)
주소 _ 서울시 마포구 서교동 438-13
전화 _ 02-733-8668
팩스 _ 02-732-8260
이메일 _ papier-pub@hanmail.net

ISBN 978-89-85901-64-2 03300

· 잘못 만들어진 책은 바꾸어 드립니다.
· 값은 뒤표지에 있습니다.